KB135315

미디어 콘텐츠,

창조기획과 스마트 비즈니스

미디어 콘텐츠,
창조기획과 스마트 비즈니스

김원제 · 송해룡 지음

머리말

　네트워크를 통해 상호작용하여 새로운 가치를 창출하는 초연결 (Hyper Connectivity) 시대가 도래하고 있다. 더 많은 연결(M2M, SNS), 더 빠른 연결(초광대역) 및 더 지능화된 연결의 진전으로 네트워크의 가치가 증대되고 있다. 언제 어디서나 아이디어를 공유하게 됨에 따라 사람중심(Human Centric)의 창의력(Creativity)이 핵심가치로 등장하고 있다.

　첨단 테크놀로지와 함께 문화가 다양한 산업으로 융합, 콘텐츠와 소프트웨어, 플랫폼, 빅데이터 등이 새로운 가치와 시장을 창출하고 있다. 제조업 등 전통산업의 가치가 문화적 창의성과 연계되어 높아지며, 스마트생태계 경쟁력의 핵심은 미디어콘텐츠로 수렴하고 있다.

　국가 경쟁력의 핵심원천이 문화와 창조성으로 바뀌고 있다. 세계를 주도하는 힘(power)이 경제와 기술력에서 문화와 창의력의 소프트파워로 이동하고 있다. 역사적으로 선진국의 조건은 문화강국이며, 향후 글로벌 경쟁력의 원천은 디자인과 창의성을 중심으로 시대를 앞서가는 콘셉트를 창조하는 것이며, 이는 바로 '文化의 힘'을 통해 가능했다.

기업과 산업, 개인과 사회 패러다임이 바뀌고 있다. 산업과 경제구조가 고도화로 인해 제조업에서 서비스업으로 재편되고 있고, 기업은 글로벌 시장수요에 맞춘 차별화 전략을 최우선으로 하고 있으며, 사회와 문화는 여가지향적인 사회, 창조적인 융합문화로 일상화되는 등 스마트미디어 혁명에 따른 스마트라이프로 생활패턴이 바뀌고 있다.

우리의 일상이 스마트미디어로 구성되면서 스마트한 콘텐츠 세상이 열리고 있다. 스마트폰에 이어 스마트패드, 스마트TV로 대표되는 스마트미디어 문명의 등장은 콘텐츠 생산과정, 유통프로세스, 소비환경에 이르기까지 광범위한 변화를 동반한다.

초연결시대 스마트사회로의 급발진 중인 한국사회는 그 속도가 너무 빨라 새로운 미디어콘텐츠 전경을 가늠하기 힘들 정도다. 특히 한국사회에서 미디어콘텐츠 패러다임은 다른 어떤 나라보다 빠른 변화를 보여주고 있어 그 흐름을 간파하기 쉽지 않은 상황이다.

하여 우리에겐 '오딘(odin, 지혜의 신)의 눈'이 필요하다. 새로운 미디어콘텐츠 세상을 통찰하는 '지혜의 눈' 말이다. 미디어콘텐츠 세상에서 벌어지는 여러 현상들을 당연한 것으로 보아 무심히 흘려버리는 것이 아니라 그 이면을 살펴보는 세심함 속에서 우리는 지혜를 찾을 수 있다. 네스(Ness)의 지적대로 "우리는 변화의 속도가 너무 빨라서 현재가 과거로 사라질 때에서야 현재를 볼 수 있는 역사적 시점에 살고 있기" 때문이다.

이 책에 포함된 아이디어 및 원고는 저자들의 각종 강의, 강연 및 원고 등에 기반한다. 대학(원) 강의노트, 기업 및 기관 강연자료, 저널 및 잡지 원고, 인터넷 공간에 제공된 전문가칼럼 등이다. 이들을 새롭게 분류하고 각색한 것이다. 저자들의 기존 저술들 중에서 현 시점에

교훈과 시사점을 제공하는 내용들을 간추려 포함하기도 했다.

스마트미디어, 콘텐츠, 디지털미디어&콘텐츠, 콘텐츠기획, 콘텐츠산업, 콘텐츠비즈니스 등을 주제로 한다. 미디어콘텐츠 환경 및 개념들을 설명하고 창조적 기획 및 스마트비즈니스 관련 원칙 및 전략을 집중적으로 다루었다. 분석을 하고 나면 거짓 설명이 되기도 하는 세부사례 설명보다는 개념, 이론, 원칙 등에 집중하고자 했다.

> "오직 한없이 가지고 싶은 것은 높은 문화의 힘이다. 문화의 힘은 우리 자신을 행복되게 하고, 나아가서 남에게 행복을 주기 때문이다. 우리나라가 남의 것을 모방하는 나라가 되지 말고, 이러한 높고 새로운 문화의 근원이 되고, 목표가 되고, 모범이 되기를 원한다."

백범 김구 선생의 말씀이다. 미디어콘텐츠 생산경쟁력의 확보를 위해 무엇보다 문화적 상상력과 꿈을 현실화하는 창의적 감성이 중요하다.

미디어콘텐츠 분야에서 창의적 감성능력을 발휘하기 위해서는 그만큼 포괄적이고 다양한 정보와 경험을 보유해야만 한다. 데이터 수집력과 그것을 처리하는 능력이 요구되는바, 이 책은 이를 위한 길라잡이가 되고자 한다. 이 책을 통해 초연결시대이자 창조경제시대에 스마트미디어 콘텐츠 문명을 이해하고, 지속가능한 시장생태계 구현을 위한 단초를 마련할 수 있길 기대한다.

2015년 5월
저자 일동

목 차

머리말 / 5

Chapter 1 스마트환경과 미디어콘텐츠 / 13

01. 스마트미디어 콘텐츠라이프 / 15
02. 스마트미디어와 홈 엔터테인먼트 / 26
03. 미디어테크놀로지의 속성 / 33
04. 미디어문명과 진화과정 / 37
05. 플랫폼의 개념과 기능 / 47
06. 스마트미디어의 개념 이해 / 50
07. 콘텐츠, 스마트콘텐츠의 개념 및 특성 / 61
08. 콘텐츠산업의 범위 및 가치 / 69
09. 미디어콘텐츠산업의 가치사슬 / 75
10. 스마트미디어 환경과 오픈생태계 / 80
11. 미디어콘텐츠의 미래 키워드 / 88

Chapter 2 콘텐츠 창조기획 / 99

01. 스마트미디어 콘텐츠 이용행태 / 101

02. 한국인의 미디어콘텐츠 이용특성 / 110

03. 콘텐츠비즈니스 기획의 원칙 / 120

04. 스마트미디어 콘텐츠 기획 / 124

05. 스마트미디어 시대 성공 콘텐츠 키워드 / 127

06. 스트리밍 시대 콘텐츠 기획, 넷플릭스 사례 / 133

07. 위험사회, 불안시대의 콘텐츠서비스 기획 / 139

08. 행복콘텐츠의 가능성 / 145

09. 스토리의 중요성, 자원화 전략 / 150

10. 전통 스토리의 콘텐츠자원화 / 155

11. 사물인터넷 시대 미디어콘텐츠산업 혁신 / 161

Chapter 3 스마트비즈니스 전략 / 173

01. 콘텐츠비즈니스 전략의 조건, 감성의 과학화 / 175

02. 콘텐츠비즈니스의 경제적 원칙 / 180

03. 창조적 콘텐츠비즈니스 기획방법론 / 187

04. OSMU 비즈니스 전략 지침 / 198

05. 스마트 소비자의 역설 / 204

06. 하이콘셉트의 구현방법 / 210

07. 체험지향사회와 콘텐츠마케팅 / 214

08. 사용자 경험(UX) 기획 및 디자인 / 221

09. 콘텐츠비즈니스 혁신, 큐레이션 / 228

10. 크라우드소싱과 콘텐츠산업 혁신 / 233

11. 콘텐츠 콘셉트 기반 창조도시 구상 / 242

12. 스마트미디어 환경과 전문콘텐츠, 스마트클라우드러닝 / 248

13. 스마트미디어 환경과 특화콘텐츠, 스포츠 / 254

14. 미디어콘텐츠기업의 리스크 대응 및 자원관리 전략,
    다크 사이트 / 265

참고문헌 / 272

Chapter 1

스마트환경과 미디어콘텐츠

01. 스마트미디어 콘텐츠라이프

수백만 년에 이르는 인류 문명은 커뮤니케이션의 결과물이다. 원시 인류로부터 현재까지 이어져 온 시간들 속에서 인류는 몇 번의 중요한 커뮤니케이션 혁신을 이루어냈고, 그때마다 사회는 급속한 변화를 맞이하였다. 선사시대와 역사시대가 구분되는 것은 커뮤니케이션의 혁신, 즉 기록의 탄생 때문이다. 구텐베르크의 금속활자 인쇄술은 근대사회 형성의 중요한 디딤돌 역할을 했다. 인터넷의 등장은 지구촌의 형성과 경제·사회·문화 등 모든 측면에서 정보의 역할이 역사상 가장 중요하게 취급되는 사회로의 이행에 기여하였다.

그리고 최근 또 하나의 강력한 커뮤니케이션 혁신이 이루어지고 있는데, 바로 스마트미디어 혁신이다. 21세기 스마트미디어는 스마트한 콘텐츠 세상을 열어주고 있다. 스마트폰에 이어 스마트패드, 스마트TV로 대표되는 스마트미디어 문명은 우리네 삶을 한층 스마트하게 해줌으로써 '스마트사이어티(Smartciety)'를 구현하고 있다.

스마트사회로의 급발진 중인 한국사회는 그 속도가 너무 빨라 새로운 미디어콘텐츠 전경을 가늠하기 힘들 정도다. 특히 한국사회에서 미디어콘텐츠 패러다임은 다른 어떤 나라보다 빠른 변화를 보여주고 있어 그 흐름을 간파하기 쉽지 않은 상황이다.

홍길동 氏 가족의 감성라이프를 가정해 그 전경을 그려보자. 멀지 않은 미래(아마도 2020년 즈음), 서울에 거주하는 홍길동 가족의 삶을 통해서 우리네 삶 속에서 감성기술이 어떻게 적용될지, 어떠한 방식으로 나타날지를 정리해본다.

아빠 홍길동(50세) 씨는 미래기업 부장으로 1남 1녀를 둔 평범한 가장이다. 엄마 이영희(48세) 씨는 전업주부이다. 아들 홍희망(21세) 군은 대학 2학년에 재학 중이며, 딸 홍미래(18세) 양은 여고 2학년생이다.

아빠의 감성라이프

아빠의 아침은 예약된 기상시간에 맞춰 아름다운 풍광을 보여주는 자동기상시스템으로 시작된다. 음악추천 서비스가 그의 감성, 바이오리듬에 맞춰 음악을 선곡해준다. 헬스케어 변기가 그의 건강 상태를 체크하고 기록한다. 그 사이 온도조절 컵에 모닝커피가 준비되고, 로봇이 서빙하는 아침 식사가 마련된다. 식사하는 중에 인공지능 TV에서는 그가 필요로 하는 정보와 즐겨보는 콘텐츠만 골라서 제공해준다. 출근길에는 감성형 스마트 자동차로 안락하고 스마트한 출근 시간을 만끽한다. 주행안전, 인포테인먼트 시스템이 있어 가능한 것이다. 이동 중에 SNS를 활용해 아내의 생일선물을 검색한다.

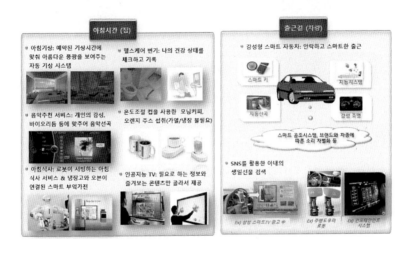

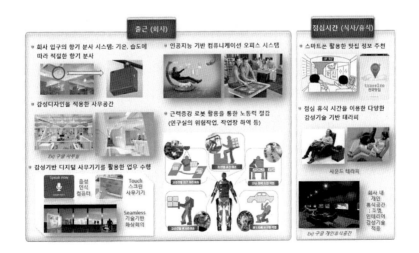

회사에 출근하면 회사 입구의 향기 분사시스템이 그날의 기온과 습도에 따라 적절한 향기를 분사해준다. 감성디자인을 적용한 사무공간에서 감성기반 디지털 사무기기를 활용해 업무를 수행한다. 인공지능 기반 컴퓨니케이션 오피스 시스템이 지원한다.

점심시간이 되면 스마트폰을 활용한 맛집 정보를 검색해 예약을 한다. 점심 휴식 시간을 이용해 감성기술 기반 테라피를 즐기기도 한다.

퇴근길에는 도심 LED 디스플레이 풍경(미디어파사드), 미디어폴(미디어와 아트가 결합된 첨단 가로시설물)의 도심 거리가 하루의 스트레스를 날려주고 스마트하이웨이는 안전한 귀가를 보장한다.

퇴근해 집에 돌아온 월요일 저녁에는 가정용 감성 테마극장에서 미리 예약해둔 영화를 감상한다. N-스크린을 통해 가족 개인의 콘텐츠 향유가 가능하다. 화요일에는 체험형 게임, 체험형 가족 게임기(키넥트 콘트롤러), 증강현실 애완동물 등과 안락한 저녁시간을 보낸다. 애완동물과의 교감을 가능하게 해주는 애완동물 번역기는 애완견과 가족 간 친밀한 교류를 가능하게 해준다. 수요일과 금요일에는 오감 기술을 체험할 수 있는 스포츠센터에서 운동을 한다.

엄마의 감성라이프

엄마의 아침은 스마트가전을 활용한 아침식사 준비로 시작된다. 원격헬스케어 시스템을 활용해 가족 구성원의 건강상태 체크를 통한 맞춤형 아침식사를 준비한다. 가족들이 모두 출근, 등교하고 나면 그녀는 가상현실 옷장에서 외출준비를 한다. 감성기술이 녹아든 쇼핑몰에서 가정에 필요한 물품들을 쇼핑하고, 그 사이 스마트 원격제어를 통해 가정일을 준비한다. 민원인 편의를 고려한 첨단기술이 적용된 공공기관에서 민원인을 조력하는 도우미 로봇의 도움으로 빠르고 편하게 볼일을 마친다. 외출을 마치고 집에 돌아와 e-레시피를 통해 새로운 음식조리를 연습한다. 가상현실 요리사의 도움으로 실수 없이

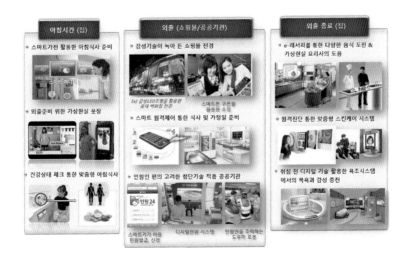

준비해낸다. 원격진단을 통한 맞춤형 스킨케어 시스템으로 피부를 관리하고, 취침 전에는 디지털 기술을 활용한 욕조시스템에서 목욕을 통해 감성을 충전한다.

아들의 감성라이프

아들은 기상 후 욕실에서 증강현실이 적용된 플렉서블 신문으로 실시간 뉴스를 확인한다. 학교로 가는 길에는 수업 관련 팀 발표 내용에 관해 친구들과 홀로그래피 통화로 토론을 진행한다. 여자친구와의 데이트를 위해 하루 빌린 아버지의 자가용이 인공지능 차량 트랜스포머 시스템에 의해 탑승자 홍희망 군에 맞게 새롭게 변신한다. 일과시간 대학에서는 다양한 첨단디바이스/감성 디자인 적용된 감성강의실에서 교육을 받는다. 가상현실/홀로그램을 접목한 교과목 운영, 손가락 사전으로 알려진 터치-히어(Touch-Hear)로 전 세계 모든 언

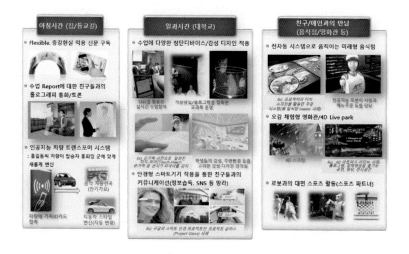

어로 제공되는 정보자료들을 활용한다. 안경형 스마트기기 착용을 통한 친구들과의 커뮤니케이션을 통해 정보를 습득한다. 친구 혹은 애인과 전자동 시스템으로 움직이는 미래형 음식점을 찾고, 오감 체험형 영화관/4D Live park에서 영화를 즐긴다. 스포츠 활동은 로봇 파트너가 전문적으로 제공한다.

딸의 감성라이프

딸의 아침은 인기 아이돌의 아침 기상목소리로 시작된다. 홀로그램을 통한 기상시스템 증강현실 헤어/피팅 시스템으로 등교 준비를 마치고, 칼로리/영양소 측정기기가 제공하는 다이어트 정보에 기반한 간편식사를 마친다. 등굣길은 버스 도착 및 각종 정보를 제공하는 스마트한 버스정류장과 감성디자인을 적용한 지하철을 이용한다. 버스와 지하철의 공간과 벽면은 주말 콘서트 등 각종 이벤트 정보를 제공

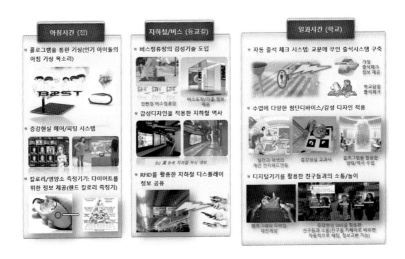

해준다. 등교하면 출입문에 부착된 자동 출석 체크시스템이 출석을 체크한다. 수업시간에는 감성 디자인이 적용된 다양한 첨단 디바이스가 활용된다. 쉬는 시간과 수업 종료 후에는 스마트기기를 활용해 친구들과 소통한다. 증강현실 SNS를 활용해 친구들과 소통한다. 친구를 카메라로 비추면 자동적으로 채팅이 되고 정보교환이 가능하다.

가족의 주말라이프

주말 오전에는 자연 친화형 도심공원에서 휴식을 즐긴다. 감성디자인과 디지털 기술이 접목된 벤치에 앉아 벤치가 만들어내는 공기(산소)를 호흡한다. 오후에는 각자의 여가를 즐긴다. 부부는 감성기술이 가미된 전시회를 찾아 공연을 체험한다. 홍희망은 외국친구들과 교류 중이다. 실시간 자동번역기와 홀로그램 기술을 활용해 아프리카 친구와 스스럼없이 대화한다. 홍미래는 아이돌 가수 사인회와 쇼케이

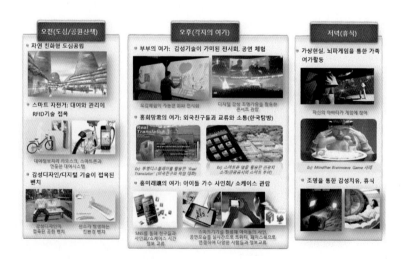

스를 관람 중이다. 물론 집에서 말이다. 저녁에는 가족이 함께 가상현실, 뇌파게임을 통한 가족 여가활동을 한다. 늦은 시간에는 조명을 통한 감성치유를 통해 휴식을 취한다.

우리 앞에 펼쳐지는 스마트한 미디어콘텐츠 사회는 감성라이프를 보장한다. 동시에 관련 기업 및 산업계에 무궁무진한 비즈니스 기회를 제공한다. 고객의 욕망을 충족시키는 감성전략은 미디어콘텐츠 비즈니스 블루오션으로 나아가는 길을 열어줄 것이다. 미래를 예측하고 준비하는 이에게 그 기회는 현실이 될 것이다.

미래는 어떤 모습으로 변할 것인가?
– 제1차 산업융합발전 기본계획(부처합동, 2012)

◈ 미래는 기술(NBICs: NT, BT, IT, CS)과 인문학(문화, 예술)이 융합되어 산업, 개인, 사회가 유기적으로 소통하는 大융합(All in one) 사회로 발전

◈ 大융합 시대의 미래상

칸막이가 없어지는 산업 大융합	(산업) ⇒	IT, 제조, 건축, 농·축·수산, 문화·서비스 등 모든 산업의 경계가 사라지고 소비자가 원하는 가치를 만들어주는 산업으로 발전
생각대로 이루어지는 생활	(개인) ⇒	일상의 정보를 기반으로 언제·어디서나 개인 니즈를 충족시켜 줄 수 있는 편리하고 즐거운 생활 환경 제공
걱정 없는 안심 사회	(사회) ⇒	재해·재난, 범죄, 에너지 부족, 환경오염 등의 걱정이 없는 안전하고 지속가능한 사회 환경 조성

▶ 칸막이가 없어지는 산업 大융합

〈달리는 '나만의 작은 세상'〉

〈변신하라! 트랜스포머 빌딩〉

- 주행 중에도 자동차에서 즐기는 나만의 생활
- 자동차, IT, 교통, 서비스, 문화, 교육 등

- 환경변화에 최적화되어 변화하는 건물
- 건설, 기계, 환경, 에너지, IT 등

〈도심 속의 전원일기〉

〈제조+서비스의 복합 클러스터〉

- IT가 농사를 짓는 '365일 도시농부'

- 농림수산, 환경, 건축, 수자원, IT 등

- 원하는 제품을 만들고 체험까지 한 번에 해결
- 제조, 서비스, 문화, 유통, 금융 등

▶ 생각대로 이루어지는 생활

〈나보다 나를 더 잘 아는 가상주치의〉

〈우리 집이 명문학교〉

- 언제 어디서나 나의 건강상태를 진단·관리
- 의료, IT, 서비스, 보안, 보험 등

- 집에서 가상친구들과 함께 받는 최고의 맞춤교육
- 교육, IT, 서비스, 콘텐츠, 보안 등

〈한류스타는 내 친구〉　〈빨래 끝! 가사도우미 로봇〉

- 집안에서 보는 나만의 K-POP 스타
  공연
- 문화, 콘텐츠, IT, 엔터테인먼트,
  전자 등

- 가정일은 로봇이, 엄마·아빠는 나랑 놀기
- 가전, 로봇, 소프트웨어, 서비스 등

▶ **걱정 없는 안심 사회**

〈융합 벙커(Bunker) 코리아〉　〈가가호호 '생활발전소'〉

- 재난재해에 안전한 사회시스템
- 항공우주, 해양, 안전관리, IT, 환경 등

- 생활 자체가 에너지원
- 에너지, 화학, 전기, 가전, IT 등

〈친환경 융합 석기시대〉　〈보이지 않는 보디가드〉

- 현대도시가 석기시대의 자연 속으로
- 조경, 환경, 토목, 건축, 식품, IT 등

- CCTV 및 사물통신 이용한 범
  죄율 '0'에 도전
- 보안, 방법, 안전, IT, 건설 등

02. 스마트미디어와 홈 엔터테인먼트

스마트콘텐츠, 가족의 재구성

미디어 환경은 우리네 가족을 해체하기도 하고 재구성하기도 한다. TV 시청이 가정 내 미디어 소비활동의 전부였을 때, TV 시청은 종종 의례적(ritualized) 활동으로 가족이 모이는 기회를 제공했다. 그런데 방마다 TV 수상기가 놓이게 되고, 게다가 인터넷으로 실시간 시청이 가능한 환경이 도래하자 각자의 방에서 서로 다른 TV 채널을 보는 상황이 되었다. 이런 상황에서는 서로 간에 공통된 화제도 없으며, 그런 화제를 통해 대화를 이어가야 할 필요성도 느끼지 못하게 된다.

이런 현상을 막고 가족 간의 유대를 더욱 강화화기 위한 움직임이 시도되고 있는데, 가족 간의 유대를 강화하기 위한 방법으로 오히려 가족 간 해체를 유도한다고 비판받던 디지털 기술, 모바일 기술을 사용한다는 것은 아이러니다. 모바일의 가장 큰 장점인 간편함은 이를 사용하는 목적에 따라 얼마든지 가족을 해체할 수도, 다시 뭉치게도 할 수 있다. 스마트폰의 킬러 앱(App) 중 하나인 게임은, 가족 구성원 간의 유대를 높이기 위한 가장 중요한 앱이다. 전 연령층을 대상으로 하며, 누구나 쉽게 즐길 수 있고, 근거리 데이터 통신을 통해 멀티플레이를 즐길 수 있는 게임이 가족 구성원들의 유대를 강화시키는 역할을 한다. 스마트폰은 게임 콘솔이자 동시에 컨트롤러로 사용되므로 더욱 편리한 가족용 게임 도구가 되고 있다.

반드시 한자리에 모여서 할 필요도 없다. 모바일을 통해 집 내외에서 모노폴리나 카드 게임과 같은 전통적인 게임에서부터 역할 게임,

숨바꼭질, 그리고 가장 기대를 모으고 있는 보드 게임, 소셜 게임 등의 다양한 가족용 게임이 선보이고 있다.

유비쿼터스 환경의 모바일 기기로 인해 가족 속에서 새로운 커뮤니케이션 채널이 생성되고 있다. 온라인이 가정 내에서 구성원 간의 커뮤니케이션 통로 역할을 하게 된 것이다. 이와 같은 통로 역할은 집안에 국한되지 않고, 외부까지 확장되고 있다. 가족 구성원이 언제, 어디에 있더라도, 모바일 단말이 구심점이자 연결점 역할을 한다. 직관적인 인터페이스를 통해 교육 없이도 바로 사용할 수 있는 스마트폰은 지금까지 존재했던 가족 구성원 사이의 벽을 허물면서 소통의 장을 만들고 있다.

인 홈(in home) 모바일 라이프는 새로운 커뮤니케이션 채널과 개인화된 콘텐츠 감상으로 차별화된 편리함을 주며, 가족의 연결과 재구성을 통해 따뜻함을 선사하는 라이프스타일이다. 이제 스마트미디어 환경은 사람들이 편안함을 느끼고 휴식을 취하고자 하는 가정을 만들어주고 있다. 가족 구성원은 집에 머물며 재미와 위안을 찾고 육체적·정신적 재충전을 위해 자발적으로 집에 머물게 된다. 스마트폰, 스마트패드, 스마트TV가 구성하는 스마트미디어 환경은 우리네 가족을 재구성하고 있음이다.

스마트콘텐츠, 능동적 몰입으로 '놀이' 재구성

스마트미디어에 기반한 스마트콘텐츠는 능동적인 체험(active experience)을 제공한다. 기존의 대부분의 콘텐츠는 일반적으로 수동적 체험(passive experience)을 근간으로 하고 있다. 음악을 감상하거나, 예술 전시 시설을 방문하거나, 영화 관람도 그러하며 책을 읽는 등의 다양한 콘텐츠 향유 활동이 대부분 수동적인 방식으로 전개된다. TV 시청, 음악 감상 등 기존의 콘텐츠는 대부분 수동적인 방식이다. 물론 스포츠에 전념한다거나 예술작품을 스스로 만들어 가는 등의 능동적인 체험을 만끽할 수 있는 콘텐츠도 분명 존재한다. 하지만 능동적인 몰입을 이끌어 내기 위해선 참여자 스스로의 능력을 통한 방법이 있지만 이 경우 장기간의 교육이 필요하다. 스마트미디어에서는 놀이 그 자체가 참여자로 하여금 능동적인 몰입을 느낄 수 있도록 하는 장치를 내포하고 있어 즉각적인 '쾌락' 또는 '재미'를 느낄 수 있도록 하며, 그러한 기능을 '능동적 몰입(active immersion)'이라 한다.

스마트콘텐츠는 종합적인 체험을 제공한다. 체험에는 물리적인 것과 정신적인 것이 존재한다. 물리적인 체험은 체험자의 신체를 통하는 체험으로서 듣기, 보기, 만지기, 움직이기 등이며, 정신적인 체험은 추상적인 체험이다. 대표적인 보기로 언어구사, 책읽기, 음악듣기 등이 있다. 콘텐츠에서 '재미'를 느끼기 위한 몰입감을 높이기 위해서는 단순 물리적인 체험 또는 단순 정신적인 체험보다 두 가지의 체험을 적절히 융합한 종합적인 체험이 필요하다.

종합적인 체험을 제공하는 기존의 콘텐츠로는 음악연주, 프로 스포츠 등이 있지만, 참여자 스스로가 오랜 기간 동안 교육을 받아 직관적으로 몰입 상태에 빠지는 것이 대부분이다. 따라서 각 분야에 익숙하지 않은 참여자는 언제나 정신적인 체험(감상, 관람 등) 또는 수동적인 체험에 그칠 수밖에 없다. 스마트콘텐츠 최신의 컴퓨터 기술을 이용해 사용자로 하여금 언제, 어디서나 종합적인 체험을 가능하게 하는데, 실제 신체가 참여하면서도 정신적인 교감을 얻을 수 있는 콘텐츠는 현재 스마트미디어만이 제공할 수 있는 기능이다.

스마트콘텐츠는 복합현실과 같은 지금까지 존재하지 않았던 새로운 미디어를 창조하고 그 미디어 위에 몰입을 제공할 수 있는 콘텐츠를 융합하여 새로운 '놀이'를 제공한다. 이는 지금까지의 기술로 불가능했던 미디어로서 사용자 주변의 모든 물체(사람, 집, 바닥, 천정, 장난감 등)를 모두 커뮤니케이션을 위한 매체로 변화시키는 방식이다.

플로우(flow)

▶ 어떤 행위에 몰입하고 있을 때에 느끼는 포괄적 감각. 어떤 사물에 집중하고 있을 때 느끼는 즐거움으로 거기에 완전하게 얽매여 그 이외의 다른 것(잡음, 시간의 경과)을 완전히 잊게 할 정도의 상태를 의미. 즉 플로우는 '몰입(沒入)'이라는 경험을 통해 '즐거움' 또는 '쾌락'을 제공하는 것
▶ 플로우라는 최적의 경험 상태에 있게 되면, 상품의 목적과 피드백이 분명해 상품/서비스에 전적으로 집중하게 됨. 사용자에게 주어진 상황에서 자신이 느끼는 도전의 정도나 양, 도전을 감당할 만한 기술과 능력이 균형을 이루어야 대상에 몰입하고 즐거움과 긴장감 같은 강한 경험을 하게 되는 것. 때문에 콘텐츠비즈니스는 최적의 경험, 플로우(flow)에 목표를 두어야 하는 것임

스마트미디어 기반 홈 엔터콘텐츠, 능동적 가족여가 활동의 중심으로 자리매김

가족 구성원의 일상에서 스마트미디어가 차지하는 비중이 점차 증가하고 있다. 스마트폰, 스마트TV, 태블릿 PC 등 스마트미디어에 기반한 엔터테인먼트 콘텐츠 소비 역시 증가하고 있다. 사람들의 시간

활용에서 미디어가 차지하는 절대적인 비중은 미디어환경이 현대인의 시간활용의 질에 절대적인 영향을 미치고 현대인의 삶에 핵심적인 역할을 하고 있음을 의미한다. 스마트미디어의 소비 및 향유와 관련하여 새로운 특징 중 하나는 홈 엔터테인먼트 경향이 강화되고 있다는 점이다. 맞춤형 소비풍조의 확산, 참여형 콘텐츠 소비패턴의 확산, 자기계발 및 정신적 위안에 대한 관심증대 등이 콘텐츠의 가정 내 소비 및 향유를 확대하고 있는 것이다.

스마트미디어 사회에서 시간활용은 시간 죽이기나 소비가 아니라 삶의 질을 고양하는 여가활동으로 인식되고 있다. 미디어, 콘텐츠의 스마트화는 여가문화를 확산시키고, 스마트미디어는 변화된 여가문화에 다양한 형태로 적응하고 있다. 스마트미디어가 '수동적 여가' 대상에서 '매개된 능동적 여가'의 대상으로 변화하고 있음이다.

스마트미디어 시대 게임은 이전과는 다른 모습으로 우리에게 다가온다. 가족 문화에 있어 그 쓰임새는 혁신적 전환이다. 게임은 부정적 인식의 대상이었다. '축구 과부', '낚시 과부'에 이어 '게임 과부'를 만드는 나쁜 것이었다. 게다가 공부해야 할 시간, 자야 할 시간에 아이들을 유혹하는 몹쓸 것이었다. 이처럼 '이무기' 취급을 받던 게임이 최근 승천하는 '용'으로 대접받는 상황으로 바뀌고 있다. 게임의 사회적, 가정적인 쓰임새가 확인되고 있기 때문이다.

단순하게 눈과 귀로 보고 듣는 수준을 넘어 몸소 체험하는 콘텐츠가 각광을 받고 있다. 게임시장에서도 이 같은 추세가 이어지고 있다. 닌텐도의 '위(wii)'는 사용자가 직접 실제와 같이 움직이면서 하는 체감형 게임의 가능성을 열었다. 닌텐도 'Wii&NDS'는 가족 게임의 새로운 지평을 연 것으로 평가받는다. 전자게임과 교육 및 스포츠를 결합한 '패밀리 게임기' 콘셉트를 도출했다. 두뇌트레이닝(NDS), 스포츠체험게임(Wii) 등의 새로운 개념을 도입하여 온 가족이 즐길 수 있는 가족용 놀이기구로서 닌텐도 게임기 군(群)을 포지셔닝한 것이다. 가정에서의 어린이들의 욕구(게임의 체험)와 어른들의 욕구(가족단위의 체험, 교육과 피트니스)를 결합해낸 아이디어의 승리로 평가된다.

NDS는 두 개의 화면과 터치스크린 및 터치 펜 인터페이스를 적극 활용하여 기존의 단순한 키 입력방식 게임에서 벗어나 누구나 부담 없이 쉽게 즐길 수 있는 다양한 아이디어가 반영된 게임이다. 위(Wii) 역시도 재미있고 쉬운 게임 플레이를 지향하고 있으며, 특히 모션 센서를 장착한 리모컨 형태의 컨트롤러를 통해 다양한 게임상의 동작(적을 때리거나, 물건을 던지는 등)이 구현가능하다는 독특한 특성을 갖고 있다. 두 게임기는 단지 단순하게 조작의 용이성과 타이틀의 다양성으로 소비자들에게 어필한 것은 아니다. NDS는 두뇌관리와 학습효과를 극대화한다는 광고와 함께 대대적인 두뇌관리 타이틀을 공개하면서 큰 인기몰이를 하였고, 위(Wii)의 경우 컨트롤러를 움직이면서 운동효과를 얻을 수 있다는 특징이 부각되면서 가족단위의 체험게임기로서 포지셔닝에 성공했다.

그간의 비디오게임은 화질과 음질, 인터페이스, 시나리오 등의 요소의 개발에만 치중한 나머지 게임이용자 층의 한계를 벗어나지 못했다. 그렇지만 닌텐도의 위가 등장하면서 청소년뿐만 아니라 중장년 층까지도 함께할 수 있는 게임들을 대거 개발했으며, 비디오게임의 새로운 블루오션을 개척했다. 이를 시작으로 비디오게임시장에서는 새로운 트렌드가 등장했는데, 그것이 바로 감성형 또는 체감형 게임이다.

체감형 게임이 메가트렌드로 부상함에 따라 게임을 즐기는 방식에도 변화가 생기기 시작했다. 그간의 게임은 주로 SF나 전투, 레이싱 등의 한정된 장르에 국한되었으나 체감형 게임이 등장하면서 댄스, 연주, 요가, 골프, 야구 등의 다양한 장르의 게임이 쏟아져 나왔다. 또한 이러한 게임들은 혼자서 하는 게임보다 여럿이서 즐길 수 있는 네트워크 게임네트워크 게임형태를 지니고 있으므로 상호작용이 중요시되고 있다. 이에 게임사들은 다양한 연령층과 장르를 아우를 수 있는 방향으로 게임개발 방향을 수정하기 시작했다. 엑스박스(Xbox)로 유명한 MS는 다양한 소비자들을 유인하기 위해 거실이나 온라인에서 친구 및 가족과 게임을 함께 즐길 수 있도록 온라인 네트워크 기능을 지원하고 있다. 페이스북 세대는 물론 그 이전 세대까지도 게임을 혼자서 즐기기보다는 친구 및 가족과 함께 즐기려는 경향이 강하다는 점을 고려했기 때문이다.

스마트미디어 환경은 가족의 놀이문화를 전혀 다른 새로운 차원으로 전환시키고 있다. 생활의 모든 영역이 미디어기기로 구성되고 있음인데, 이는 단순히 양적인 문제가 아니라 모든 영역에서 미디어기기가 환경 그 자체가 되고, 그것들과의 상호작용 속에서 살아간다는 질적인 문제를 의미한다. 스마트미디어가 삶을 구성하는 것이다. 우리의 사고와 경험에 영향을 미치는 것이다. 따라서 가족문화는 가족 구성원 간 그리고 구성원과 미디어 사이에 이루어지는 상호작용의 결과물이다. 인간의 사회적 삶과 문화가 더욱 기술 의존적이 될 것이라는 점에는 이의가 없으나, 평형추의 한쪽을 기술매체가 차지하고 있다면 그 균형점을 찾는 것은 결국 인간이다. 가족문화의 지향점과 미디어콘텐츠 진화의 방향성 사이에 절충점과 연결고리를 찾는 작업은 바로 가족 구성원의 몫이라는 점을 잊어서는 안 될 것이다.

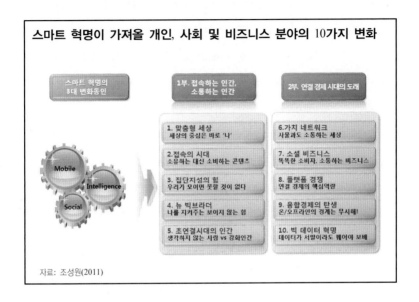

스마트 혁명이 가져올 개인, 사회 및 비즈니스 분야의 10가지 변화

자료: 조성원(2011)

03. 미디어테크놀로지의 속성

테크놀로지는 다음과 같이 개념화된다(김원제, 2006). 첫째, 테크놀로지는 물건이다(Technology is thing). 물건은 간단한 못이나 망치로부터 우주왕복선, 그리고 초고속정보통신망과 같은 거대하고 복잡한 네트워크 시스템에 이르기까지 다양하다. 'thing'이라는 용어와 'machine'이라는 부정확한 표현보다는 기술이 체화된 물건(물적 대상)으로서 'devices'라는 용어가 보다 타당하다.

둘째, 테크놀로지는 기술이다(Technology is technique). 음식조리법,

사격 매뉴얼, PC작동법, 용광로제련방법 등도 기술이다. 이러한 의미에서 기술은 무엇인가를 (간단한 요리로부터 교량건설, 컴퓨터 설계에 이르기까지) 수행하는 데 필요한 실용적인 기예(practical skills)를 가리킨다. 이러한 지식에는 공식(formular)과 손재주 같은 것이 포함된다. 테크닉(technique)은 다양한 상황에 맞도록 이러한 방법을 변경시키거나 또는 기예(virtuosity)를 작업절차에 내재(embody)시킬 수 있다.

셋째, 테크놀로지는 추상적인 지식이다(Technology is abstract knowledge). 기술은 발명가와 과학자들이 새로운 것을 설계하고 개발하기 위해 사용하는 추상적인 개념들로 구성되어 있다. 정유공장을 설계하거나 우주선을 제작하는 데 필요한 고도의 분석 능력을 포함한다. 여기서 기술은 과학과 밀접하게 관련돼 있다. 과학과 같이 기술은 새로운 지식과 이론에 의해 지속적으로 개선될 수 있는 지적 시스템인 것이다.

기술은 사회제도에 녹아들어 있으며 또한 사회제도가 기술발전을 후원하고 있다. 그러나 기술은 사회 안에서 자유로운 존재가 아니다. 기술은 특정한 집단과 사회관계에 굳게 뿌리를 내리고 있기 때문이다. 기술과 제도는 서로 엉켜 있지만, 기술은 제도에 기반하면서 기술과 제도 양쪽에 심대한 영향을 미친다. 서로 바람직하지 않은 영향을 미칠 수 있기 때문에 기술과 제도의 급격한 변화가 억제될 수도 있다. 결국 기술은 사회를 구성하는 한 요소이다. 따라서 중요한 문제는 어떻게 기술이 사회변동을 일으키느냐가 아니라 기술과 사회가 서로를 형성하는 데 어떠한 역할을 하는가이다. 기술은 그저 발생하는 것이 아니다. 기술은 특정한 결과를 가져올 수 있도록 선택되고 설계된다. 따라서 한 사회와 그 사회의 기술을 분리할 수 없는 것이다.

기술이 사회생활에 녹아드는 방식은 다음과 같다.

▶ 사회적 분업(social division of labor)
오늘날과 같은 복잡사회에서는 기술지식이 사회를 구성하는 많은 부분에 배분되어 있다. 한 사람이 모든 기술을 숙달한다는 것은 불가능하다. 우리 사회가 지속하기 위한 기본 조건은 영속적인 분업에 있다. 이러한 분업은 상이한 결과를 가져오는 상이한 방식으로 구조화될 수 있다.

▶ 기술의 독점(exclusive possession of technologies)
어떤 사회에서는 일부 사람들은 특정한 기술을 사용하는 것이 금지되고 있다. 많은 원시사회에서 남자만이 또는 여자만이 석기와 같은 도구를 사용하도록 허용되었다. 16세기 영국에서는 평민이 레이스 옷을 입거나 칼을 차는 것이 금지되었다. 많은 국가에서 면허증을 가진 의사만이 독점적이면서 합법적으로 의술을 시행하도록 허용하고 있다. 오늘날 대부분의 사회에서 나이, 성별, 교육, 기술을 토대로 특정 집단의 사람에게만 기술의 사용을 허용하고 있다.

▶ 기술의 사용과 개발에 대한 책임(responsibility for operation and development of technology)
철도, 공장과 같은 대형 기술시스템을 누가 소유하고 운영하는가 이다. 특정 국가에서는 기업이, 다른 국가에서는 중앙정부가 소유하기도 한다. 이 소유권(sponsorship)의 중요성은 더욱 명백하게 드러난다.

▶ 사회집단과 기술과의 연관(association of social groups with technologies)
일부 집단은 특정기술이 그들 신분(identity)의 일부라고 생각한다. 예컨대 히피와 LSD(환각제), 멕시코인과 마리화나가 그러하다.

▶ 기술에 대한 사회적 규범의 종속(dependence of social forms on technology)
어떤 종류의 사회적 상호작용은 기술의 개입을 통해서만 가능할 수 있다. 탄도미사일 같은 원거리제어(distance-bridging) 기술의 발달로 장거리전쟁이 가능하게 되었다. 전화의 발명으로 은행의 지점망 운영이 가능해졌다. 전화와 엘리베이터의 발명으로 초고층 건물의 건축이 가능하게 되었다.

신체의 골격과 같이 기술은 사회를 구성하는 한 요소이다. 따라서 중요한 문제는 어떻게 기술이 사회변동을 일으키느냐가 아니라 기술과 사회가 서로를 형성하는 데 어떠한 역할을 하는가이다. 기술은 그저 발생하는 것이 아니다. 기술은 특정한 결과를 가져올 수 있도록 선택되고 설계된다. 따라서 한 사회와 그 사회의 기술을 분리할 수 없는 것이다. 동일한 기술이 다양한 사회제도를 허용하더라도 기술이 선택을 제한한다. 이러한 이유로 많은 사회에서 특정 기술의 사회적 결과를 수용하기보다는 그 기술의 편익을 포기하는 것을 선택하였다. 예컨대 16~17세기 중국에서는 대포기술(artillery)을 채택하기를 꺼려했다. 왜냐하면 외국에서 발명된 기술이어서(중화사상의 측면에서 외국기술이라는 것은 그 자체가 나쁜 것이다) 외국의 관습을 불러들일 수 있기 때문이었다. 그 결과 외침을 받았고 아편무역과 같은 원하지 않던 일을 감내하지 않으면 안 되었다. 경쟁사회에서 살아남기 위해서는 남이 개발한 기술을 사용하지 않을 수 없다. 우리들이 사용하는 기계가 우리를 속박한다. 그러나 다른 사람이 사용하는 기계가 우리를 속박할 수도 있다. 기술이 강력한 경쟁세계질서에 체화되기 때문에 우리의 경제적 후생은 우리로 하여금 기술을 신속히 혁신하고 사용하지 않을 수 없도록 하고 있다.

04. 미디어문명과 진화과정

> 커뮤니케이션 기술이 사회변화의 주요한 원인이다.
> - H. Innis
> 미디어의 발달은 인간 '감각기관의 확장'이며, 이를 통해 인간의
> 본질이 변화된다.
> - M. McLuhan

인류 진화는 커뮤니케이션의 발전을 동반하였다. 점차 고도화된 커뮤니케이션 기술과 상징의 사용은 인류의 발전을 이루어내는 동력이었다. 집단생활, 도구이용 등의 행위는 커뮤니케이션을 전제로 가능하였다. 커뮤니케이션은 미디어를 통해서 이루어진다. 사람과 사람 사이에 미디어가 존재함으로써 커뮤니케이션이 이루어진다. 사람과 사람 사이의 관계를 이어주는 것이 커뮤니케이션이라면, 커뮤니케이션의 보조수단이 미디어인 것이다. 여기서 미디어는 '인간화(예, 이동전화)', '인간의 확장(예, 인터넷)'이라는 관점에서 모든 커뮤니케이션 수단을 포괄한다. 미디어 발전의 역사는 직접 커뮤니케이션(면대면 커뮤니케이션; face to face communication)이 갖는 시간적·공간적 제약을 극복하는 역사로 해석할 수 있다. 테크놀로지의 눈부신 발달은 다양한 형태로 응용이 되면서 커뮤니케이션 제약요인을 극복하고 있다. 디지털기술의 다양한 변신은 이를 잘 보여준다.

사회문화적인 변화와 미디어 발전은 밀접한 상호 관련성을 갖는다. 예컨대 중세 후기와 르네상스 시대의 사회적인 변화가 인쇄술의 발명으로 확대되었고, 인쇄술의 발명은 다시 서구 합리주의의 확산과 발달을 뒷받침했다. 17세기 말에 신문과 잡지가 등장한 것은 당시 정

치경제적인 변화, 상품 유통구조의 발전, 그리고 이와 관련한 정보 욕구와 밀접한 관련이 있다. 전신기의 발명과 최근의 인터넷이 증권거래소를 통한 경제 교역을 가속화시키는 것은 미디어발전이 경제적인 측면과 밀접한 관련이 있음을 보여준다. 따라서 서구에서 산업과 시장의 발전이 이루어지고, 기계화가 일찍 시작된 것은 인쇄술의 발명이 동반한 사회적인 커뮤니케이션 변화과정의 결과라 할 수 있다.

모든 미디어는 필요성에 대한 하나의 반응이며, 동시에 또 다른 발전을 위한 자극이 되기도 한다. 필요성 그 자체는 정치, 경제, 또는 사회적인 분야를 구성하는 구체적인 사회 상황과의 반응에서 생겨났다. 따라서 기술의 혁신과 사회적 과정은 서로 고립된 무관한 관계로 볼 수 없다.

미디어의 변천(발전)은 일반적인 문화 욕구변화를 담아내는 시스템의 일부로서 진행되어 왔다. 역사적으로 미디어 변천에는 나름대로 규칙성이 있다. 새로운 미디어는 그 이전 미디어의 형식과 내용을 통합하는 형태로 발전한다. 즉 모든 미디어는 다른 미디어를 기반으로 하거나 그 내용을 필요로 한다. 미디어의 효용성은 바로 어떤 미디어의 '내용'을 다시 활용하고 있기 때문에 강력하고 효력이 있다. 영화의 내용은 소설, 연극 혹은 오페라인 것이다. 따라서 새로운 미디어가 도입될 때마다 미디어문화에서는 기능의 재분배가 이루어진다.

미디어의 변천은 구어 커뮤니케이션에서 문자로 이행되고, 문자에서 인쇄미디어, 인쇄미디어로부터 라디오, 라디오에서 TV, TV에서 컴퓨터와 양방향 디지털미디어로 이행되어 왔음을 보여준다. 물론 가장 최근의 스마트미디어가 폭넓은 커뮤니케이션 기능의 스펙트럼을 갖는다. 미디어는 정보기능뿐만 아니라, 고전과 신화의 기능도 갖는다. 예컨대 과거에는 멀리 떨어진 세계의 소식을 담시(譚詩) 형태의 문학이 담당했다면, 17세기부터는 신문이 그 기능을 대신하였다. 인쇄미디어 이후의 매스미디어는 과거 커뮤니케이션 체계가 갖고 있는 내용들을 통합하는 특징을 보여주다가 디지털 시대와 함께 대중 커뮤니케이션을 여러 형태의 개별 커뮤니케이션으로 이행시키고 있다. TV 시대에는 시청자가 수동적인 정보 습득자였다면 디지털 시대에는 개인의 필요에 따라 여러 형태의 미디어를 능동적으로 사용할 수 있는 정보소비자이며 생산자가 되도록 하고 있다.

커뮤니케이션 행위에서 시청각 문화가 우세한 위치를 점하도록 이행을 촉진한 미디어가 영화이고, 그 시청각적 담론 방식의 여러 전통을 TV가 통합하고 있다. 수백 년 동안 문자, 문학, 말(구어)에 기반해 형성된 인쇄문화적인 형태가 지배적이었지만, TV의 등장이 이러한 것을 없애버린 것이 아니라, 기본적으로 그 이전 시대의 틀을 영상 역사에 다시 접목시켰다.

오늘날 우리는 근본적인 패러다임의 변화를 경험하고 있다. 말하자면 문자로 각인된 커뮤니케이션 문화에서 시청각으로 각인된 커뮤니케이션 문화로 변화를 경험하고 있다. 언어는 현실을 개념, 상징, 기호로 전환하지만, TV에서는 개념과 기호(문자, 말, 문장)로 우회하지 않고 바로 직접적인 전달이 이루어진다. 논리적인 사고, 즉 특정 생각에서 다음 생각으로 논리적인 발전을 꾀하고, 전체 생각 구조가 부분으로 구성되는 그런 사고는 직관으로 배열되는 개별 영상과 음성의 '퍼즐'로 대체된다.

영상미디어로서 TV는 이전의 라디오와 영화처럼 이미 발전된 청각미디어와 시각문화 전통을 받아들이고 변화시키며, 새로운 기술과 결합함으로써 자신의 독특한 커뮤니케이션 전통을 창조하고 있다. 따라서 모든 미디어는 그 이전 미디어를 대상으로 한다는 점에서 맥루한의 명제를 따르고 있는 셈이다.

TV는 영상언어라는 최고의 효과적인 언어를 구사한다. 세상에서 가장 위대한 영상 이야기꾼인 것이다. TV라는 미디어는 실상을 장면, 몸짓, 상징으로 풀어내고, 이들을 언어로 해석한다. 이것은 논증의 언어가 아니라, 시청자들에게 기억과 동일화를 불러일으키는 언어이다. 실상을 장면, 몸짓, 상징으로 풀어내는 것은 그 이전의 미디어인 영화와 연극에서 이미 그 기원을 갖고 있기 때문에 시청자는 이러한 커뮤니케이션 형식에 이미 익숙해져 있다. 따라서 시청자는 TV 담론을 수용하고 이해하는 데 전혀 어려움을 느끼지 않았기 때문에, 단기간에 빠른 확산과 이 미디어의 대중화를 가능하게 했던 것이다.

회화에서 시작하여 사진, 영화를 거쳐 TV로 영상미디어가 변천하면서 미디어 간에 새로운 기능 분배가 이루어졌고, 그것은 우리의 인지 구조와 지식 구조에도 변화를 주었다. 기존의 미디어 형태를 옹호하는 사람은 이러한 기능의 분배를 두려워했으며, 새로운 미디어가 등장하여 야기시키는 가치 변화를 두려워하였다.

사진술이 발명되었을 때 사실주의 화가들과 특히 초상화 화가들은 자신들의 장르가 민속 예술로 전락할까봐 두려워했다. 영화는 연극을 몰아낼 정도로 위협적이었지만, 영화는 다시 TV의 희생물이 되었다. 그리고 만능 기계인 컴퓨터는 모든 것을 동시에 쓸어버리고 있다. 컴퓨터는 영상, 음성, 공간, 문자 등 모든 것을 만들어낼 수 있기 때문이다.

이러한 이행 단계에서 사회적, 문화적 영향이 반영되고 있음은 물론이다. 즉 대중문화의 수용과 대중문화의 오락 기능이 점증하고, 사회에서 처리해야 할 정보의 양도 증가함에 따라 TV가 갖는 의미도 커졌다. TV는 기술의 발전과 정보 내용을 특별히 구조화할 수 있는 장점 때문에 오락과 정보 전달의 양과 속도에서 새로운 잠재성을 갖게 되었던 것이다.

결국 미디어 이용과 사회적 인식구조, 그리고 사회문화 간에는 밀접한 관련이 있음을 누구도 부정하기 어렵다. 미디어는 충분조건은 될 수 없지만, 특정 경우에서 필요조건임은 분명하고 일정한 발전을 촉진하는 것은 의심할 여지가 없다. 따라서 미디어시스템은 사회적으로 구성된다는 주장은 더 큰 설득력을 얻는다.

미디어의 변화과정을 연구한 피들러(Fidler, 1999)는 새로운 미디어가 자생적이고, 자발적으로 생성되는 것은 아니라고 주장한다. 그는 새로운 미디어가 기존 미디어의 변형이라는 과정을 거쳐서 천천히 등장하며 새로운 미디어가 등장한다고 해서 기존의 미디어들이 사라지는 것은 아니고 계속해서 존재하며 새로운 환경에 적응해 나간다고 지적한다. 피들러는 FM과 TV의 등장을 예로 들면서 상대적으로 우수한 기술인 FM이 등장하였다고 해서 AM라디오가 사라지지 않았으며, TV가 등장했다고 해서 라디오가 당시의 호들갑스러운 예측과는 달리 없어지지도 않았다고 말한다.

피들러에 의하면 TV의 재빠른 확산은 기존의 미디어인 신문과 잡지, 그리고 같은 영상미디어인 영화에 중요한 변화를 야기했지만, 그것이 결코 기존 미디어의 소멸을 의미하는 것은 아니라는 것이다. 기존 미디어들은 새로운 환경에 잘 적응하였으며, 이러한 탄력적인 적응은 성급한 예측을 무력화시키기에 충분하였다.

피들러는 기존의 미디어가 발전해 온 과정에서 추론한 매체변화의 여섯 가지 원칙을 제시하고 있다. 그 첫째는 바로 공동 진화와 공존(co-evolution and coexistence)이다. 모든 커뮤니케이션 미디어들의 형태는 계속 확장되고 있으며 복잡한 시스템의 내부에서 서로 공존하고 공동 진화한다. 다시 말해서 새로운 커뮤니케이션 형태들이 계속 등장하면서 기존의 미디어들과 서로 영향을 미치며 함께 변화한다는 것이다. 둘째는 변형(meta morphosis)이다. 새로운 미디어는 독자적으로 발전하는 것이 아니며 비교적 오래된 미디어들이 점진적으로 변화하는 과정 속에서 생겨난다는 것이다. 셋째는 유전(propagation)이다. 새로운 커뮤니케이션 미디어 형태는 기존의 커뮤니케이션 미디어 형태에서 독특한 형태를 물려받는다. 이 고유한 특성들은 언어를 통해서 다음 세대에 전달되고 확산된다. 넷째는 생존이다. 모든 커뮤니케이션 미디어 형태는 변화하는 환경에 적응하도록 강제되며, 변화하지 못하는 미디어는 소멸하게 된다. 다섯째는 기회와 필요(opportunity and need)이다. 새로운 미디어는 기술적인 관점에서만 발전하고 확산하는 것이 아니며, 새로운 미디어가 확산하기 위해서는 이러한 발전을 가속화하는 사회적, 경제적, 정치적 동기가 있어야 한다. 또한 발전의 기회도 아울러 제공되어야 한다. 여섯째는 확산의 지연(delayed adoption)이다. 새로운 미디어가 완전하게 상업적으로 성공하기 위해서는 일반적인 예상보다 더 많은 시간이 필요하다. 적어도 20~30년의 시간이 필요하다고 한다.

　이러한 미디어 변화의 원칙들은 미디어의 융합에 따른 새로운 미디어의 출현과 채택이 어떤 방식으로 이루어질 것인가를 알려주는 단서를 제공하고 있다. 우선 새로운 미디어의 출현으로 기존의 미디어가 소멸하지는 않는다면 기존의 미디어가 지켜가는 분야와 새로운 미디어가 우위를 점하는 부분을 구별해야 할 것이다. 유전의 원칙을 보면, 새로운 미디어 역시 기존의 미디어에서 크게 벗어나기는 어렵다는 점을 알 수 있다. 여기에서 새로운 미디어 특성의 독특함의 정도와 사회적 파급효과의 정도를 구분해야 한다. 새 미디어의 특성이 독특함이 많다고 해서 사회적 파급 효과가 반드시 큰 것은 아니며 또 독특함이 작다고 해서 사회적 파급 효과가 적은 것은 아니기 때문이다.

　미디어의 융합에 따른 멀티미디어의 특성은 대부분 기존의 미디어에서 발견할 수 있는 것들이다. 영상은 TV 등의 방송과 영화에서, 전자게임은 게임기에서, 문자는 책과 신문 등의 인쇄미디어에서, 소리는 음향 기기에서 이미 사람들에게 익숙해져 있던 것이다. 그러나 이런 것들을 합한 종합적인 파급효과는 기존의 매체들을 뛰어넘는 혁명적인 것이 될 수도 있다.

우리가 마주하고 있는 미디어 패러다임은 '변화' 수준을 넘어서 '혁명'을 겪고 있다. 라디오, TV 등은 개발 후 10%의 보급이 이루어 지기까지 25~30년이 소요된 반면, PC, 이동전화 등은 10년 만에 10% 의 보급률을 보이면서 점차 그 속도를 빨리하고 있다.

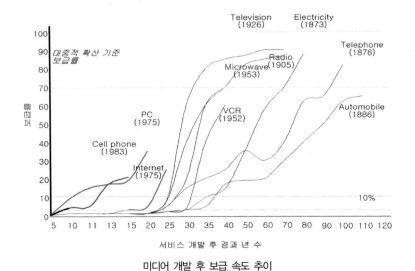

미디어 개발 후 보급 속도 추이

방송의 경우 기술 발전에 따라 스마트미디어가 확산되고 있고, 3D, UHD 방송과 같은 고화질 실감형 방송으로의 진화도 빠르게 진행되고 있다.

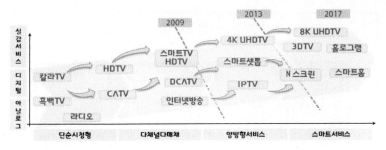

출처: 미래부 · 방통위 · 문화부(2013)

방송미디어의 진화

　스마트미디어 환경의 진전에 따라 방송은 양방향 서비스가 가능한 디지털케이블 TV · IPTV 등장에 따라 영화, SW 등과 융합하며 '콘텐츠 플랫폼'으로 진화하고 있다.

　위성방송, 디지털케이블TV, 위성DMB, 지상파DMB, IPTV, 웹TV, 인터넷방송 등 이름만으로는 쉽게 그 차이점을 구별하기 어려운 미디어들이 우리의 미디어라이프를 새롭게 구성하고 있음이다. 이들 새로운 미디어들은 초고속망을 통해 인터넷 접속을 지원하며 게임, 생활정보, 음악, 비디오 등 다양한 분야의 콘텐츠를 온-디멘드(on-demand) 방식으로 제공해준다. 이러한 새로운 미디어 환경에서 이용자는 어떤 콘텐츠를 어떤 채널을 통해 언제 이용할 것인지에 대한 자신의 선택권을 강화하고 있다. 또한 이용자들은 이들 미디어(플랫폼)를 통해 스마트 환경에 접속함으로써 콘텐츠 생산과정에도 직접 참여하고 있다.

스마트폰 전성시대, Planet of the phones

Source: The Economist(Feb 28th 2015)

▶ 지구는 스마트폰 없이 살기 어려운 '스마트폰의 행성'(Planet of the phones)이 되었다. '포노 사피엔스'(Phono Sapiens)의 시대가 도래했다. 역사상 가장 빨리 팔린 기계에 속하는 스마트폰은 현재 세계 인구의 절반 이상이 가지고 있는 것으로 나타났으며, 2020년에는 전 세계 인구의 80%가 소유할 것으로 보인다. 즉 스마트폰은 앞으로 더욱더 깊숙하게 생활에 침투할 것임을 의미한다.

직접회로 발전으로 기기의 소형화가 가능해졌고, 데이터 전송의 비용이 하락하면서 스마트폰 시대가 가능하게 됐다. 마차에 엔진을 장착하고 등장했던 자동차, 시간을 계량한 장치인 시계가 삶에 영향을 준 것과 마찬가지로 스마트폰 역시 삶에 영향을 미치고 있다.

05. 플랫폼의 개념과 기능

플랫폼이 사람들이 기차를 이용하듯 수요와 공급이 만나도록 하는 생태계를 형성하는 곳이 되면서 비즈니스의 새로운 수단으로 급부상하고 있다.

플랫폼은 본래 기차를 승·하차하는 공간이나 강사, 음악 지휘자, 선수 등이 사용하는 무대·강단 등을 뜻했으나 그 의미가 확대되어 특정 장치나 시스템 등에서 이를 구성하는 기초가 되는 틀 또는 골격을 지칭하는 용어로, 컴퓨터 시스템·자동차 등 다양한 분야에서 사용되고 있다(네이버 지식백과).

플랫폼에 대한 내용과 정의도 다양하다. 예를 들어, 다양한 상품을 판매하거나 판매하기 위해 공통적으로 사용하는 기본 구조, 상품 거래나 응용 프로그램을 개발할 수 있는 인프라, 반복 작업의 주 공간 또는 구조물, 정치·사회·문화적 합의나 규칙 등이 그것이다(위키피디아).

플랫폼은 공통의 활용 요소를 바탕으로 본연의 역할도 수행하지만, 보완적인 파생 제품이나 서비스를 개발·제조할 수 있는 기반이다. 플랫폼은 제품 자체뿐만 아니라 제품을 구성하는 부품이 될 수도 있고, 다른 서비스와 연계를 도와주는 기반 서비스나 소프트웨어 같은 무형의 형태도 포괄하는 개념이다.

결국 플랫폼이란 공급자와 수요자 등 복수 그룹이 참여해 각 그룹이 얻고자 하는 가치를 공정한 거래를 통해 교환할 수 있도록 구축된 환경이다. 플랫폼 참여자들의 연결과 상호작용을 통해 진화하며, 모두에게 새로운 가치와 혜택을 제공해 줄 수 있는 상생의 생태계라고 말할 수 있다(노규성, 2014).

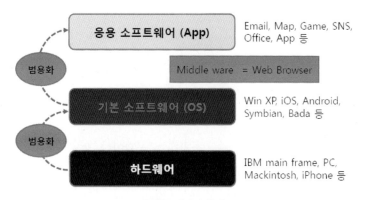

플랫폼 개념의 확장

초기 H/W를 지칭하는 개념에서 점차 S/W, 서비스 등으로 개념이 확대 적용되고 있다. '서비스의 핵심 기반'이라는 광의의 관점에서 다양한 의미로 혼용된다. 하드웨어의 범용화에 맞춰 OS로 이동, 이후 App 계층으로 확장 중이다.

플랫폼 관련 주요 키워드를 정리하면 다음과 같다.

► 플랫폼 전략: 관련 그룹을 하나의 장(場)에 모아 네트워크 효과를 창출하고 새로운 사업의 생태계를 구축하는 전략
► 플랫폼적 사고: 기업의 활동이나 상품에서 '공통된 논리와 구조'를 찾아내어 활용하는 것
► 플랫폼化: 핵심 서비스를 개방하여 다양한 응용서비스를 가능하게 하는 개방형 인프라

플랫폼은 다음과 같은 기능들을 수행한다.
① 연결을 가능케 하는 장소를 제공하여 교류를 촉진

예) 증권거래소, 옥션, 상점가 등을 제공(플랫폼은 장소, 시스템, 결제, 문제해결책 제공)

② 비용감소: 각 그룹이 개별적으로 처리할 경우 시간과 비용이 드는 기능을 플랫폼이 대신 제공

예) 신용카드회사는 카드발행, 단말설치, 심사, 결제 업무

예) 백화점은 화장실 설치, 주차장 운영, 고객관리, 통합마케팅 수행

③ 브랜드 기능: 플랫폼 브랜드가 사용자에게 안심감과 신뢰감 부여

예) 검색은 구글, 경매는 옥션, MP3 파일은 iTunes 등

④ 커뮤니티 형성 ⇒ 네트워크 효과: 그룹 간 상호 작용을 통한 커뮤니티 형성, 애착심 고취

예) 애플 vs 구글

⑤ 이질적 그룹의 교류를 위해 제3의 서비스 제공: 콘텐츠 제공을 통한 광고주와 소비자의 접점 창출

예) 방송, 잡지, 신문 등

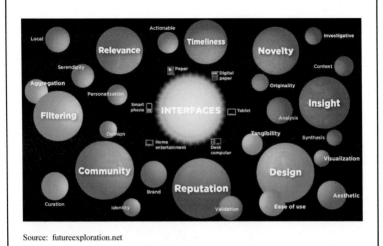

스마트미디어 시대 가치창출의 원천

▶ 스마트미디어 시대 가치창출을 위한 핵심요소들: 인터페이스, 커뮤니티, 평판, 디자인, 필터링, 신기함, 직관, 시의성, 적절성 등

Source: futureexploration.net

06. 스마트미디어의 개념 이해

게임기, PC, MP3플레이어, PMP, 내비게이션, 전자책 단말기, TV, 놀이기구…… 스마트폰은 다양하게 활용된다. '아브라카다브라' 주문만 하면 다양한 모습으로 무한 변신하는 것이다. 모바일 기기 속의 애플리케이션, 즉 앱(App)은 앱티즌(Apptizen=App+Netizen)의 라이프스타일을 바꾸고 있다. 특히 실용적 기능을 더 많이 갖춘 앱들이 등장함으로써 앱은 퍼스널 에이전트(personal agent) 역할을 수행하고 있다. 퍼스널 에이전트로서 앱은 개인과 밀착되어 생활의 갖가지 요소

들을 해결해주는 정교하고 편리한 존재다. 이제 앱은 생활과 업무에 날개를 달아주는 대리인이자 동반자가 된다.

앱은 단순한 위젯 기능들을 가지고 사람이 작동시켜주기를 기다리는 것이 아니라 사람의 여러 가지 패턴들을 이해하고 분석한 후 그것을 토대로 실질적인 편의를 제공한다. 앱이 사용자를 보조하고 챙겨주는 든든한 개인 비서, 동반자가 되는 것이다. 직접 제안하고 챙겨주고 빈틈을 메우며, 건강까지도 책임진다. 카테고리별로 가장 복합적이고 지능적인 앱만이 살아남아 진화를 거듭하는 방식이다. 앱이 퍼스널 에이전트에 가까워질수록 사용자는 더 많은 여유 시간을 확보하게 되며 그만큼 삶을 풍요롭게 꾸려나갈 수 있다.

퍼스널 에이전트 앱이 가진 강점은 '개인에게 밀착된다'는 특징이다. 필요한 일을 더 잘 처리할 수 있도록 편의와 가속을 더한다. 곁에 대기하고 있다가 내가 부르면 언제든 다가와 내 생활의 요소를 해결해주는 요술램프의 '지니'이다. 이제 스마트폰 하나면 정보습득, 업무수행, 사회적 관계 형성, 여가활동 등이 가능하다. 스마트폰의 터치노믹스(Touchnomics)와 나우이즘(Nowism)은 우리의 삶을 스마트하게 해주고 있음이다.

이처럼 스마트폰, 스마트TV, 스마트패드로 대표되는 스마트미디어 환경이 생활이 되고 있다. 스마트폰과 스마트패드(태블릿PC)에 이어 스마트TV까지 등장하고 있다. 스마트TV는 콘텐츠와 미디어는 물론 커뮤니케이션까지 하나로 융합되면서 스마트미디어 환경의 도래를 의미한다.

스마트TV는 소비자가 직접 원하는 콘텐츠와 애플리케이션을 선택 후 이용하는 방식이기 때문에 높은 쌍방향성과 능동적인 이용행태를 보일 것으로 전망된다. 스마트TV가 기존의 IPTV, web TV 등과 가장 큰 차이점은 제3의 개발자(third party)가 제작한 다수의 애플리케이션을 이용할 수 있다는 점이다. 나아가 SNS를 활용한 다양한 정보공유 및 커뮤니케이션이 가능하기 때문에 새로운 미디어로 부각된다.

스마트미디어 시대는 미디어의 다중창구화를 의미한다. 스마트미디어 환경은 N-Screen의 현실화를 이루었으며, 홈네트워킹의 보급화를 앞당기는 동인이 될 것으로 전망된다. 기존의 TV와 PC, 모바일로 이어지던 3Screen 환경에서 스마트TV와 태블릿PC, 클라우드 컴퓨팅 등의 다양한 플랫폼을 기반으로 한 단말의 등장으로 스크린의 제약을 넘는 미디어/플랫폼의 OSMU를 실현한다.

N-Screen 환경은 미디어의 구분과 한계를 뛰어넘어 트랜스 미디어로서의 역할을 수행할 수 있도록 해준다. 기존 미디어 간 단절되어 있는 구조에서는 단순한 정보전달에 그쳤다고 한다면 트랜스미디어는 여러 매체가 유기적으로 연결돼 언제 어디서든 사용자가 원하는 모습으로 콘텐츠를 융합할 수 있다.

향후 스마트폰, 스마트패드, 스마트TV 등 다양한 스마트기기를 활용한 스마트라이프의 가속화로 '스마트사이어티'가 본격적으로 도래할 것으로 기대된다. 스마트사이어티(Smartciety, Smart+Society의 합성어)는 스마트폰 등 각종 스마트기기로 대화와 소통이 이루어지고 업무처리, 학습, 의료진료 등 사회 전반에 스마트기술이 활용되는 사회를 지칭한다. 스마트사이어티에서 살아가는 스마트시민은 감성적 사고방식을 지향하며, 가상공간을 향유하며 간접소유를 선호하고 공유-개방의 지식개념을 추구한다(김원제 외, 2011).

스마트사이어티를 사는 스마트한 시민은 스마트워크로 과업을 수행한다. '스마트워크'는 시간과 장소에 얽매이지 않고 언제 어디서나 편리하고 똑똑하게 근무함으로써 업무효율성을 향상시킬 수 있는 업무환경 개념이다. 장소, 시간에 상관없이 모든 통신수단을 이용해 정보의 공유와 사람 간 협업을 통한 원격협업 수행이 가능하다. 스마트워크는 근무장소에 따라 이동/현장(모바일오피스), 자택(홈오피스), 원격사무실(스마트워크 센터), 직장(스마트오피스)로 구분된다.

스마트미디어는 미디어가 ICT 인프라와 결합해서 시공간 및 기기 제약 없이 다양한 콘텐츠를 이용자에게 융합적 지능적으로 전달할 수 있도록 발전 중인 매체를 포괄적으로 지칭한다. 소통의 도구로 사용자와 상호작용이 가능하며, 시간적·공간적 제약이 없이 융합 콘텐츠를 제공하는 똑똑한 매체이다. 대표적 미디어인 전화, 책, TV가 스마트폰, 전자책, 스마트TV로 진화하는 모양새이다.

스마트미디어의 특징

트렌드	변화	예시
비물질화(Dematerialization)	소형화	전자책, 전자지갑
가상화(Virtualization)	현실→가상	게임, 증강현실
이동성(Mobility)	이동성 증대	위치 기반 서비스
지능성(Intelligence)	스마트화	음성인식
연결성(Networking)	초연결	소셜 네트워크
상호작용(Interactivity)	단방향→양방향	이러닝
융합(Convergence)	융복합화	디바이스의 다기능화

출처: 지식경제부(2012)

스마트미디어는 기술 발전 트렌드에 따라 변화하고 있으며, 다양한 형태로 실현 중이다.

스마트미디어 산업은 전자출판, 이러닝, 모바일, 게임, 광고 등 매우 광범위하며, 관련 서비스, 콘텐츠, 기술도 다양하다.

출처: 지식경제부(2012)

스마트미디어의 범위(예시)

스마트미디어는 수평적으로 연결된 개방형 플랫폼이 ICT 인프라를 통해 이용자별로 다양한 융합 콘텐츠를 제공해준다. 타 산업과 융합하여 이용자 중심의 새로운 서비스 개발을 촉진하고 산업 경쟁력을 향상시키는 상생의 생태계 중추 역할을 수행할 것으로 기대된다.

스마트미디어산업 육성계획(2014)에 따르면, 스마트미디어산업을 대표하는 산업은 다음과 같다.

▶ (인터넷 동영상 서비스) 범용 인터넷망을 통해 비디오, 오디오 등의 방송 프로그램, 영화 등의 콘텐츠를 제공하는 서비스(OTT:

Over-the-Top)

- ▶ (소셜미디어) 웹 기반의 대화형 미디어로서 이용자들이 정보와 지식, 의견을 공유할 수 있게 해주는 미디어, SNS 블로그 위키 팟캐스팅 등이 해당
- ▶ (디지털사이니지) 네트워크를 통해 원격관리가 가능한 디지털 디스플레이를 공공 및 상업공간에 설치하여 각종 정보·광고를 제공하는 미디어
- ▶ (실감미디어) 시간 공간적 제약 없이 몰입감과 현장감을 극대화할 수 있는 오감정보와 감성정보를 제공하는 미디어
- ▶ (가상현실미디어) 현실세계의 공간을 실제와 근접하게 재현하여 이용자에게 실재감과 몰입감을 제공하는 미디어

인터넷 동영상 서비스 (OTT, Over the Top)	실감미디어	디지털사이니지
인터넷망을 통해 동영상 콘텐츠를 전송하는 서비스	오감정보와 감성정보를 제공하는 미디어 서비스	디지털 디스플레이를 통해 정보와 광고를 제공

스마트미디어산업 활성화의 핵심은 네 가지 미디어서비스로 요약되는바, 개방형/지능형 스마트방송 서비스, 소셜미디어 DIY&미디어 매쉬업 서비스, 공유형/협업형 스마트 사이니지 서비스, 현실/가상초월형 가상현실 미디어서비스 등이다.

이러한 스마트미디어서비스 구현을 위해서는 5대 기반기술이 요구된다.

첫째, 인터넷오브미디어는 이용자의 주변 상황과 사물 인터넷과의 연동을 통해 이용자에게 제공되는 미디어를 진화시키고, 이용자에게 진화된 미디어를 제공하여 이용자의 경험을 혁신시키는 상황연동 지능형 미디어서비스 기술이다.

인터넷오브미디어 응용 개념도

둘째, 공간미디어는 다양한 입체 공간 스크린을 활용하여 가상계 미디어를 현실감 있게 체험하고, 실시간으로 현실계－가상계 미디어의 연결을 통해 미디어 간 상호작용이 가능한 지능형 공간미디어 기술이다.

공간미디어 기술 개념도

감성미디어 응용 개념도

셋째, 감성미디어는 이용자 감정정보의 관계를 지식화하여 이용자
의 감정 및 생체 상황 기반의 콘텐츠 검색, 추천, 교감, 공유, 진단 등

감성기반 미래 서비스 기술이다.

넷째, 실감미디어는 이용자의 몰입감, 현장감 등을 극대화를 위한
시각, 청각, 후각, 미각, 촉각 등 인간의 오감 정보를 언제 어디서나
이용자 요구에 맞게 지능적으로 표현하는 기술이다.

실감미디어 응용 개념도

다섯째, 광고 프레임워크는 매체 다양화, 다양한 단말의 보급 확대
및 사용 경험 증가에 대응하는 다매체 통합형 광고 제작, 유통 프레
임워크 기술이다.

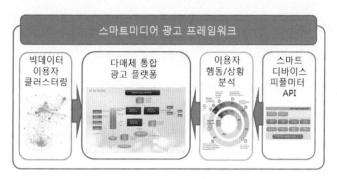

스마트미디어 광고 프레임워크

OTT(Over-The-Top) 서비스

▶ 초기에는 Top이 TV에 연결되는 셋톱박스(set-top-box)를 의미하여 TV 셋톱박스와 같은 단말기를 통한 제3의 독립사업자들에 의해 영화, TV프로그램 등의 프리미엄 콘텐츠를 주문형 비디오(VOD) 방식으로 제공하는 서비스를 지칭. 대표적인 사업자인 Netflix의 경우, 오프라인 비디오대여사업자에서 온라인 DVD대여 사업을 하다가, LG전자와 함께 자체적으로 개발한 셋톱박스를 통해 TV 기반 온라인 영화서비스와 PC 기반 동영상 스트리밍 서비스를 제공하면서 OTT 서비스 사업자로 변신. 초기의 OTT 사업자들은 영화나 방송콘텐츠 홀더들과 독립적으로 콘텐츠를 빌려와 셋톱박스를 통해 유통하는 사업자들이었음
▶ 콘텐츠 유통이 모바일로까지 확대되면서, 그리고 제3의 독립사업자들에서 콘텐츠를 보유한 방송사업자, 플랫폼을 가진 인터넷사업자들이 대거 참여하면서 외연 확대. 독립사업자들에 의해 이루어진 OTT 서비스가 급격한 성장세를 보이면서 유료방송 사업자를 위협하는 cord-cutting(유료방송 가입해지), cord-shaving(OTT 서비스로 인해 기존 유료방송서비스를 해지하기보다 유료방송의 프리미엄 채널을 해지하거나 저가의 패키지로 이동하는 현상) 현상 등이 생겨나게 되고, 이런 위협에 대처하기 위해 방송사업자들도 뛰어들게 되면서 지상파 방송사 중심의 OTT 사업자 Hulu.com이 출범하고, 유료방송사에서는 'TV Everywhere' 와 같은 부가적인 OTT 서비스를 출시하게 되었기 때문. 뿐만 아니라 유튜브의 동영상 서비스에 자극받은 애플, 아마존 등의 인터넷사업자

들도 스트리밍을 통한 동영상서비스에 가세하면서 인터넷을 통한 동
영상서비스인 OTT 서비스가 우후죽순처럼 등장

1) 셋톱박스와 상관없이 유선인터넷(브로드밴드)이나 무선인터넷(모바
   일)을 통해
2) 기존의 제3의 독립사업자들(Netflix 등)과 더불어 통신 및 방송 사
   업자들이 참여하여
3) 영화, TV프로그램(실시간 방송 포함), UGC(User Generated Contents)
   등의 다양한 오디오, 비디오 콘텐츠를
4) 주문형 비디오(VOD) 방식과 스트리밍(streaming) 방식으로
5) 무료(광고기반)와 유료(월정액, 건당과금 등)로
6) PC, 스마트TV, 셋톱박스, 콘솔, 블루레이, 스마트폰, 태블릿 등의
   접근가능한 단말기에 제공하는 서비스

구분	NETFLIX	hulu Plus	amazon instant video
이용요금	월 7.99달러(광고 없음)	월 7.99달러(광고 있음)	연 99달러 (Amazon Prime 멤버십)
보유콘텐츠	TV 프로그램: 4,083시즌 (지난 시즌만 시청 가능) 영화: 10,493편	TV 프로그램: 48,558편 (방송 다음날 시청 가능) 영화: 2,644편	TV 프로그램: 1,411시즌 (지난 시즌만 시청 가능) 영화: 1,602편
지원단말	Xbox, PS3/4 등 콘솔 게임기와 Roku, Apple TV 등 셋톱박스 포함 총 30개 단말에서 이용 가능	18개 단말	11개 단말
특징	세계 최대의 OTT 서비스	광고를 탑재한 OTT 서비스	Amazon Prime 멤버십 가입자 대상으로 연 99달러 요금에 Amazon 상품 특급 배송 서비스와 함께 제공

자료: 한국콘텐츠진흥원(2014); SMPA(2014.10.)

07. 콘텐츠, 스마트콘텐츠의 개념 및 특성

콘텐츠의 사전적인 의미는 두 가지가 있다. 첫째는 '내용, 알맹이, 목록' 등을 의미하며, 둘째는 '만족시키다. 기쁘게 하다' 등의 의미로 사용된다. 결국 콘텐츠의 본래적 의미는(구체적인) 알맹이이자 내용인 동시에 이를 통해 만족을 줄 수 있는 것이라는 의미로 유추 해석할 수 있다. 사전적 정의로 보면, 라틴어 'contentum'에서 유래된 단어로 "담겨 있는 것(thing contained) 또는 내용물"(Oxford English Dictionary, 2007)을 의미한다.

가장 널리 인용되는 개념으로서 콘텐츠는 논문, 서적, 문서의 내용이나 그 목차를 의미하는 과거의 개념을 넘어서 영화, 방송, 뉴스 등 미디어의 내용이나 게임, CD-ROM타이틀 등 컴퓨터 관련 저작물의 내용을 지칭하는 용어로 사용되고 있다. 따라서 콘텐츠산업의 범위에는 출판, 정보서비스, 영상물, 게임 및 소프트웨어 등을 모두 포함하는 것으로 볼 수 있다.

콘텐츠는 미디어를 통해 전달되는 내용물 및 메시지 등 인간의 창의적 산물로 경제적, 문화적 가치를 가지는 것을 의미한다. 상품화되어 생산, 유통, 소비 등 일련의 과정을 통해 부가가치를 창출하는 것

콘텐츠의 법적 개념

[문화산업진흥 기본법 (2014.11.29)]
제2조(정의) 이 법에서 사용하는 용어의 뜻은 다음과 같다.
2. "문화상품"이란 예술성·창의성·오락성·여가성·대중성(이하 "문화적 요소"라 한다)이 체화(體化)되어 경제적 부가가치를 창출하는 유형·무형의 재화(문화콘텐츠, 디지털문화콘텐츠 및 멀티미디어문화콘텐츠를 포함한다)와 그 서비스 및 이들의 복합체를 말한다.
3. "콘텐츠"란 부호·문자·도형·색채·음성·음향·이미지 및 영상 등(이들의 복합체를 포함한다)의 자료 또는 정보를 말한다.
4. "문화콘텐츠"란 문화적 요소가 체화된 콘텐츠를 말한다.
5. "디지털콘텐츠"란 부호·문자·도형·색채·음성·음향·이미지 및 영상 등(이들의 복합체를 포함한다)의 자료 또는 정보로서 그 보존 및 이용의 효용을 높일 수 있도록 디지털 형태로 제작하거나 처리한 것을 말한다.
6. "디지털문화콘텐츠"란 문화적 요소가 체화된 디지털콘텐츠를 말한다.
7. "멀티미디어콘텐츠"란 부호·문자·도형·색채·음성·음향·이미지 및 영상 등(이들의 복합체를 포함한다)과 관련된 미디어를 유기적으로 복합시켜 새로운 표현기능 및 저장기능을 갖게 한 콘텐츠를 말한다.
8. "공공문화콘텐츠"란 (중략) 국립 박물관, 공립 박물관, 국립 미술관, 공립 미술관 등에서 보유·제작 또는 관리하고 있는 문화콘텐츠를 말한다.
9. "에듀테인먼트"란 문화콘텐츠를 유기적으로 복합시켜 기획 및 제작된 것으로 교육적으로 활용될 수 있는 것을 말한다.

[콘텐츠산업 진흥법 (2014.11.19)]
1. "콘텐츠"란 부호·문자·도형·색채·음성·음향·이미지 및 영상 등(이들의 복합체를 포함한다)의 자료 또는 정보를 말한다.

이다. 콘텐츠는 다분히 문화적, 또는 심미적 즐거움(pleasure)의 성격을 갖고, 기호 혹은 코드의 체계(system of codes)로 구성되어 있다. 콘텐츠 상품의 가장 중요한 특징 중의 하나는 바로 문화적인 산물이라는 점이다.

스마트콘텐츠는 스마트기기(스마트폰, 태블릿, 스마트TV 등)와 인터넷의 자원이 결합되어 사용자에게 편익을 제공하는 콘텐츠서비스를 의미한다.

스마트콘텐츠의 개념

스마트콘텐츠는 특화기능(터치, GPS 등)과 인터넷 자원을 활용함으로써 양방향성, 사용자 맞춤형 등의 특징을 가진다. 스마트 환경에서 킬러콘텐츠서비스는 기술발전과 시장의 니즈에 부합하는 e-북, 교육, 엔터테인먼트, SNS형 콘텐츠 등이 된다. 스마트폰의 3대 킬러 앱은 SNS, LBS, AR 등이다.

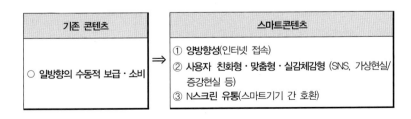

기존 콘텐츠	스마트콘텐츠
○ 일방향의 수동적 보급·소비	① 양방향성(인터넷 접속) ② 사용자 친화형·맞춤형·실감체감형 (SNS, 가상현실/증강현실 등) ③ N스크린 유통(스마트기기 간 호환)

스마트콘텐츠는 3R을 구현한다. 실시간(Real-time)으로 무한 정보와 인적 네트워크에 접근(Reach, 소통)하여 시공간적 한계를 넘어선 실재감(Reality)을 경험하게 해준다.

스마트콘텐츠는 이용자의 상황(맥락, TPO)을 기반으로 이용자가 원하는 것(Needs Wants Demand)을 정확히 선별하여, 쉽고 빠르고 편리하게 제공하는 똑똑한 서비스이다.

'무엇을 소비하느냐'(What to consume) 못지않게 '어디에서 어떻게 소비하느냐'(Where to consume, How to consume)가 중요해지고 있는 시대이다.

소비 경험의 입체적 확장, ASMD(Adaptive Source Multi Device) 소비 시대이다. 하나의 콘텐츠를 각 단말의 특성에 맞게 최적화해 소비하는 환경이 구축되고 있다. TV로 스포츠 중계를 보면서 태블릿PC로는 경기에 대한 실시간 분석 데이터를 제공받는 방식 등 적극적으로 새로운 경험을 추구하고 창조하는 환경이다.

제품이나 브랜드의 고유의 경험을 제공할 수 있는 어플리케이션 커뮤니케이션을 구성한다. 놀라운 이용자 경험과 중독적인 요소를 제공한다. 카메라, GPS, 터치UI, 진동센서 등을 활용하여 시각, 청각, 촉각 등의 감각적인 색다른 경험들을 고객에게 제공해준다.

파노폴리 효과(effet de panoplie)**; 스마트폰에 열광하는 이유?**

▶ 파노플리란 집합(set)이라는 뜻으로서 '같은 맥락의 의미를 가진 상품 집단'을 의미
▶ 파노플리 효과란 소비자가 특정제품을 소비하면 유사한 급의 제품을 소비하는 소비자 집단과 같아진다는 환상을 갖게 되는 현상을 의미. 구매한 물건을 통해 자신의 지위와 문화적 자본을 드러내는 것, 명품이나 아이폰에 대한 인기도 이를 통해 설명 가능

고객의 TPO(Time, Place, Occasion) 접점을 기반한 실시간 개인화 및 다양한 경험(예, 정보와 엔터테인먼트 결합)을 전달해준다. 매년 전 세계에서 개발되는 기술의 80%가 미디어 관련 기술이라고 한다. 그만큼 미디어 혁명은 전 지구적인 이슈이자 추동력이다. 미디어 환경의 지각변동은 콘텐츠 생산과정, 유통프로세스, 소비환경에 이르기까지 광범위한 변화를 동반한다. 매체 간 상호결합과 융합이 촉진되면서 방송과 통신의 경계도 사라지고 있다. 하나의 콘텐츠가 다양한 창구의 채널을 통해 소비자에게 전달되는 COPE, 신문이 TV나 인터넷·휴대전화 등 다른 미디어와 결합하는 '크로스 미디어' 현상도 확대되고 있다. 따라서 현재 미디어 플랫폼은 기술적인 차원의 매체개념보다는 고객접점의 윈도우라는 개념이 보다 중요한 상황으로 변화 중이다. 또한 아날로그 시대에는 콘텐츠제작자와 매체가 별개가 아닌 하나로 소비자에게 콘텐츠가 전달된 반면, 디지털 시대에는 콘텐츠제작자와 매체가 구분되어 콘텐츠가 소비자들에게 전달되는 가치사슬

구조를 가지게 되었고, 최근에는 DMB(위성/지상파), WiBro, IPTV 등 융합플랫폼의 등장으로 매체부문이 다변화하는 동시에 소비자와 플랫폼 간 양방향성이 향상되고 있다.

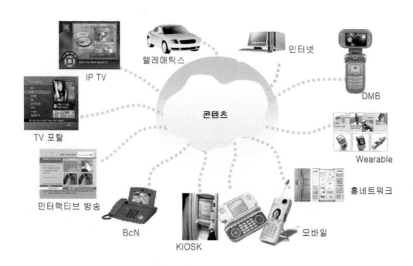

기존의 미디어환경은 미디어기업들에 의해 주도되었다. 매스미디어기업이 주도하는 상황에서는 양방향 커뮤니케이션을 가능하게 하는 네트워크 인프라와 비즈니스 모델이 열악했다. 따라서 신문이나 방송 등 매스미디어의 콘텐츠를 생산하는 사람과 소비하는 소비자의 구분이 명확했다. 뉴스 등 콘텐츠의 생산은 기자만이 담당했고 독자나 시청자는 뉴스 소비자에 머물러 있을 수밖에 없었다. 뉴스에 대한 의견을 다른 사람과 공유할 수 있는 수단도 인터넷 기사에 댓글을 다는 수준에 머물러야 했다. 하지만 스마트미디어 환경을 구성하는 미디어들은 언제 어디서나 인터넷 접속을 지원하는 방향으로 진화해가

고 있다. 따라서 올드 미디어환경에서 콘텐츠 소비자의 위치에만 머물러 있던 사람들도 스마트 미디어환경을 구성하는 미디어들을 통해 인터넷에 접속하여 자신이 자발적으로 만든 UCC를 다른 사람과 공유할 수 있게 되었다. 콘텐츠 생산자와 소비자의 경계가 소멸한 것이다. 또한 스마트 미디어환경에서는 기존 매스미디어의 콘텐츠에 다양한 개인들이 창출한 콘텐츠들까지 더해지고 있고, 최근에 생산된 콘텐츠와 더불어 오래전에 생산된 콘텐츠들도 함께 유통되고 있다.

스마트미디어 환경의 도래에 따라 세분화 된 개인들의 특화된 수요 만족과 콘텐츠 생산과정에 대한 개인들의 자발적인 참여가 강조되는 구조가 소수에 의한 정형화된 콘텐츠 생산과 다수에 의한 획일적 소비를 기본 메커니즘으로 하는 올드 미디어 패러다임을 대체해가고 있다. 따라서 스마트 미디어환경은 이용자가 정보창출과정에 자발적으로 참여하고 창출된 정보를 개방적인 환경에서 상호공유하며, 이 과정에서 집단지성이 구축되고, 이렇게 구축된 다양한 콘텐츠 중 자신이 원하는 것을 선택할 수 있게 한다.

스마트 미디어환경에서는 미디어와 이용자 사이의 관계가 역전된다. 스마트 미디어환경에서는 소수의 독점적 매체가 지배하는 구조가 다양한 개인형 매체들의 공존과 분점구조로 대체되고 있다. 과거에 독점적 지위를 점유하던 기존 매체들은 다양한 개인형 매체들과 경쟁해야 하는 상황에 놓여 있으며 이에 따라 매체 선택과 이용의 주도권이 이용자에게로 이동하고 있다.

'Content is King, Media is Kingdom.' 스마트 미디어환경을 대변하는 아포리즘은 이렇게 정리된다. 스마트 미디어환경에서는 콘텐츠가 가치창출의 핵심동력 이었다. 하지만 스마트 미디어환경에서는 플랫폼이 핵심적 역할을 수행하고 있다. 스마트 미디어환경에서 콘텐츠는 플랫폼을 자유롭게 옮겨 다닐 뿐이다. 디지털 컨버전스에 의해 TV를 통해서도 인터넷을 이용할 수 있으며, 인터넷에 접속된 PC를 통해서도 TV 등 기존 미디어의 콘텐츠를 이용할 수 있게 되어 가고 있다. 따라서 TV나 인터넷 등 플랫폼은 '광장'이 된다. 이용자가 자신이 생산한 정보 및 콘텐츠를 다른 이용자와 공유하고 미디어 기업과 언론사의 정보 및 콘텐츠 생산에도 관여하는 광장이 되는 것이다. 스마트 미디어 시대의 미디어는 기존의 매스미디어와 달리 채널의 개념이 아니라 광장으로서의 플랫폼개념이 된다. 이러한 플랫폼 위에서 사회구성원들은 다양한 형태로 양방향 커뮤니케이션을 전개할 수 있다. 참여와 공유, 그리고 개방 및 집단지성, 다양하게 차별화된 이용자의 수요 만족 등 스마트 미디어환경에서 강조되는 요인들은 모두 광장인 플랫폼에서 구현되는 것이다.

스마트 미디어환경에서 콘텐츠는 수많은 플랫폼에 떠돌아다니며 자유롭게 호환되어야 하고, 이러한 콘텐츠의 생산은 특별한 주체가 있는 것이 아니라 내가 될 수 있고, 너도 될 수 있는 개인 생산이 주를 이룰 것이다. 즉, 생산자이면서 동시에 유통자, 소비자가 될 수 있는 진정한 의미에서의 프로슈머가 확산될 것이고 이러한 현상은 양방향성을 극대화하여 집단지성을 이끌게 된다. 개방된 콘텐츠는 개방된 플랫폼에서 자유롭게 소비된다.

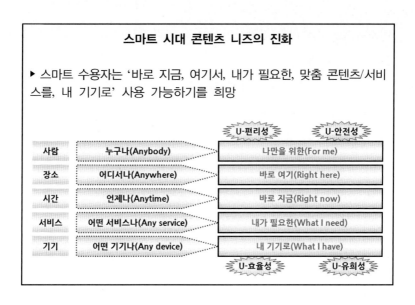

08. 콘텐츠산업의 범위 및 가치

> 정보화시대 이후는 꿈과 감성을 파는 사회,
> 상품이 아니라 상품에 담겨 있는 멋진 스토리를 파는 것이다.
> 바로 Dream Society이다. 드림 소사이어티에서는
> '필요 위주의 정보(need-driven information)'에서
> '이야기 주도의 상상력(story-driven imagination)'으로
> 가치의 중심이 이동하며, 따라서 모든 상품들도 이야기 및
> 이벤트 등과 조합되어 소비자의 감성과 상상력을 자극할 때
> 더 큰 가치를 갖게 된다.
> - 롤프 옌센 Rolf Jensen(코펜하겐 미래문제 연구소장)

콘텐츠산업은 창조(Creative)산업이며, 창조산업은 이야기(Story)산업이다. 스토리는 재미와 감동지향의 원천 상품이다. 따라서 콘텐츠

비즈니스는 스토리를 창안하여 상품화하고 스토리 소비자를 창출하는 것이라 하겠다.

콘텐츠 상품의 가장 중요한 특성은 문화적인 산물이라는 점이다. 일반적으로 콘텐츠 상품은 표준화되기 어렵다는 속성, 공공재적 특성, 정보재적·의미적 속성을 갖는다. 콘텐츠 상품의 의미적 속성은 콘텐츠 상품을 여타의 재화와 구별하는 가장 큰 특징이다. 콘텐츠 상품이 제공하는 효용은 다분히 문화적, 또는 심미적 즐거움의 성격을 갖고, 기호 혹은 코드의 체계(system of codes)로 구성되어 있다. 따라서 콘텐츠 상품의 가치는 의미를 발생시키는 기호의 논리에 직접적인 영향을 받고, 이 점이 콘텐츠 상품을 여타의 재화와 구별 짓는 가장 두드러진 특징이다. 사회경제구조가 산업경제, 지식경제에서 창의성·상상력·과학기술이 중요한 창조경제 패러다임으로 변화하고 있다. 상상력과 창의성이 과학기술, ICT와 접목하여 새로운 산업과 시장을 키우는 창조경제에서 창의적 콘텐츠는 고부가가치 창출한다. 영국의 자부심인 '해리포터', 뉴질랜드를 살린 '반지의 제왕', 3D혁명을 가져온 '아바타' 등의 세계적 흥행의 바탕에는 모두 스토리(story)가 성공요인이었다. 전 세계에 퍼져 있는 디즈니의 미키마우스, 5만여 개 상품으로 제조되는 일본의 헬로 키티, 두 캐릭터의 공통점도 상상력과 감성을 결합한 복합문화상품이라는 점이다.

창조경제는 지속가능한 경제성장의 새로운 대안으로, 선진 각국은 문화·콘텐츠 중심의 창조산업에 선제적으로 투자하고 있다. 영국은 창조산업(Creative Britain, '98), 미국은 미디어 엔터테인먼트 산업(Creative America, '00), 일본은 지적 재산산업(Cool Japan, '10) 육성에 집중하고 있다. 세계적으로 인구 5천만 명 이상이면서, 1인당 국민소

득 3만 불 이상을 달성한 국가(미국, 영국, 일본, 독일, 프랑스 등)들은 모두 창조산업 강국이다.

콘텐츠와 기술이 결합해 탄생한 창조경제 사례

	영국: 해리포터(97)	미국: 아바타(09)	한국: 카카오톡(10)	한국: 강남스타일(12)
성공 요인	 북유럽 신화(소설) + CG 기술	 스토리텔링/메시지(영화) + 3D 입체/CG 기술	 창의적 아이디어 + ICT 기술	 노래/퍼포먼스 (K-팝) + 온라인 플랫폼/유튜브
경제	이야기 경제(Storinomics)	할리우드 경제	C-P-N-D 통합 경제	소셜(Social) 경제

UNCTAD는 창조산업(creative industry)을 "영화, 음악, 광고, 게임, 방송, 공연, 패션, SW, 디자인, 건축, 공예, 출판, 미술"의 13개 업종으로 구분하고 있다.

콘텐츠산업의 법적 개념

[문화산업진흥 기본법 (2014.11.29)]
제2조(정의) 이 법에서 사용하는 용어의 뜻은 다음과 같다.
1. "문화산업"이란 문화상품의 기획·개발·제작·생산·유통·소비 등과 이에 관련된 서비스를 하는 산업을 말하며, 다음 각 목의 어 느 하나에 해당하는 것을 포함한다.

　가. 영화·비디오물과 관련된 산업
　나. 음악·게임과 관련된 산업
　다. 출판·인쇄·정기간행물과 관련된 산업

라. 방송영상물과 관련된 산업
마. 문화재와 관련된 산업
바. 만화·캐릭터·애니메이션·에듀테인먼트·모바일문화콘텐츠·디자인 (산업디자인은 제외한다)·광고·공연·미술품·공예품과 관련된 산업
사. 디지털문화콘텐츠, 사용자제작문화콘텐츠 및 멀티미디어문화콘텐츠의 수집·가공·개발·제작·생산·저장·검색·유통 등과 이에 관련된 서비스를 하는 산업
아. 대중문화예술산업
자. 전통적인 소재와 기법을 활용하여 상품의 생산과 유통이 이루어지는 산업으로서 의상, 조형물, 장식용품, 소품 및 생활용품 등과 관련된 산업
차. 문화상품을 대상으로 하는 전시회·박람회·견본시장 및 축제 등과 관련된 산업. 다만, 「전시산업발전법」제2조제2호의 전시회·박람회·견본시장과 관련된 산업은 제외한다.
카. 가목부터 차목까지의 규정에 해당하는 각 문화산업 중 둘 이상이 혼합된 산업

[콘텐츠산업 진흥법 (2014.11.19)]
제2조(정의) ① 이 법에서 사용하는 용어의 뜻은 다음과 같다.
2. "콘텐츠산업"이란 경제적 부가가치를 창출하는 콘텐츠 또는 이를 제공하는 서비스(이들의 복합체를 포함한다)의 제작·유통·이용 등과 관련한 산업을 말한다.
3. "콘텐츠제작"이란 창작·기획·개발·생산 등을 통하여 콘텐츠를 만드는 것을 말하며, 이를 전자적인 형태로 변환하거나 처리하는 것을 포함한다.
4. "콘텐츠제작자"란 콘텐츠의 제작에 있어 그 과정의 전체를 기획하고 책임을 지는 자(이 자로부터 적법하게 그 지위를 양수한 자를 포함한다)를 말한다.
5. "콘텐츠사업자"란 콘텐츠의 제작·유통 등과 관련된 경제활동을 영위하는 자를 말한다.
6. "이용자"란 콘텐츠사업자가 제공하는 콘텐츠를 이용하는 자를 말한다.

콘텐츠산업은 대표적인 서비스산업이자 소프트파워의 원천으로서 노동과 자본만으로는 차별화가 불가능한 상상력과 아이디어의 한계 비용이 제로인 산업이다. 콘텐츠산업은 예술, 미디어, 콘텐츠, 관광,

전통자원, 소비재 등과 유기적으로 결합하여 무한 확장이 가능함으로써 전후방 산업연관효과가 높은 산업이다. 원천 콘텐츠를 다각적으로 활용하는 OSMU(One Source Multi Use) 비즈니스를 통해 산업 내, 산업 간에 동반성장(네트워크 외부효과)을 유도한다. 해리포터의 경우 (소설 → 영화 → OST(음악) → 게임 → 광고/인터넷 → 캐릭터 상품 → 관광)가 대표적이다.

소설(7권)　영화(8편)　게임(8편)　OST(8편)　전자책　테마파크/관광(9곳)　캐릭터상품(pottermore)

콘텐츠산업은 기기－플랫폼－서비스 생태계를 조성하여 산업 선순환을 위한 핵심 역할로서 차세대 성장동력 산업으로 부각하고 있다. 애플은 아이팟/아이폰/아이패드/애플TV/아이튠스/앱스토어의 생태계 구축으로 세계시장을 지배하고 있다. 콘텐츠산업은 전형적인 고위험, 고수익(High Risk, High Returns) 산업이다. 문화상품(콘텐츠)은 경험재로서 시장의 수요예측이 불가능하고 많은 제작비용이 투입되기 때문에 흥행여부에 따라 고부가가치가 결정되는 모험산업이다. 또한 라이선스 비즈니스에 의한 막대한 로열티로 고수익을 창출한다. 콘텐츠산업은 삶의 질 향상과 문화국가 이미지 및 브랜드가치 제고의 첨병 역할을 수행한다. 국민의 삶의 질 향상을 위해서는 여가 활용도 제고와 즐거운 경험의 확대가 중요하며 이를 위해 문화 향유의 활성화가 요구된다. 드라마, K-POP 등에 의한 한류열풍은 한국의 문화와 스타일에 대한 선호현상으로 이어져 한국 상품 구매 확대와 한국방문 효과를 가져온다.

창조환경에서 융합을 통한 미디어콘텐츠 영역의 확장

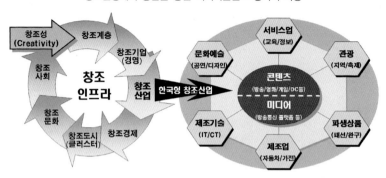

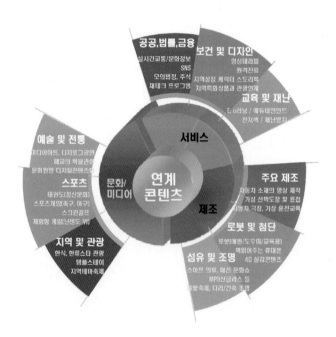

한국형 창조산업은 예술, 콘텐츠, 미디어, 제조, 서비스 등 개별적 산업발전모델에서 산업 내 가치사슬부터 산업간 생태계까지의 연계/통합모델을 지향하기 때문에 시너지 효과와 상생발전이 가능하다. 그 결과 미디어콘텐츠산업의 경쟁력 제고뿐 아니라 문화적 창조성을 확장해 타 산업과의 접목으로 제조업의 고도화, 서비스의 고부가가치화 실현이 가능하다. 특히 문화예술, 미디어, 콘텐츠 등 가치사슬체계(기획/개발 → 제작/생산 → 유통/소비)가 선순환적 생태계를 형성할 수 있도록 창조산업으로 범위 확대가 가능하다.

09. 미디어콘텐츠산업의 가치사슬

미디어콘텐츠산업이 수평적 산업구조로 변화하면서 생산주체의 다양화, 유통의 다각화, 소비행태의 다원화 등이 발생하고 있다. 특히, 제작과 유통 간의 수직적 관계가 해체되면서 유통단계의 세분화가 두드러지고 있다. 플랫폼, 미디어, 채널 등 콘텐츠를 배포하는 창구(window)의 증가로 다각적 이용구조(OSMU)가 확산되고 있는 것이다. 미디어콘텐츠산업의 유통구조에 있어 공통적으로 나타나는 산업 발달 추이를 보면, 유통의 발달 단계의 모습이 오프라인에서 인터넷, 모바일, 신규 플랫폼 등장에 따른 디지털콘텐츠화로 변화하고 있다. 더불어 유통단계의 세분화, 다각적 이용구조의 확산은 콘텐츠에 대한 (이용)권리를 통제하여 가치를 획득하는 비즈니스를 확대시켜 콘텐츠 권리관계의 처리에 대한 중요성을 부각시키고 있는 상황이다. 특히 온라인콘텐츠 비즈니스 모델의 대두로 온라인 콘텐츠 유통시장이 활성화되면서 저작권을 보호하고 처리해야 하는 사회적 거래비용이 증가하는 문제가 발생하고 있다(송해룡, 2009).

영화산업을 예로 들어보면, 기존의 영화산업 유통구조는 극장이 유일했으며, 극장 상영 이후 비디오(VHS), TV로 이어졌다. 하지만 새로운 플랫폼이 등장하면서 수직적이고 단순했던 유통구조는 수평적이고 복합적으로 재편됐다. 실제로 뉴 플랫폼 등장 이후 영화 유통과정은 극장 상영 이후 비디오나 DVD가 발매되고 그와 동시에 인터넷 VOD나 유료 케이블TV, 위성TV, 유료 DMB 등에서 제공된다. 그리고 얼마간의 홀드백이 지난 후 지상파 TV로 방영되고, 그와 비슷한 시기에 케이블TV에서 방영되고 있다. 다양한 플랫폼이 등장하면서 수평적이고 복합적인 유통구조가 실현 가능해졌으며, 단계별 진행시간이 매우 짧아지고 있다. 기존에 1년 안팎이었던 홀드백 시스템은 최

가치사슬(Value Chain)

▶ 소비자에게 가치를 제공함에 있어서 부가가치 창출에 직간접적으로 관련된 일련의 활동, 기능, 프로세스의 연계. 기업의 전략적 단위활동을 구분하여 기업의 강점과 약점을 파악하고, 원가발생의 원천 및 경쟁기업과의 현존 및 잠재적 차별화 원천을 분석하기 위한 개념
▶ 원재료의 조달부터 최종 사용 단계까지 실물 및 정보의 흐름과 관계되는 모든 활동을 의미하며 원재료의 완제품이 최종소비에 이르기까지 부가가치를 향상시키는 상품, 서비스, 정보의 흐름을 제공하는 주요 경영 프로세스의 통합을 의미
▶ 가치사슬 내 어떤 활동(또는 어떤 단계)이 보다 많은 수익을 창출하는지를 설명할 수 있는 분석틀. 가치사슬 분석의 궁극적 목적은 고부가가치를 창출하는 활동을 찾는 데서 그치는 것이 아니라 부가가치 창출활동이 지속과 잠재적인 고부가가치 창출요소의 발견을 통하여 산업의 발전을 유지하는 데 있음

근에 와서 3개월, 심지어는 한 달까지로 단축되며, 이 같은 영화산업 유통구조의 빠른 변화를 방증하고 있다. 이처럼 홀드백이 짧아지고 유통 창구가 다양하게 펼쳐질 수 있는 이유는 영화를 제작하고 배급하는 사업자가 플랫폼 사업자를 겸하고 있기 때문이다.

미디어산업은 신규 플레이어들의 진입, 미디어콘텐츠 시장의 팽창, 이용자 소비패턴의 변화에 따라 상당한 변화에 직면해 있다. ICT 발전을 활용하여 잘 설계된 미디어 아키텍처는 미디어 가치 사슬의 모든 플레이어들에게 기회를 제공, 미디어산업이 네트워크 사회의 요구에 부응할 수 있도록 해준다. 다른 많은 분야들처럼, 미디어 산업은 ICT 변환으로 효율성과 비용 절감 혜택을 누릴 수 있다. 시중에서 판매하는 IT 시스템, 네트워크 장비 및 클라우드 기반 서비스 등의 활용을 통해서 말이다. 네트워크 사회의 심화에 따라 미디어 생산과 소비는 네트워크 설계 및 성능에 관한 요구 사항을 형성하는 데 더 중요한 역할을 수행한다.

콘텐츠 성장과 시청 패턴, 이동성, ICT 변화와 새로운 비즈니스 모델은 유연한 방법으로 새로운 기술을 수용하고 모든 IP 기반의 미디어 생태계를 활성화하는 오픈 미디어 아키텍처가 필요하도록 이끌고 있다. 그림에 보이는 바와 같이 미디어 서비스 아키텍처는 관여하는 과업에 따라 세 개의 서로 다른 평면으로 분할된다. 각각의 평면은 하나 이상의 기능적 요소를 담당한다.

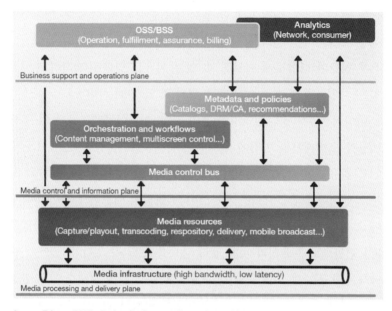

Source: Ericsson(2015), Setting the future media services architecture

미디어서비스 아키텍처

구성요소들에 대한 설명은 다음과 같다.

▶ 운영 및 업무 지원 시스템(OSS / BSS): 미디어 기능 및 서비스의 운영, 이행, 보증 및 결제를 처리

▶ 분석(Analytics): 네트워크 경로 제어, 콘텐츠 추천, 광고 게재 결정, 업무 관리, 네트워크 계획에 사용하기 위한 모든 기능적 구성요소들로부터 가용데이터를 수집, 처리, 분석 및 가시화

▶ 메타 데이터 및 정책: 콘텐츠 카탈로그 및 프로그램 가이드, 가입자 및 이용자 데이터, 콘텐츠 추천 다른 기능에 대한 정보 서비스 제공

▶ 워크플로우 및 오케스트레이션(Orchestration and workflows): 기능

적 요소들의 입수에서 전달까지 콘텐츠 처리 통제 및 미디어 플로우 서비스 통제를 위한 가능을 제공

▶ 미디어 제어 버스: 적절한 자원 할당, SLA 관리, 보안 기능을 위한 자원 관리자를 포함하는 경량의 통신 프레임 워크를 제공하는 통합 프레임 워크

▶ 미디어 리소스: 미디어콘텐츠의 인코딩, 변환, 저장, 캐싱 및 배포와 같은 과정을 수행

▶ 미디어 인프라: 큰 용량의 콘텐츠를 높은 대역폭과 낮은 지연 시간으로 전송해주는 최적화된 IP 프레임 워크

미디어 아키텍처는 미디어서비스 가치사슬을 지원한다. 미디어 서비스 가치사슬은 다섯 단계로 구성되는데, 생산(production), 어그리게이션(aggregation), 서비스 조건화(service provisioning), 배급(delivery), 소비(consumption) 등이다.

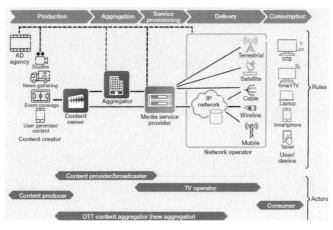

Source: Ericsson(2015), Setting the future media services architecture

미디어서비스 가치사슬 및 역할

가치사슬 구성요소별 기능은 다음과 같다.

▶ 광고 에이전시: 브랜드(광고주)를 대신해 미디어 광고 영업 수행

▶ 콘텐츠 생산자: 영화 및 TV show 생산, 비디오 콘텐츠의 후반작업 등

▶ 콘텐츠 소유자: 콘텐츠와 콘텐츠 메타데이터 축적

▶ 어그리게이터: 번역, 더빙, 인코딩, 압축, 화면 보정, 디지털 권리 작업, 워터마크 작업 등

▶ 서비스 제공자: ABR을 지원하기 위해 적합한 전달 형식으로 콘텐츠의 패키징 수행, 배급 전에 프리미엄 콘텐츠에 대한 콘텐츠 보호 적용. 패키징 공정의 일부로서 광고 삽입 혹은 대체

▶ 네트워크 운영자: 유니 캐스트, 멀티 캐스트, 브로드캐스트, ABR 및 캐싱 네트워크와 같은 응용 기술들로 콘텐츠 전송의 QoS 보장

▶ 이용자/디바이스: 콘텐츠 소비에 사용한 미디어 클라이언트 제공

10. 스마트미디어 환경과 오픈생태계

생태계 개념 및 메커니즘 이해

생태계(ecosystem)란 용어는 영국의 식물생태학자인 탠슬리(A.G. Tansley)에 의해 제시된 개념으로 특정 자연환경과 그 속에서 생존·번식·진화하는 유기체와의 관계를 설명한다. 일반적으로 생태계는 일정한 지역에 살고 있는 생물(유기체, organism)과 이를 둘러싸고 있으면서 유기체와 상호작용을 하는 물리적 환경(무기체) 전체를 의미

한다. 유기체는 기후, 토양, 물, 양분 등 주변의 생태적 환경에 적응하면서 진화해 나가게 된다. 또한 생태계는 생산자-소비자-분해자로 이어지는 먹이사슬(food chain)에 의해 평형이 유지된다.

생태계 개념은 생태학에서의 종(species)에 대한 개념을 조직이론적 관점에서 적용하여 구체화할 수 있다. 조직이론적 관점은 조직의 생존을 위한 노력으로써 환경에 대한 적응(adaptation)을 강조한다. 즉, 각각의 다양한 형태(form)의 조직들은 자원을 둘러싼 경쟁을 통해 어느 정도 균형 상태에 도달하게 되고, 그것들은 환경에 적합한 형태에 적응하게 된다는 것이다. 그 결과 환경은 가장 최적화된 조직의 결합을 선택하게 되는 것이다. 생태계 관점에서 조직은 조직이 속해 있는 개체군(population) 내에서 가장 환경(시장)에 적합한 형태를 가졌을 때 살아남게 되며, 그렇기 때문에 생태계 관점에서는 환경의 변동에 대해서 일반적으로 조직이 결정된다는 '운명론'적인 입장을 취하게 된다.

그런데 메커니즘 차원에서 주목해야 할 점은 바로 생태계의 자기유지 메커니즘이다. 자기유지 메커니즘은 자기조직화, 적응과 진화로 규정된다. 자기조직화는 구성요소들이 상호작용을 통해 체계를 유지하며 생존과 진화의 방식을 만들어 감을 의미한다. 유기체가 환경에 대해 보다 나은 지속성을 획득하는 것을 '적응'이라 하며, 생태계는 생성-성장-소멸을 통해 스스로 자기 증식하는데, 이 메커니즘을 '진화'라고 한다. 이처럼 생태계는 상호작용하는 기관들에 그들의 물리적 환경을 더한 생물학적 커뮤니티를 의미한다. 따라서 생태계를 유지·존속시키고 성장·발전시키는 동인과 기제, 원리와 법칙을 규명해낸다면, 창조·활용·소멸의 사이클을 구상할 결정적인 단서를 제공받을 수 있게 된다.

이러한 생태계 개념에 기초해 2006년 스위스 다보스에서 개최된 세계경제포럼에서는 '네트워크화된 디지털생태계(networked digital ecosystem)'라는 주제를 통해 '디지털생태계'라는 개념을 글로벌 화두로 천명했다. 여기서 디지털생태계 개념은 가치창출 개념의 변화를 반영하는데, 상호 네트워크화된 기관들을 위해 상호 협력, 지식 공유, 개방된 적용 기술 개발, 진화된 사업모델 등을 지원하는 디지털환경을 창출할 목적으로 존재하는 자기 조직적 디지털인프라를 지칭한다 (김원제, 2009).

생태계 구조 및 작동 원리를 설명하는 보고서들은 세 가지 개념을 제시하고 있는데, 그 첫째는 공진화(co-evolution), 둘째는 자기조직화 (self-organization), 셋째는 복잡 적응계(complex adaptive system)이다.

첫째, 공진화는 두 개 이상의 개체들이 상호작용하면서 함께 진화하는 것을 의미한다. 즉, 개체와 개체가 속한 시스템이 상호작용하면서 함께 진화한다는 의미이다. 예컨대 기업과 기업이 속한 산업이 함께 진화하며 규제와 산업구조가 함께 진화하고 인터넷 기술과 전체 경제시스템이 함께 진화하는 것이다. 둘째, 자기조직화이다. 생태계가 혼돈과 격변을 거치지만 결과적으로 평온한 안정을 되찾아 선순환적 성장과 발전을 지속하게 하는 동인은 생태계에 내재된 자기조직화의 원리이다. 자기조직화는 자율적 메커니즘이라 하겠다. 마지막으로 복잡적응계이다. 복잡계의 기본 구성개체는 행위자(agent)로서 소비자, 기업, 정부를 의미한다. 이들은 서로 다양한 영향을 주고받으면서 변화하는 환경에 적응해 나가고, 또한 환경의 변화를 능동적으로 이끌어내기도 한다. 예컨대 기업이 기업규제환경(산업규범)에 적응하기도 하지만, 개별기업들이 선택한 행위들이 모여서 산업규범과 같은 관행으로 굳어지기도 하는 것이다.

이러한 복잡적응계 개념으로 디지털생태계를 조망하면, 디지털환경을 구성하는 각 주체(agent)가 상호작용하는 과정에서 동반 성장함으로써 결과적으로 전체 생태계의 번영을 가져올 수 있게 된다. 결국 디지털생태계는 복잡성(complexity)을 내포한다. 최근 소비자 역할의 변화, 기업 간 관계의 변화, 기술 진화 및 혁신, 시장여건 변화 등으로 인해 디지털생태계 내·외부의 환경변화에 의해 이해관계자들의 전략적인 상호작용의 복잡성이 날로 증대되고 있음은 이를 증명한다.

디지털생태계는 인프라와 이를 지지하는 구성요소로 이루어진다. 여기서 인프라는 이미 우리 사회에 스며들어 있는 '디지털 환경(digital environment)'을 의미하며, 디지털 구성요소(digital component)는 소프트웨어, 애플리케이션, 서비스, 지식, 비즈니스 프로세스와 모델, 트레이닝 모듈, 그리고 규제 프레임워크 등을 의미한다. 디지털생태계 인프라는 디지털구성요소와 지식의 구성, 진화, 통합, 공유, 분배 등을 지원하게 된다.

미디어산업생태계 개념과 구조

미디어콘텐츠는 문화적 가치(경험재, 감성재), 경제적 가치(정보재, 소비재), 사회적 가치(공공재, 사회재)를 지닌 유형의 재화(goods)이자 무형의 서비스(services)이다. 미디어콘텐츠는 개인적(private), 상업적(commercial), 공공적(public) 영역에서 다양한 가치가 동시다발적으로 발생함에 따라 인간과 사회 환경을 둘러싼 배경(context), 즉 생태계

차원에서 접근해야 한다.

　미디어콘텐츠생태계 개념은 생태학에서의 종(species)에 대한 개념을 조직이론적 관점에서 적용하여 구체화할 수 있다. 조직이론적 관점에서는 조직의 생존을 위한 노력으로써 환경에 대한 적응(adaptation)을 강조한다. 즉, 각각의 다양한 형태(form)의 조직들은 자원을 둘러싼 경쟁을 통해 어느 정도 균형 상태에 도달하게 되고, 그것들은 환경에 적합한 형태에 적응하게 된다는 것이다. 그 결과 환경은 가장 최적화된 조직의 결합을 선택(selecting)하게 되는 것이다. 생태계 관점에서 조직은 조직이 속해 있는 개체군(population) 내에서 가장 환경(시장)에 적합한 형태(form)를 가졌을 때 살아남게 되며, 그렇기 때문에 생태계 관점에서는 환경의 변동에 대해서 일반적으로 조직이 결정된다는 '운명론'적인 입장을 취하게 된다.

　이상의 논의에 기반해 미디어콘텐츠생태계 개념을 정의하자면, 거시적으로는 인력, 기술, 시장, 자금, 경영, 문화 등 다양한 미디어콘텐츠산업 활동에 영향을 미치는 구성 주체들 간의 상호작용을 통해 자생하고 진화하는 체계를 의미한다. 미시적으로는 미디어콘텐츠의 생산, 유통, 소비 관련 제반 이해관계자들이 구축하고 있는 가치사슬의 시스템을 의미한다.

　미디어콘텐츠생태계의 구조는 여러 단계를 가지는 생태계의 기본 구조를 바탕으로 숲의 개념을 적용하여 각 단계별 범위와 구성요소를 설정하고, 각 구성요소의 역할과 상호작용을 파악함으로써 순환의 원리와 문제점을 파악할 수 있다. 이 경우 미디어콘텐츠생태계의 핵심 가치는 공존, 균형, 지속성이다. 구체적으로 미디어콘텐츠생태계는 '아마존' 밀림과 유사한 형태를 지닌 것으로 볼 수 있겠다. 즉, 아

미디어콘텐츠생태계 개념도

마존은 여러 종류의 숲으로 이루어지게 되는데, 숲을 이루는 나무는 콘텐츠를 만드는 사업자, 비(雨)는 법제도적 지원, 태양은 자본, 공기는 미디어와 같으며, 동물은 소비자에 해당된다.

　미디어콘텐츠생태계를 구성하는 세부 요소들은 다음과 같은 의미를 가진다. 우선 나무는 사업자(예, MBC, NHN), 즉 콘텐츠 혹은 콘텐츠를 생산하는 사업자를 지칭한다. 사업자는 동물(소비자)이 콘텐츠를 소비할 수 있게 콘텐츠를 생산하는 하는 일을 맡고, 나무가 자라기 위해서는 국가적인 지원인 비(雨)와 자본력(태양), 인적, 지적 인프라(토양), 공기(미디어)가 기초적으로 요구된다. 다음으로 공기는 미디어/플랫폼(예, IPTV, DMB)을 의미한다. 즉, 공기는 생산자와 소비자를 연결하는 중간 유통 경로인 미디어 및 플랫폼이다. 만일 공기가 없으면 생산자와 소비자 둘 다 존재할 수 없듯이 미디어콘텐츠생태계를 이어주는 유통플랫폼의 필수적인 역할을 바로 미디어/플랫폼이 수행하게 되는 것이다. 한편, 비(雨)는 정부 혹은 정책적인 지원을 총체적으로 지칭한다. 즉, 생산자가 자생하는 데 꼭 필요한 요소로써 콘텐츠를 제작하는 사업자에게 법/제도적 지원을 마련하고 제공하는 것을 의미하는 것이다. 태양은 콘텐츠를 생산하기 위한 자본을 지칭한다. 콘텐츠 생산자인 사업자에게 꼭 필요한 자본을 제공하는 것이다. 토양은 인프라(기술, 인력 등)를 의미한다. 나무가 존재하려면 나무를 지탱하는 토양이 꼭 필요하듯이, 사업자에게는 기술, 인력 등 지적, 인적 인프라가 뒷받침되어야 콘텐츠사업자를 지탱할 수 있는 힘이 생기되는 것이다. 마지막으로 동물은 나무(콘텐츠)를 소비하는 소비자를 의미한다. 소비자는 콘텐츠를 소비하고 그 매개체로 공기(미디어/플랫폼)를 이용하게 된다. 한편 최근 소비자인 동시에 다시 콘텐츠를 생산하는 프로슈머로서 재생산을 담당하는 등 새로운 콘텐츠생산 패러다임이 등장하고 있다(송해룡, 2009).

생태계 전경

스마트폰과 태블릿PC의 보급률 상승, 스마트TV 상용화, 그리고 IPTV의 애플리케이션 서비스 제공 추진 등으로 애플리케이션 시장이 만개하고 있다. 스마트폰의 성장조건은 바로 앱스토어이다. 아이폰 구입 이유 중 가장 큰 부분이 애플리케이션이 주는 매력 때문이다. 애플리케이션은 스마트폰의 활용가치를 제고해 스마트폰 판매를 증가시키고, 이는 애플리케이션 시장규모를 확대해 신규 애플리케이션의 진입을 증가시킨다. 이로써 스마트폰의 활용가치가 높아져 또다시 스마트폰 판매가 증가하고 더불어 애플리케이션 시장규모가 확대되어 또 다른 애플리케이션이 개발되는 선순환구조를 구축하게 된다. 소비자와 개발자 모두 이러한 혁신 패러다임에 열광하고 있다. 우선 소비자 입장에서 보면, 앱스토어라는 오픈 마켓이 등장함으로써 중간단계에서 사업자의 선별작업 없이 사용자 선택의 폭이 확대되었다. 이로써 소비자가 콘텐츠선택의 주도권을 행사하게 되었다.

개발자에게는 매력적인 단일 플랫폼 및 단말 스펙을 제공한다. 스마트폰은 단일 디바이스 제공, 단말마다 서로 다른 스펙을 만족시켜야 했던 개발자의 고민을 없애 진입장벽을 철폐했다. 스마트폰 등장에 따라 모바일 서비스 성장의 중심축이 '네트워크→단말→OS→콘텐츠'로 급속히 전환되고 있다. 애플, 구글 등 콘텐츠 및 OS에 강점을 가진 글로벌 사업자의 진입으로 경쟁구도가 바뀌고 있다. 개방・분산형, 콘텐츠・APP, OS 및 APP S/W기능, APP 생태계 구축역량 우위 등으로 요약된다. 이동통신사가 서비스를 주도하는 중앙 집중형에서 이통사와 무관하게 서비스 가능한 개방・분산형으로, 통신미디어는 통화(전화기인 휴대폰) 중심에서 콘텐츠・APP(스마트한 모바일 인터넷) 중심으로, 단말기는 디스플레이・카메라 화소 기능 중심에서 운영시스템(OS)・앱 기능 중심 경쟁으로, 경쟁의 원천이 개별적인 경쟁우위 요소 중심에서 앱 생태계 구축역량 우위 중심으로 전환되고 있다. 이로써 오픈생태계(open ecosystem)가 구축되고 있음이다(김원제 외, 2011).

한편, 콘텐츠를 중심으로 생태계를 구체화하면 다음과 같다.

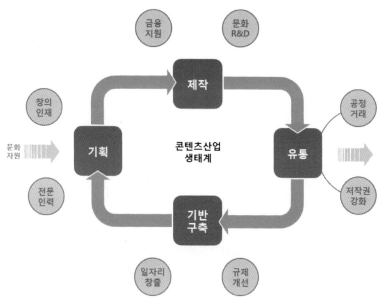

출처: 문화융성위원회·관계부처 합동(2014)

콘텐츠산업 생태계

11. 미디어콘텐츠의 미래 키워드

융합과 퓨전으로 진화되는 스마트콘텐츠는 기술과 감성의 결합이 더욱 극대화되어 미래에는 소비자의 오감을 통한 체험적 향유가 콘텐츠의 핵심으로 자리 잡고 있다. 미래 미디어콘텐츠에 요구되는 소비자의 니즈를 전망하면 다음과 같다.

첫째, 능동적 체험콘텐츠 니즈이다. 단순감각에 의한 소비에서 교감 또는 실감 체험형 소비로 발전할 전망이다. 지금까지는 그 특성이 단순감각(주요한 감각적 특성 중시), 일방향(보고, 듣고, 느낌; 수동적)이었지만, 미래에는 공감각적(총체적인 감각적 체험), 양방향(적극적 행동 또는 참여로 피드백)일 것으로 전망된다. 관람 중심의 문화 소비활동이 직접 참여하는 방식(실감 체험형)으로 변모할 것이다.

둘째, 몰입형 콘텐츠 니즈이다. 현실을 재창조한 가상현실의 환경 속에서 '판타지'를 중시하는 방향으로, 디지털콘텐츠의 표현과 구성 자체가 점차 가상현실을 강조하는 방향으로 크게 성장할 전망이다. 단순하게 수동적으로 즐기는 '엔터테인먼트(entertainment)'를 넘어 누구나 참여할 수 있는 참여형 '어뮤즈먼트(amusement)'와 몰입형 엔터테인먼트(Involvetainment)로 성장할 것이다.

셋째, 교제/연결 지원 콘텐츠 니즈이다. 단순히 '느끼는' 것에서 벗어나 감성을 주고받는 양방향적 교감을 중시하게 된다. 상품을 '목적 달성의 수단'으로서만이 아닌 '감성적 교류의 대상'으로 인식한다는 것이다. 그저 보고, 듣고, 즐기는 식의 지금까지의 수동적인 자세에서 벗어나 적극적인 피드백을 통해 만족감을 느끼려는 니즈가 확산될 것이다.

넷째, 초(超)기능적 콘텐츠 니즈이다. 공급자가 결정한 상품특성에 만족하지 않고 능동적으로 꾸미고 변형하기를 즐기는 '프로슈머형 소비자층'이 부상하고 있다. 이들은 세부사항에 대한 맞춤 주문으로 자신만의 제품, 서비스를 직접 제작하는 경향이 강하다. 이에 콘텐츠는 사용자의 참여 및 역할을 보장하는 방향으로 구성되어야 한다. 즉, 이용 과정 중 사용자 역할 부분을 남겨둠으로써 참여를 유도하는 방식을 도입해야 하는 것이다. 이는 시간 절약적이면서도 고품질 유지가 가능한 형태로서 콘텐츠 제작 및 소비과정에 소비자 참여가 필수적이라는 점이 특징이다.

다섯째, 유니버설 콘텐츠 니즈이다. 성, 연령, 장애의 제약 없이 자신이 원하는 콘텐츠에 접근하고 싶어 하는 니즈가 확산되고 있다. 특히 장애인, 실버세대 등 소외계층의 콘텐츠 소비에 대한 니즈가 급속하게 증가하고 있다.

이러한 배경에서 소비자 각각의 기호에 따라 편리하게 선택하여 (오감)만족할 수 있는 콘텐츠 환경 기반의 조성이 요구된다. 공급자 아닌 수요자 입장에서 스토리와 감동이 있는 감성지향 콘텐츠가 되어야 한다. 미래 미디어콘텐츠는 소비자의 매체, 콘텐츠별 욕구를 종합한 다양한 키워드로 정리해볼 수 있으며, 하나의 욕구를 충족하는 것이 아닌 다양한 욕구가 혼합된 더블마케팅(Double marketing)의 개념이 도입될 수 있다.

다가올 미래사회에는 다양한 트렌드와 실제로 소비자들이 요구하는 콘텐츠 욕구가 결합되어 새로운 미래콘텐츠 키워드가 탄생할 것으로 전망된다. 융합과 다변화 등의 기존 트렌드는 더욱 강화될 것이며, 개인의 콘텐츠 소비를 극대화하는 방향으로 진화할 것이다. 재미, 체험, 건강 키워드의 부상도 예측해볼 수 있다.

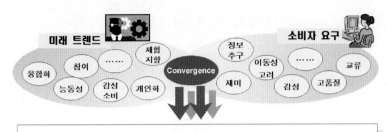

- Fusion Contents: 장르 간 통합으로 인한 복합콘텐츠
- Affective Contents: 고기능을 추구하면서도 동시에 감성을 충족
- Life Contents: 일상생활 관련 욕구를 충족
- Fun Contents: 유익하면서도 건전하고 재미있는 콘텐츠
- Mobile Contents: 이동성을 담보하는 콘텐츠
- Interactive Contents: 소비자의 실시간 참여를 보장하는 양방향성 콘텐츠
- Well-being Contents: 소비자의 삶을 한층 풍요롭게 하는 하이컬처 콘텐츠
- Concierge Contents: 소비자의 필요한 욕구에 부응하는 맞춤형 지능 콘텐츠
- Experience Contents: 소비자의 직접적인 참여를 보장하는 능동형 콘텐츠

미래 디지털콘텐츠의 키워드

〈콘텐츠산업 트렌드 변화(한국콘텐츠진흥원 전망 자료)〉

2015년 콘텐츠산업 10대 트렌드

01. 스마트 핑거 콘텐츠, 손가락이 문화를 지배

○ 간편함을 추구하는 IT시대, '스마트한 손가락'의 시대
○ '손가락'의 터치만으로 간편하게, 더 간편하게
○ 스마트폰의 등장과 짧은 콘텐츠 소비의 증가
○ 간편하게 즐기는 스낵컬쳐(snack culture) 시대의 콘텐츠 소비

02. 창조력의 샘, 스핀오프 제작의 재점화

○ 속편 제작→시즌제 제작→스핀오프 제작으로 변화
○ 스핀오프 전성시대; 영화에서는 〈엑스맨〉 시리즈와 〈반지의 제왕〉 시리즈가 대표적

03. 뉴노멀 시대, 복고와 일상콘텐츠에서 길을 찾다

○ 경기 침체와 저성장의 심화로 기대 감소의 시대(The Age of Diminishes Expectations)를 맞아, 문화 부문에서 이른바 '뉴노멀 콘텐츠'가 출현
○ 저성장 기조라는 거시경제가 문화 소비에 영향을 미치며 복고/일상 콘텐츠 등이 인기
○ 대중문화의 타협적 판타지: 〈국제시장〉, 〈미생〉 등

04. 축적된 데이터 분석의 힘, 데이터마이닝에서 마인드마이닝까지

○ 데이터 마이닝에 인문학적 통찰을 가미, 잠재 소비자와 관련된 선호 키워드 분석

○ 소셜미디어 분석을 통해 특정 지역, 연령대 소비자 선호 파악
○ 마인드마이닝을 활용한 투자 관리: 넷플릭스(Netflix)

05. 스마트 디바이스와 콘텐츠의 접목, 영역과 경계를 허물다

○ '융합'과 '콜라보레이션'을 넘어 신개념 콘텐츠의 생산과 유통 시대 도래
○ 스마트미디어에 적합한 창조적 서사구조와 표현방식; Webdrama, Webtoon
○ 모바일기기의 진화가 완성단계 도달하고, 웨어러블기기(Wearable device: 가상현실 헤드셋, 스마트 워치, 스마트 안경 등)의 실용화 진행 중

06. 지킬&하이드, 기회의 나라 중국의 역습

○ 중국정부의 자국 콘텐츠 사업 보호, 중국자본의 콘텐츠 시장 잠식(초록뱀 미디어 인수), 작가 PD등 핵심인력의 중국진출로 인한 한국 콘텐츠 제작 시장 위기 우려

07. 한류 콘텐츠의 후방효과, 역직구 활성화

○ 한류 파급효과로 인해 외국인이 국내 상품을 구매하는 '역직구' 활성화
○ 한-중 FTA의 타결로 양국 간 교역장벽 낮아져 역직구 활성화 전망
○ 해외 소비자를 겨냥한 인터넷 쇼핑몰 급증

08. 소유에서 접속으로, '플로우'소비의 진화

○ '다운로드'→'스트리밍': 콘텐츠 소비 트렌드의 변화(접속)
○ 미디어산업의 지각변동: OTT(Over The Top) 및 음원스트리밍 서비스 급성장

09. 정보사회의 역설, 콘텐츠 큐레이션

○ 정보 과잉 속 선택장애에 빠진 소비자들을 위한 맞춤형, 안내형 정보제공 증가
○ 영화, 만화 등 다양한 분야에서의 큐레이션 서비스 확산

10. 옴니채널 전성시대, 광고와 유통시장의 격변

○ 온오프라인의 경계를 허물며 플랫폼 재편을 가져온 옴니채널
○ 스마트폰, 빅데이터와 연계하여 개별화된 마케팅 증가

2014년 콘텐츠산업 10대 트렌드

01. 생활밀착형 콘텐츠 제작 지속 및 고품질 콘텐츠 제작 증가

○ 실용적인 생활연계형 콘텐츠 제작 활성화 지속
○ 첨단 CT 적용 고품질 콘텐츠 제작 급증

02. 상생협력 콘텐츠 제작환경 강화

○ 콘텐츠기업과 이동통신사 간 상호 지속발전을 위한 협력 활성화
○ 콘텐츠산업 상생협력 환경 개선

03. 창조콘텐츠 제작 기반 견고화

○ 콘텐츠 창작 기반 강화
○ 융·복합형 콘텐츠, 창조콘텐츠 제작 활성화

04. 시장 세분화형 콘텐츠 제작 활성화

○ 초니치(ultra-niches) 마켓형 콘텐츠 제작 증가

05. 모바일 플랫포노믹스(Mobile Platfonomics)의 확산

○ 모바일 플랫폼의 콘텐츠 유통력 확대에 따른 경쟁 심화
○ 콘텐츠 유료 비즈니스 모델 확대

06. 해외 시장 진출 양상의 고도화

○ K-팝의 국산 콘텐츠 해외 진출 레버리지효과 강화 및 한류 3.0 견인
○ 콘텐츠 해외 유통을 위한 다양한 형태의 제휴 및 협력 활성화

07. 콘텐츠 유통 단말기의 다양성 증가

○ 콘텐츠 디바이스의 다변화

08. 새로운 콘텐츠 소비 파워집단의 대두

○ 싱글족과 실버세대의 콘텐츠 소비 파워 급증
○ 똑똑한 콘텐츠 소비 증가

09. 빅데이터 기반 콘텐츠 이용 증가 및 모바일 콘텐츠 소비 확산

○ 데이터빌리티(Datability) 기반 콘텐츠 소비 대두
○ 모바일 퍼스트 소비 강화

10. 캐주얼 콘텐츠 소비 확산 및 향수·추억 소구 콘텐츠의 인기 지속

○ 스웨그(swag)형 콘텐츠 소비 확산
○ 향수와 추억 소구형 콘텐츠의 킬러콘텐츠화

2013년 콘텐츠산업 10대 트렌드

01. 국산 콘텐츠의 글로벌 경쟁력 강화

○ K-콘텐츠의 글로벌 경쟁력 강화
○ 국내 콘텐츠기업의 글로벌 시장 진출 확대 전망
○ 콘텐츠 파워기업의 강세 지속

02. 스마트콘텐츠의 고(高)기능화, 탈(脫)장르화

○ 고해상도 콘텐츠시대 도래, UDTV와 AMOLED의 본격화
○ SNS의 진화와 결합, 다양한 형태의 스마트콘텐츠 러시

03. 상생과 동반성장을 위한 콘텐츠제작지원 확대

○ 대기업과 중소기업이 동반성장을 위한 펀드조성 활성화 기대
○ 정부 차원의 실질적인 콘텐츠 제작지원 확대

○ 산업융합형 콘텐츠 활성화를 위한 정책 지원 강화

04. 멀티 플랫폼의 본격성장 및 플랫폼 경쟁 심화

○ 아날로그 방송 본격 종료로 인한 유료방송시장의 격돌 예견
○ IPTV Evolution, 스마트 IPTV 서비스의 본격화
○ N 스크린 서비스 경쟁 시작
○ 정보와 콘텐츠 마이닝의 가치증대, 소셜 큐레이션 시대 도래
○ 모바일 플랫폼 경쟁 심화, 네이버 등 전통 포털 Vs. 카카오톡 모바일 포털

05. Next Step, 한류의 창구효과 극대화

○ 한류를 선도하는 K-POP의 위상강화
○ 한류가 견인하는 관광한국으로의 도약 기대
○ 한류의 다변화와 영역확대, IT와 의료분야로의 확장

06. 스마트 스토리지(S.S)&퍼스널 아카이브(P.A)로의 진화

○ 개인생활에 활용 가능해진 빅데이터(big data) 시장의 본격화
○ 퍼스널 클라우드 컴퓨팅의 활성화, B2B시장에서 B2C시장으로 확장
○ LTE&스마트 디바이스가 추동하는 고품질 콘텐츠 유통 증대

07. 지적재산권 및 특허 침해 갈등 심화

○ 국내외 대형 기업 간의 특허 분쟁 확산, 애플vs삼성, 구글vs애플 등
○ 정부차원의 저작권 침해 방지를 위한 노력 지속전망

08. 건강과 행복을 중시하는 '힐(歆)ing'서비스 확산

○ 장기화된 경기침체에 지친 현대인들 위한 힐링 열풍 확산
○ 고령화 시대의 급진전과 실버콘텐츠의 확장 전망
○ 감성을 자극하는 복고 콘텐츠의 지속적 인기 기대

09. 스마트커머스(Smart Commerce) 시장 본격 개화

○ 스마트미디어를 활용한 다양한 커머스 개발 활성화

○ 디지털TV의 본격적인 보급으로 'T커머스' 연착륙 전망

○ 모바일 기반 콘텐츠 이용의 급증, M-Consume의 확장

10. SNS와 결합한 콘텐츠, B2C 시장에 안착

○ SNS 비즈니스의 새로운 금맥으로 부상한 SNG의 인기 지속

○ 출판콘텐츠와 SNS의 결합 가속화

○ 스마트컨슈머의 쇼루밍 현상 심화

Chapter 2

콘텐츠 창조기획

01. 스마트미디어 콘텐츠 이용행태

스마트미디어 환경의 도래에 따라 24시간 연결된 세상에 살고 있다. 닐슨의 조사결과, 전 세계 응답자의 4분의 3 이상(76%)은 언제 어디서나 연결되는 자유를 즐길 수 있다. 이로써 우리는 연결된 소비자(connected consumer)가 되고 있다.

테크놀로지는 극적으로 우리가 생활하고 일하고 커뮤니케이션하는 방식을 포함하여 세상과 상호작용하는 방식을 변화시킨다. 소셜미디어를 통해 친구에 탭을 유지하는 것에서부터 온라인 쇼핑에 의해 매장에서 줄을 건너뛰는 것까지 기술은 지속적으로 우리의 일상습관을 변화시킨다. 사실 면대면 상호작용은 전자적 상호작용으로 대체되고 있다. 그리고 디지털 풍경은 웨어러블과 커넥티드 자동차 기술 등 디지털기기의 새로운 물결로 인해 보다 혼잡해지고 있다. 미디

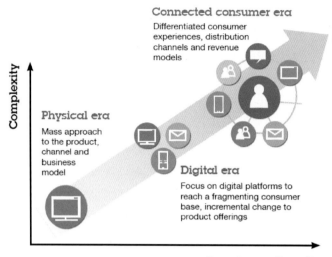

Source: IBM Institute for Business Value(2012)

연결된 소비자 시대의 도래

어산업 역시 텔레비전, 인터넷TV, 스마트폰, PC, 태블릿, 게임 콘솔을 포함한 디지털 디바이스와 액세스 포인트의 확산 덕분에 혁명을 경험하고 있다. 디바이스와 포맷을 기준으로 한 전통적인 경계들이 무너지면서 하나의 디바이스에 국한되었던 콘텐츠가 이제는 여러 플랫폼에 걸쳐 전달될 수 있는 것이다. 미디어 파편화는 모든 포맷에 걸쳐 일어나고 있지만, 특히 TV, PC, 휴대폰, 태블릿 등에서 시청되는 TV방송, 케이블쇼, 전문 비디오 또는 사용자 생성 콘텐츠와 같은 비디오 프로그램에 주목할 필요가 있다.

전 세계 60개국 3만 명의 온라인 응답자를 조사 분석한 닐슨의 조사결과(The Nielsen Global Digital Landscape Survey)는 선택장르와 선호되는 디바이스에 대한 정보를 제공해준다.

Source: Nielsen(march 2015), SCREEN WARS

미디어 이용전경의 변화

디바이스 및 플랫폼의 폭발적 확장이 그 어느 때 콘텐츠와 브랜드에 더 많은 액세스 권한을 부여하고 있지만, 비디오 프로그램은 우리의 삶에 강력한 영향을 결과한다. 콘텐츠 수용자들은 비디오 프로그램을 삶의 중요한 부분으로 고려한다.

널슨의 조사에 따르면, 수용자의 비디오 시청방식이 변화하고 있는데, 시청자들은 언제 어디서 어떻게 시청할 것인가에 대해 보다 강력한 파워를 행사하는 상황이 되어가고 있다.

스마트미디어 환경의 진화에 따라 다양한 미디어 환경이 조성되고 있음에도 여전히 TV의 지배력은 강력하다. 뉴스, 드라마, 버라이어티 쇼, 코미디, 스포츠중계, 다큐, 요리쇼, 리얼리티쇼, 시상식, 영화, 유아프로그램, 스포츠뉴스, 아침드라마, 게임쇼 등 대다수 영역에서 TV

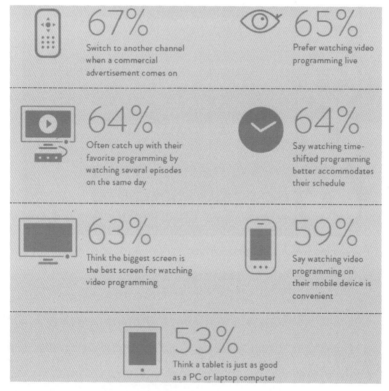

Source: Nielsen(march 2015), SCREEN WARS

비디오 프로그램 시청에 대한 인식 및 행태

는 최우선으로 선호된다. 이어서 PC가 차상위로 선택되고 모바일 폰과 태블릿의 순이다.

비디오 시청에 있어 디바이스 선택은 상황에 따라 결정된다. 우리가 어디에 있는지, 누구와 있는지, 무엇을 하고 있는지에 따라 달라진다. 가족과 함께할 때, 식사할 때, 집에 혼자 있을 때, 하릴없이 시간을 보낼 때, 요리할 때 TV가 선호된다. 친구들과 시간을 보낼 때, 친

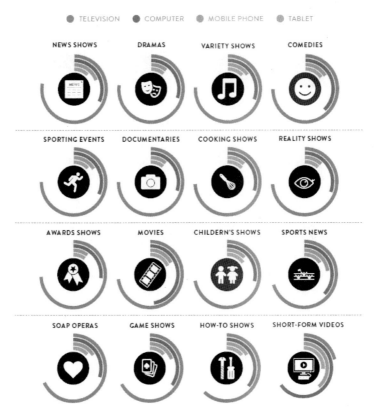

Source: Nielsen Global Digital Landscape Survey, Q3 2014

비디오 프로그램 장르에 따른 디바이스 이용행태 비교

구를 기다릴 때, 병원에서 진료대기 중일 때, 운전할 때, 침대에 누웠을 때, 학교에서, 쇼핑 중에, 출근 중에는 모바일 폰이 선호된다. 이처럼 이용자는 원하는 시간에 자신의 니즈와 가장 호환되는 디바이스를 선택한다. 따라서 콘텐츠 혹은 서비스는 시간, 위치 및 디바이스를 가로질러 끊김 없이 흘러 다녀야 한다.

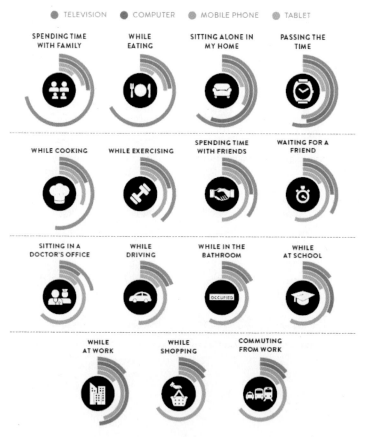

Source: Nielsen Global Digital Landscape Survey, Q3 2014

비디오 시청 위한 디바이스 선호 행태

오늘날 사람들은 세 가지 주요 목적으로 전자 디바이스를 사용하는데 첫째, 관계 구축/유지, 둘째, 정보 수집, 셋째, 엔터테인먼트 시청이다. 친구나 가족과 연결, 뉴스 접근, 음악 청취, 이미지나 영상 취득 등을 위해 전자 디바이스를 활용하는 것이다.

닐슨의 조사결과에 따르면, 다음과 같은 몇 가지 주제들이 전자 디바이스 이용의 목적으로 나타난다.

GLOBAL AVERAGE	
SHARE MEDICAL INFORMATION	52%
GET AN EDUCATION	52%
BUY GROCERIES	48%
FIND A JOB	46%
CONDUCT RESEARCH	44%
PAY BILLS	40%
FIND A DATE	40%
CONDUCT BANKING BUSINESS	38%
WATCH VIDEO PROGRAMMING CONTENT	36%
TAKE PICTURES/VIDEOS	32%
SHARE PICTURES/VIDEOS	32%

Source: Nielsen(march 2015), SCREEN WARS

전자 디바이스 사용의지 비율 비교

연결된 콘텐츠 소비자는 콘텐츠에 대한 접근성과 상호작용 수준에 따라 네 가지 유형으로 분류되는바, 다음과 같다.

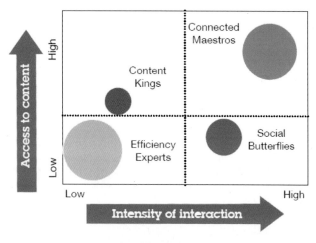

스마트콘텐츠 소비자 분류

▶ 효율 전문가들(Efficiency Experts)

가장 큰 그룹은 글로벌 수용자의 41%를 차지하며, 아주 약간의 여성 편중(52%)이다. 이러한 소비자들은 자신의 삶을 더 쉽게 만드는 방법으로 디지털기기와 서비스를 채택한다. 이들의 행동은 다음과 같은 범주를 포함한다.

- 문자 대신 이메일 보내기
- 홈 TV로 주문형 비디오에 접근
- 주로 자신의 PC를 통해 온라인 뉴스, 잡지, 비디오 콘텐츠에 액세스
- 소셜 네트워킹 사이트에 프로필을 작성
- 휴대전화를 통해 인터넷에 접속해 웹을 검색하거나 모바일 내비

게이션 서비스 사용
- 매장 경험을 온라인 쇼핑으로 대체

▶ 콘텐츠 킹스(Content Kings)

이러한 디지털 수용자들은 글로벌 수용자의 단지 9%를 차지하고, 약간의 남성 편중(55%)이 다. 전문 게이머, news hounds, 영화 애호가, 음악 애호가 및 TV 팬이 포함된다. 이들은 TV쇼와 영화를 온라인으로 시청하고, 자주 음악을 다운로드하거나 스트리밍 음악을 듣고, 정기적으로 온라인 게임을 한다. 콘텐츠 킹스들은 콘텐츠에 대한 '모든 접속권(all-access pass)'을 원한다.

▶ 사회적 나비들(Social Butterflies)

이러한 디지털 개성을 가진 소비자들은 글로벌 샘플의 15%를 차지하고, 아주 약간의 여성 편중(51%)이다. 사회적 나비들은 즉시 자신의 친구들에 접근할 수 없다는 걸 상상할 수 없다. 그들은 휴대전화를 주로 전화나 메시지를 보내는 데 사용하고, 정기적으로 소셜 네트워킹 사이트에 프로필을 업데이트하는 데 사용하며, 온라인 사진과 웹페이지에 라벨이나 태그를 달기도 하고, 다른 이들의 영상을 시청한다.

▶ 연결된 마에스트로들(Connected Maestros)

이 소비자들은 글로벌 샘플의 35%를 차지하는데, 약간의 남성 편중(55%)이다. 이들은 '콘텐츠 킹들'과 '사회적 나비'에 공통되는 행동을 결합한다. 이러한 진취적 활동에는 다음과 같은 것들이 포함된다;

음성 IM을 사용하여 말하는 것; 모바일 디바이스를 통해 정기적으로 미디어콘텐츠(게임, 음악, 비디오 등)를 소비; 모바일 디바이스를 통해 자주 다양한 애플리케이션에 액세스; 모바일 디바이스를 통해 정기적으로 뉴스, 날씨, 스포츠 점수를 체크하고 정보를 검색한다.

제로 TV

▸ TV 수상기의 보유 여부와 상관없이 (유료) 방송 서비스에 가입하지 않고 미디어콘텐츠를 소비하는 가구 또는 개인
▸ TV가 아예 없거나 전통적 TV서비스를 이용하지 않는 이용자 (미국의 경우 전체 가구의 약 6%, 한국의 경우 5% 수준)
▸ 시간이나 장소에 구애받지 않고 VOD(주문형 비디오) 모바일, IPTV나 N 스크린 서비스를 이용하여 미디어를 소비하는 능동적 이용행태 비중이 35세 미만을 중심으로 점차 확산되는 추세. OTT 이용자의 증가는 궁극적으로 새로운 미디어 플랫폼 영역이 TV 중심에서 스마트폰 등 개인화 기기로 분화하는 데 기여
자료: Nielsen(2013); 정보통신정책연구원(2014)

---

02. 한국인의 미디어콘텐츠 이용특성

방송통신위원회의 <2014년 방송매체이용행태조사> 결과에 따르면, 스마트폰을 필수매체로 인식하는 경향이 40대와 50대에서 크게 증가하였으며, TV시청 중 스마트폰을 함께 이용하는 비율이 증가한 것으로 나타났다. 매체보유 현황을 살펴보면 TV(96.4%)는 가정 내에서 가장 보편적인 매체이며, 스마트폰의 보유율(76.9%)은 전년(68.8%)에 비해 크게 증가하여 미디어 이용의 개인화가 확대되고 있

는 것으로 나타났다.

매체 이용시간은 전체 응답자의 TV 시청시간이 하루 평균 2시간 52분으로 타 매체에 비해 압도적으로 많았으며, 스마트폰 이용시간은 1시간 17분, 라디오 이용시간은 19분으로 나타났다. 매체 이용빈도 분석결과, 주 5일 이상 이용하는 매체비율은 TV(78.4%), 스마트폰 (70.8%), PC/노트북(30.6%), 라디오(9.5%), 신문(8.2%)의 순서로 나타났으며, TV, PC/노트북, 라디오, 신문의 이용빈도는 감소하고 스마트폰(65.8%→70.8%)의 이용빈도는 증가한 것으로 나타났다.

TV와 스마트폰의 연령별 매체 이용빈도(주 5일 이상 이용하는 비율)를 살펴보면, TV는 연령이 높을수록 이용빈도가 높아지고 이러한 경향은 전년도와 비슷하게 나타났다. 스마트폰 이용빈도는 20대 (91.1%)와 30대(90.6%)가 90% 이상으로 높게 나타났으며, 특히 30대에서도 TV보다 스마트폰을 더 많이 이용한 것으로 나타났다. 또한 전년에 비해 50대(47.1%→61.8%)와 60대(10.2%→16.1%)의 이용빈도가 크게 증가하였다.

스마트폰 이용자 중 32.6%가 신규매체 이용으로 기존 TV 시청시간이 줄었다고 응답하였으며, 50대(19.3%)와 60대 이상(9.6%)보다는 20대(42.4%)와 10대(37.6%), 30대(36.5%)의 TV 시청시간 감소인식 비율이 높았다.

한편 스마트폰 이용자의 TV 이용 감소인식 비율(32.6%)이 스마트폰 비이용자(5.0%)에 비해 6배 이상 크게 나타났다. 우리나라 사람들 열 명 중 네 명은 TV(44.3%)와 스마트폰(43.9%)을 일상생활에서 가장 필수적인 매체로 인식하고 있으며 전년대비 TV 중요도는 낮아지고 (46.3%→44.3%) 스마트폰의 중요도는 높아진 것(37.3%→43.9%)으로

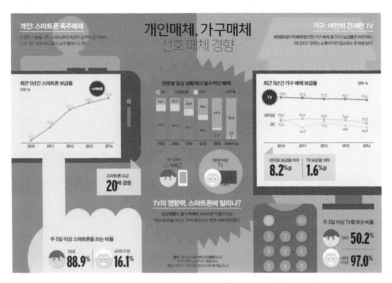

출처: 방송통신위원회 <2014년 방송매체이용행태조사> 인포그래픽

나타났다.

10대(69.0%)와 20대(69.0%)는 필수매체로 스마트폰을 선택한 반면, 50대(69.3%)와 60대 이상(92.8%)은 TV를 선택해 연령대별로 차이가 크게 나타났다. 반면 전년에 비해 40대(38.4%→48.6%), 50대(13.4%→23.9%)가 스마트폰을 필수매체로 선택하는 비중이 크게 증가하였다.

TV 시청 행태를 살펴보면 TV 시청 중 타 매체 이용률은 스마트폰(47.5%→51.7%)이 가장 높고 PC/노트북(12.6%→12.4%), 신문(6.5%→6.1%) 순서이며, TV 시청 중 다른 매체를 동시에 이용하는 이유는 '습관적으로(52.2%)'가 가장 높고, '채팅/메신저 이용(45.9%)'이 다음 순으로 나타났다.

워터쿨러 효과(Water cooler effect)

▶ 사무실에 물 등의 음료를 마실 공간이 있으면 사람들이 모여 대화를 할 수 있게 돼 사내 의사소통이 활발해지는 현상
▶ SNS를 통한 커뮤니케이션이 활성화되면 미디어콘텐츠 소비 역시 촉진됨을 설명하는 이론
▶ Social 웹사이트와 TV를 동시에 이용하는 사람들이 많아지면서 실시간 SNS 대화(Back Channel) 증가가 TV 시청(Front Channel) 증가로 이어지는 '워터쿨러 효과'를 촉발(NewYorkTimes, '10.02.24)
▶ SNS가 가족, 친구를 대체 - 집단적, 의례적 시청의 재현

    스마트폰으로 일주일에 하루 이상 TV프로그램을 시청하는 비율이 증가(23.7%→25.8%)하였으며, 이동 중에 시청하는 비율(35.3%)이나 약속을 기다리면서 시청하는 비율(31.6%)뿐 아니라 집에서 시청하는 비율(47.8%)도 매우 높게 나타났다.

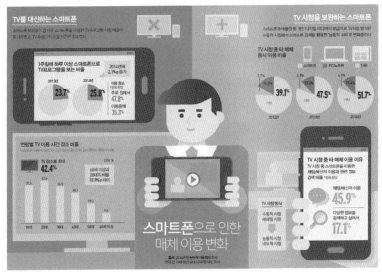

출처: 방송통신위원회 <2014년 방송매체이용행태조사> 인포그래픽

TV 이외의 매체를 이용해 지상파 TV프로그램을 본 이유로는 못 본 방송을 보기 위해(39.3%), 원하는 시간에 보기 위해(29.1%) 등의 순으로 나타났다.

가구 매체인 TV수상기 보급률(96.4%)이 높은 편이나, 스마트폰의 보급증가(68.8%→76.9%)로 미디어 이용의 개인화 경향이 확산되고 있는 것으로 나타났다. 스마트폰을 필수매체로 인식하는 경향이 40대와 50대에서 증가(각 약 10%)함에 따라 '제2의 TV수상기' 관점에서의 콘텐츠 정책 마련이 필요하겠다.

TV 시청 중 스마트폰을 함께 이용하는 비율이 증가(47.5%→51.7%)하고 있으며, 스마트폰을 통한 TV프로그램 시청은 이동 중 시청(35.3%)보다 집에서 시청(47.8%)이 더 높게 나타났다. VOD 시청, 이동 중이나 약속장소에서 시청, TV 수상기 이외의 매체를 이용한 지상파 시청 등에서 볼 수 있듯이 방송매체 이용이 시간, 공간, 단말의 관점에서 확장되거나 변화되고 이는 것이다.

스마트폰의 확산은 미디어 이용의 개인화, 이동화, 네트워크화를 촉발시키고 있으며 변화의 중심은 20대이다. 이들은 몰아 보기(binge viewing), 이동 중 시청(out of home viewing), 시간이동 시청(time shift viewing) 등 시간과 공간의 제약에 구애받지 않는 능동형 시청행태를 보여주고 있다. 방송프로그램 시청 중 SNS, 문자로 의견을 나누고 관련 정보 검색을 하는 동시 이용도 20대의 뚜렷한 특성이다. 필수 매체 선호도에서 스마트폰 선택 우위가 고연령층으로 확산되는 현상을 고려하면 능동형 시청의 세대 간 격차도 점차 좁혀질 것으로 기대된다.

정보통신정책연구원의 <2011~2014년 미디어보유와 이용행태 변화> 보고서는 국내 이용자의 미디어 이용행태의 변화양상을 보여준다.

TV의 경우 이용시간이 감소하였다가 다시 증가하는 경향을 보였는데, 스마트TV 보급, 유료방송 서비스의 다양화로 매체 영향력은 커지는 것을 알 수 있으며, 마찬가지로 스마트폰 사용의 대중화, 보유율의 증가 등으로 전화기의 평균 이용시간은 증가하는 경향을 보인다. 반면, 컴퓨터기기와 종이매체의 이용시간은 점차적으로 감소하는 추세를 보인다.

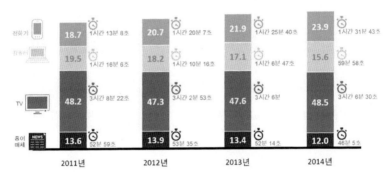

매체별 평균이용시간

미디어기기의 보유율을 전반적으로 살펴보면, 전체적으로 스마트화되고 있는 것을 알 수 있는데, 스마트TV, 스마트폰의 보유율이 2011년 이후로 급증하고 있는 추세이다. 특히 스마트폰의 경우 LTE 서비스 가입자가 급증하였고, 2014년 현재 휴대폰 보유율과 고등학생의 스마트폰 보유율은 90%를 상회하며 일상생활에 필수적인 매체로 자리매김하고 있다. 이에 따라 온라인 동영상 콘텐츠 시청을 위한 미디어기기로 스마트폰의 비율이 2011년 대비 2014년 약 14배 증가하였으며, 데스크탑, 가정용 TV의 비율은 급속도로 감소하였다.

모바일기기의 이용행태 변화를 살펴보면, 채팅/메신저의 이용비율이 2011년에 비해 3배 이상 증가하였고, 정보콘텐츠(2.5배), 게임(2.7

배)을 이용하는 비중도 급속도로 증가한 반면, 문자 메시지나 통화에 이용하는 비중은 감소하였다. 모바일기기 이용행태는 통화와 문자 메시지 중심에서 채팅·메신저, 정보콘텐츠·게임 등 다양한 목적으로 사용하는 패턴이 점차 뚜렷해지며 다기능매체(Multi-functional media device)로서 자리매김하고 있는 것으로 나타났다.

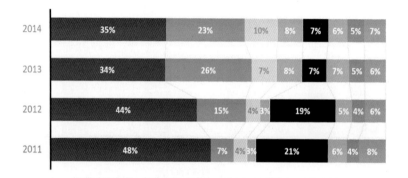

■통화 ■채팅/메신저 ■정보콘텐츠 ■게임 ■문자메시지 ■음악/응원 ■SNS ■기타

MOBILE기기(스마트폰과 태블릿 PC)의 이용행태 변화

가장 많이 사용하는 어플리케이션은 1순위 기준으로 2011년부터 커뮤니케이션 관련 어플리케이션이 지속적으로 1위를 차지했다. 성별로 구분해보면, 커뮤니케이션의 경우 남성보다 여성의 이용이 많은 것으로 보이는 반면, 뉴스와 게임의 경우는 반대로 나타났다. 어플리케이션의 종류별 이용 격차는 남성이 여성보다 적게 나타났다. 또한, 커뮤니케이션과 뉴스 어플리케이션을 가장 많이 사용하고 있으며, 다음으로 남성의 경우는 게임, 여성의 경우는 엔터테인먼트를 꼽아 차이를 보였다.

커뮤니케이션 　뉴스 　게임

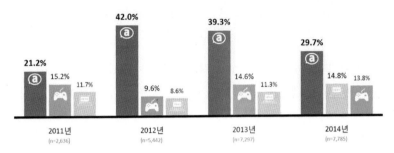

가장 많이 이용하는 어플리케이션 종류(1순위)

온라인 동영상 콘텐츠 이용 시 가장 많이 사용하는 기기로는 데스
크탑 PC로 나타났으나, 그 비중은 점차 감소하는 추세를 보였으며,
반면 스마트폰을 이용하여 온라인 동영상 콘텐츠를 감상하는 이용시
간의 비율은 2011년 2.3%에서 2014년 31.9%로 약 14배 정도 증가했
다. VOD 콘텐츠 이용에는 가정용 TV와 스마트폰을 통한 이용시간이
2011년 각각 69.0%, 2.3%에서 2014년 91.8%, 3.7%로 증가한 반면 데
스크톱PC를 통한 이용시간은 21.4%에서 1.2%로 급감하였다.

<VOD 시청자 동영상 콘텐츠 소비> 보고서(KISDI, 2015)에 따르면,
연도별 VOD 이용자는 매년 증가하는 추세를 보이며 2014년의 경우
2011년 대비 약 2.7배 증가한 것으로 나타났다. 연령별 특성에 따른
이용자 비율을 살펴보면, 18세 이상 34세 미만의 젊은 층에서 가장
높게 나타났으며, 55세 이상의 연령층의 경우 상대적으로 이용자 비
율이 낮지만 2011년과 2014년 사이 약 4배나 증가하며 가장 큰 변화
를 보였다.

VOD 시청 시의 이용매체에 대한 변화를 살펴보면, 2011년에는 약 70.3% 정도에 불과했던 가정용 TV의 점유율은 2014년 약 92.25%로 증가하여 VOD 이용의 대부분은 가정용 TV를 통해 일어나는 것으로 나타났으며, 스마트폰의 점유율도 점차 증가하는 추세를 보였다. 반면, 주문형 비디오 이용시간에 따른 이용기기에 있어서 개인용 컴퓨터의 점유율은 2011년 약 25.6%에서 2014년 약 4.4%로 대폭 줄어든 것을 볼 수 있다.

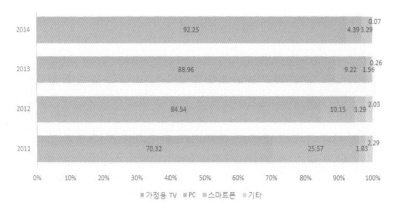

VOD 시청 시의 이용매체

VOD 시청을 위한 연결방법에서는 케이블TV 방송서비스의 점유율의 경우 2011년부터 2013년까지는 증가하는 추세를 보이는 듯하였으나, 2014년 감소하여 전체 점유율의 절반에 못 미치는 수준에 머물렀다. 방송프로그램의 VOD 시청의 유무선 인터넷을 이용한 연결방법의 점유율은 저장매체를 이용하는 등의 기타 연결방법과 함께 급격히 감소하는 것으로 나타났다. IPTV 방송서비스의 경우 2014년 약

50.8%로 가장 높은 비율을 차지하며 2011년 약 21.4%에 그쳤던 것에 비하면 약 2.5배 정도 증가했다.

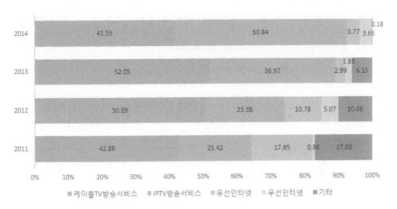

VOD 시청 시의 연결방법

방송프로그램, 동영상 및 영화 등의 동영상 콘텐츠는 다양한 경로를 통하여 소비자들에게 공급되고 있지만, 이를 구매하는 응답자들의 비율은 높지 않은 것으로 나타났으나, VOD 서비스이용의 경험이 있는 응답자의 경우에는 그렇지 않은 응답자에 비해 2배 이상 높게 나타났으며 이들의 월 평균 지출액 또한 높은 것으로 나타났다. 전체 응답자 중 약 4.11%만이 VOD 관련 유료 콘텐츠(방송프로그램 및 영화)를 이용한 것으로 조사됐다. 이들이 VOD 콘텐츠를 시청하기 위해 지출한 금액의 평균은 8,260원이었다. 반면, VOD 시청 경험이 있다는 응답자 중 유료 콘텐츠를 이용한 비율은 7.22%였다. 콘텐츠 이용금액은 10,330원으로 높았다. 연령별로 보면 유료콘텐츠 지출액은 55세 이상이 1만 8,930원으로 가장 높았고 18~24세 11,400원, 25~34세

11,110원, 35~54세 9,200원, 18세 미만 5,960원 순이었다. 또한 'VOD 이용경험이 있다'는 응답자들을 중심으로 N스크린(POOQ, tving 등) 서비스 이용을 살펴본 결과 방송프로그램 이용률은 9.55%로 음악·음원 이용률(16.37%)보다 상대적으로 저조하게 나타나 콘텐츠 이용의 유형별 차이가 큰 것으로 나타났다.

방송통신의 융복합과 스마트폰, 스마트TV 등의 스마트미디어 디바이스, 동글형 셋톱박스(TV의 HDMI 포트에 꽂아 기존 TV에서 OTT 서비스를 이용할 수 있도록 도와주는 장치)의 출시 등 기술진화에 따른 다양한 디바이스의 출시와 네트워크기술의 발전 등 급변하고 있는 미디어 이용환경 변화에 따라 미디어 이용습관 또한 변화하고 있는 것이다.

03. 콘텐츠비즈니스 기획의 원칙

기획자의 임무는 미디어콘텐츠를 기획하는 것인데, 미디어콘텐츠 기획은 콘텐츠를 개발하기 위해 계획하는 활동을 의미한다. 좁은 의미의 콘텐츠 기획은 콘텐츠 제작을 위한 메뉴 설계, 스토리 보드 작성 등을 의미한다. 넓은 의미의 콘텐츠 기획은 시장 분석, 사용자 요구 수렴, 수익성 분석, 제작과정 시 발생할 수 있는 문제 사전제거 등과 같이 콘텐츠 개발과정의 변수를 고려하여 사전에 계획하는 것이다.

미디어콘텐츠 개발과정

기획자가 콘텐츠비즈니스 아이디어를 구하는 방법에는 여러 가지
가 있을 수 있는데, 우선 경쟁콘텐츠에 대한 실시간 모니터링을 통해
보다 나은 콘셉트를 도출하는 방법이 가능하다. 또한 FGI(Focus Group
Interview)를 통해 소비자에게서 직접 의견을 구할 수도 있으며, 거리
나 현장에서의 참여관찰을 통해 전략적 시사점을 추출해낼 수도 있다.

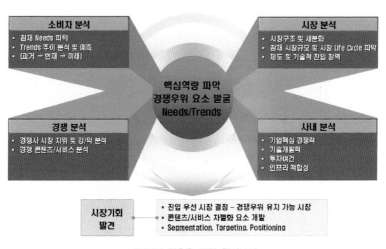

기회시장 창출을 위한 환경분석

미디어콘텐츠 비즈니스를 기획하기 위해서는 미디어산업 전반에 대한 환경 분석이 필요하다. 여기에는 소비자분석, 시장분석, 경쟁분석, 역량분석(사내분석) 등이 포함되는데, 이러한 분석을 통해 핵심역량을 파악함으로써 경쟁우위 요소를 발굴해내야 한다. 이러한 과정을 거쳐 새로운 비즈니스 기회가 창출되는 것이다.

대표적인 정성적 시장조사 분석방법인 BCG(Boston Consulting Group) 매트릭스 분석이 있다. 콘텐츠서비스별로 BCG 매트릭스를 적용하면, 현재 콘텐츠 혹은 서비스가 당면해 있는 시장상황을 구체적으로 살펴볼 수 있다. BCG 매트릭스를 적용하여 포지셔닝하면 각 산업별 실질(혹은 미래예측) 성장률과 상대적 시장점유율을 확인해볼 수 있다. 특정 콘텐츠/서비스 시장이 Star 및 Question mark 부분에 위치할 경우에는 성장·투자전략을, Cash cow에 위치할 경우에는 안정·이익전략을, Dog에 위치할 경우에는 철수·수확전략을 적용하여, 로드맵과 세부전략을 수립할 수 있다.

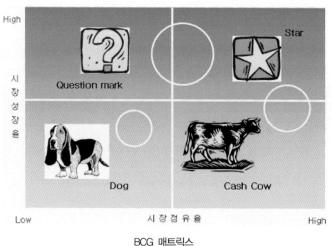

BCG 매트릭스

- Star: 고성장/고점유율 분야(유망사업), 수익성과 성장 기회 높음, 성장/투자전략 대상
- Question Mark: 고성장/저점유율 분야(문제사업), 현금지출이 많아 수지에 어려움, 성장/투자전략 대상
- Cash Cow: 저성장/고점유율 분야(자금원천사업), 신규투자 불필요, 현금수지의 잉여 발생, 안정/이익 전략 대상
- Dog: 저성장/저점유율 분야(퇴출사업), 수익성 낮고 비용 과다, 철수 필요, 철수/수확전략 대상

스마트미디어 환경에서 미디어콘텐츠 비즈니스를 기획하는 기획자는 다음과 같은 다섯 가지 고려요소들을 전략적으로 고민해야 한다(송해룡, 2009).

첫째, 소비자의 수용성이다. 변화무쌍한 미디어콘텐츠 소비자의 행동패턴을 분석해 그 니즈를 명확해 판단해야 한다. 소비자 편의성을 증진하는 유저인터페이스를 최대화해야 할 것이다.

둘째, 콘텐츠 지원이다. 스마트 환경에 맞추어 채널, 표준 등 새로운 미디어가치사슬을 구축해야 한다.

셋째, 저작권 관리이다. 디지털 저작권 관리는 미디어콘텐츠사업의 위협요인이면서 동시에 새로운 비즈니스 기회요인이 되기도 한다.

넷째, 과금 문제이다. 스마트미디어 패러다임에 맞추어 유연한 가격모델을 구축해야 하며, 콘텐츠 공급 및 유통관련 거래시스템을 구축해야 한다.

다섯째, 광고를 통한 파이낸싱이다. 이는 스마트미디어 비즈니스 패러다임의 기본이다.

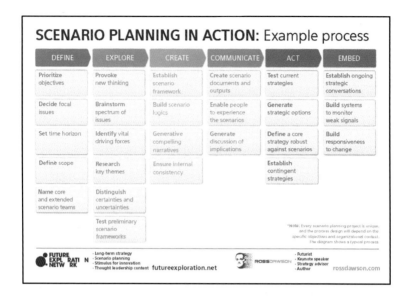

04. 스마트미디어 콘텐츠 기획

성장산업 같은 것은 없다.
단지 소비자의 욕구만이 있을 뿐이고 그것이 변해 갈 뿐이다.
- Theodore Levitt <Marketing Myopia>

스마트미디어 환경에서 고객유인 전략도 스마트해야 한다. 먼저 제품이나 브랜드의 고유 경험을 제공할 수 있는 애플리케이션 커뮤니케이션을 구성해야 한다. 놀라운 이용자 경험과 중독적인 요소를 갖추는 기획이 중요하다. 카메라, GPS, 터치UI, 진동센서 등을 활용하여 시각, 청각, 촉각 등의 감각적인 색다른 경험들을 고객에게 제공해야 한다. 고객의 TPO 접점에 기반한 실시간 개인화 및 다양한 경험

전달이 요구된다. 정보와 엔터테인먼트를 결합해야 한다. 이용자의 상황(Context)을 기반으로 이용자가 원하는 것(Needs Wants Demand)을 정확히 선별하여, 쉽고 빠르고 편리하게 제공하는 똑똑한 서비스가 되어야만 하는 것이다.

스마트비즈니스 기획 전략을 구체적으로 제시하면 다음과 같다.

첫째, 실생활의 모든 것이 데이터화되어 저장되고 유통되는 시대인 만큼, 이를 활용하라. 실시간 데이터의 유통과 처리가 대세인 상황에서 이것을 어떻게 잘 활용할 것인지 고민해야 한다. 발상의 전환이 필요하다. Contextual computing에 기반, 실시간 분석(Who you are, Where you are, What are you doing)을 통해 예측(What you want next)해내야 한다.

둘째, 모든 아이디어, 콘텐츠, 서비스를 LBS와 연계(Mash-up)해야 한다. 위치 정보를 실시간으로 모든 사물에 연결하면, 미지의 세계(블루오션)가 열리게 될 것이다.

셋째, 시장점유율(Market Share)이 아닌 시간점유율(Time Share)에 주목해야 한다. 그간 주로 같은 업종 안에서 치열하게 펼쳐졌던 시장점유율 경쟁이, 업종 간의 장벽이 붕괴되고 두 업종이 한데 용해되어 있는 시장환경(액체사회)에서 점차 고객의 시간점유율 경쟁으로 바뀌고 있음을 고려해야 한다. 나이키(Nike)의 경쟁자는 '닌텐도 DS'이다. 운동을 위해 신발을 구입하거나 게임을 위해 게임기를 구입하는 소비자는 같은 사람이다. 이로써 스포츠업계와 게임업체 중 누가 고객의 시간을 더 많이 차지하는가를 놓고 경쟁하는 것이 된다. 사용자의 시간을 확보하는 기업이 비즈니스에 유리하다. 동종 업체와 직접적인 경쟁보다 사용자의 시간을 확보하는 경쟁에 집중해야 할 것이다.

넷째, 관계와 소통이다. 모든 제품, 서비스에 관계와 소통을 결합해야 한다. 관계와 소통을 쉽게 할 수 있도록 도와주는 소셜미디어와 결합해야 한다. 소셜미디어를 활용한 마케팅, 제품 개발이 주요한 전술이 된다. 포스퀘어의 mayor 경쟁과 혜택, 트위터로 쿠폰 날리기 등이 대표적인 예이다.

스마트폰 기반 제품(혹은 서비스)은 '스토덕트(Stoduct)'이어야 한다. 스토리텔링(Storytelling)과 제품(Product)의 합성어인 스토덕트는 단순하게 이야기하는 제품을 말하는 것이 아니다. 개인의 감성과 소통하는, 기업의 철학을 담긴 소비 이상의 이야기를 전달하는 제품이라는 뜻이다. 그에 반해 스투피덕트(Stupiduct)는 물건 이상의 가치를 증명하지 못하고 금세 잊히는 제품이다(METATREND, 2010).

소비자의 잠재욕구를 파악하고, 아이디어를 취합하는 단계, 여러 가지 스케치로 제품의 윤곽을 잡아가는 단계, 그리고 구체적으로 제품을 개발하면서 일어나는 복잡다단한 수고의 과정은 모든 상품이 가지고 있는 공통적인 스토리이다. 상품 안에 기업 철학이 담겨 있는 스토리를 담아 상품을 구매하는 시점뿐만 아니라 사용하면서도 양방향으로 소비자와 대화하는 제품이 바로 스토덕트이다. 스토덕트는 상품의 가치와 자아를 동일시하는 소비자들이 감성적으로 제품을 구매하는 문화와 연관성을 갖는다. 스토덕트를 만들기 위해서는 기업 철학이 바탕이 되는 장기적인 안목의 종합적인 스토리 디자인 능력이 필요하다. 스토덕트는 기업이 소비자에게 전달하고자 하는 메시지를 명확하게 함으로써 다른 상품과 구별되게 하며, 소비자와의 상호작용을 개선시키고, 지속적인 관계를 형성할 수 있도록 도와준다. 궁극적으로 스토덕트는 소비자와 밀착된 감정을 공유함으로써 제품 생명력을 가지는 제품이다.

애플의 아이팟, 아이폰, 아이패드는 스토덕트를 통해 충성스런 고객을 잡아두고 있음이다. 이런 스토덕트여야만 스마트폰 기반 비즈니스 시장에서 성공할 수 있는 것이다.

미디어-콘텐츠의 진화 방향

▶ 미디어와 콘텐츠는 공진화. 미디어 진화는 곧 콘텐츠 진화!
▶ 스마트미디어는 뉴 콘텐츠보다 기존 콘텐츠가 스마트화되는 방향으로 진화
▶ 콘텐츠는 엔터테인먼트 중심에서 문화 트렌드(라이프) 중심으로 이동 (에듀테인먼트, 인포테인먼트, 휴먼테인먼트, 샵테인먼트, 퓨전테인먼트 등)
▶ 다매체, 다채널, 다플랫폼 시대에는 콘텐츠가 핵심 성공 열쇠. Content is king!
▶ 미디어는 콘텐츠가 생산-유통-소비되는 영토. Media is kingdom!
▶ Design is King, Concept is King.
▶ 콘텐츠산업은 양적 성장 후에 질적 다양화, 고도화 가능
▶ 소비자 상황인지(context awareness)에 따른 맞춤형, 지능형, 감성형 콘텐츠 부상

---

05. 스마트미디어 시대 성공 콘텐츠 키워드

콘텐츠산업은 창조산업이며, 창조산업은 이야기산업이다. 따라서 콘텐츠비즈니스에서 블루오션을 창출하기 위해서는 '느낌 있는' 스토리를 창안(창조적 기획)하여 상품화하고 스토리 소비자를 창출해내야만 한다. 이러한 맥락에서 콘텐츠 블루오션을 위한 조건을 몇 가

지 명제로 정리해본다.

일상을 소재로 공감 스토리를 표방하는 리얼라이프 콘텐츠

일상생활에 실용적으로 적용되는 생활밀착형, 실용적 콘텐츠이어야 한다는 것이다. 시간 때우기의 단순한 흥미, 오락이 아닌 의미(가치)를 포함한 것이어야 한다. 예능에 정보를 결합하여 재미와 감동 두 마리 토끼를 잡는 인포테인먼트 콘셉트는 블루오션이다.

<고수의 비법 황금알>(MBN)은 2012년 5월 이후 현재까지 생활정보프로그램의 모범사례로 평가된다. 그런 것 같기도 아닌 것 같기도 한, 그러나 알아두면 도움이 되는 이야기들, '황금알'(황당하면서도 궁금한 알짜 이야기들). 연예인 패널의 솔직하고 재치 있는 입담과 전문가 패널이 전하는 놀라운 아이디어가 한데 모여 재미와 정보를 모두 제공한다.

방송에서 일상의 공유는 공감으로 이어진다. <아빠 어디가>(MBC), <자기야-백년손님>(SBS), <해피선데이-슈퍼맨이 돌아왔다>(KBS2), <사남 일녀>(MBC) 등의 관찰예능 프로그램은 선망의 대상인 연예인의 일상이 우리와 별반 다르지 않음을 드러냄으로써 공감을 자아낸다. 애플리케이션 분야에서도 그러하다. 실생활에 부가가치를 더하는 스마트서비스(생활밀착형)로 진화하고 있음이다. 이용자의 상황(콘텍스트)을 기반으로 원하는 것을 정확히 선별하여, 쉽고 빠르고 편리하게 제공하는 똑똑한 서비스가 대세다.

고객 정보 분석에 기초해 과학적으로 기획된 소셜 맞춤콘텐츠

빅데이터 기반 콘텐츠 추천시스템이 콘텐츠소비의 새로운 트렌드를 창출하는 동시에 콘텐츠비즈니스의 새로운 영역으로 부상 중이다. 빅데이터 기반 고객 맞춤 추천 서비스는 사실 온라인 도서비즈니스 분야에서 시작되었는데, 아마존(Amazon)의 도서 구매정보 DB 분석 기반 독자 맞춤형 도서 추천 서비스가 대표적이다. 아마존은 고객의 도서 구매 데이터를 분석해 특정 책을 구매한 사람이 추가로 구매할 것으로 예상되는 도서 추천 시스템을 개발하여 고객이 읽을 것으로 예상되는 책을 추천하면서 할인쿠폰을 지급한다. 방송 분야에서는 최근 넷플릭스(Netflix)의 전략이 주목받고 있는데, 시청자의 방송 콘텐츠 수요·선호도를 소셜 데이터와 연동하여 방송콘텐츠 성공을 예측하고 있다.

넷플릭스는 3천만 이상의 시청자를 대상으로 시청자들이 원하는 주연배우와 감독은 물론 주제까지 빅데이터 분석으로 선정해 '하우스 오브 카드'를 자체 제작해 블루오션을 창출했다. CJ E&M의 '엠넷 닷컴'에서는 이용자의 음원 다운로드 및 스트리밍 관련 빅데이터를 분석하여 큐레이션 기능을 제공하는 콘텐츠 추전 서비스를 제공한다. LG유플러스도 자사 모바일 HDTV서비스인 U+HDTV를 통해 개인별 맞춤형 콘텐츠 리스트를 제공하는 서비스를 시도하고 있다.

고객 (재)정의에 기반한 특화 콘텐츠

타깃을 명확하게 정의해야 한다는 것인데, 싱글족(독신남녀, 기러기아빠 등)과 실버세대의 콘텐츠 소비 파워가 급증하고 있음에 대응해 '개인'을 타깃으로 한 프로그램이 블루오션으로 부상 중이다. 예능 프로그램 <나 혼자 산다>(MBC), 싱글족을 주인공으로 한 드라마 <식샤를 합시다>(tvN), 실버세대를 주인공으로 한 <꽃보다 할배>(tvN) 등이 대표적인 사례이다. 남성중심의 콘텐츠로 구성된 <푸른거탑>(tvN), <진짜사나이>(MBC). 19금 콘텐츠를 유연하게 다루는 <마녀사냥>(JTBC), <SNL 코리아>(tvN) 등도 특화 콘텐츠로 주목할 만하다. 혼자 영화를 관람하는 1인 관객 비중이 증가하면서 안정적인 관객층을 형성하고 있는데, CGV의 경우 2013년 11월 기준 관객 5명 중 1명이 '1인 관객(전년대비 21% 증가)'이었다. 유아용 전문 콘텐츠 등 특정 세대만을 타깃으로 한 콘텐츠도 블루오션 영역으로 유효하다. 짜투리 시간을 활용해 간편하게 콘텐츠를 즐기고자 하는 소비자를 타깃으로 한 모비소드(mobisode=mobile+episode)형 콘텐츠 역시 블루오션이다. 대중화된 스마트기기를 활용, 출퇴근시간, 점심시간 등 10~15분 안팎의 웹·모바일 영상 콘텐츠 등을 즐기는 모바일족이 대상이다. 틈새시간을 활용하여 문화를 소비(향유)하기 원하는 사람들의 욕구를 반영한다. 인기웹툰 <미생> 10분 미만의 모바일 영화로 제작, 10분 남짓 6부작 모바일 영화 <출출한 여자>, 모바일 드라마 <러브포텐—순정의 시대> 등이 대표적이다.

트렌드를 반영 혹은 선도하는 취향(스웨그, 복고 등) 콘텐츠

자기만족성이 강하고 본능적 자유로움을 찾고 기성의 것과 선을 긋는 스웨그(swag)형 콘텐츠 소비가 늘어나는 추세이다. 힙합 뮤지션이 건들거리고 삐기면서 으스대는 기분을 묘사할 때 주로 사용하는 용어로 스웨그형 콘텐츠 소비는 콘텐츠 소비의 연성화를 의미한다. 스웨그형 콘텐츠 소비는 정치나 경제뉴스가 연예인의 사생활에 대한 뉴스나 스포츠 뉴스와 동등하게 취급되고 있는 포털사이트가 콘텐츠 소비의 중심이 되면서 강화 되는 중이다. 애니메이션 <라바>의 경우 유아 및 어린이뿐만 아니라 이보다 높은 고연령층에서도 인기를 얻어 스웨그형 콘텐츠 소비양상을 보여주었다.

포털사이트 중심의 콘텐츠 소비가 10~20대뿐 아니라 세대 전반으로 확산되면서 스웨그형 콘텐츠 소비 경향이 보편화하고 있다. 카카오톡 이용이 대부분의 연령층으로 확대되면서 카카오톡 기반 게임들의 이용 연령이 다양화되고 있다.

스마트폰(안드로이드폰)의 UI/UX를 의미하는 런처 애플리케이션은 틈새 비즈니스로 자리하고 있다. 이용자가 자기 취향에 맞게 스마트폰의 아이콘 디자인, 위젯, 테마 등을 꾸밀 수 있는 런처는 모바일 이용시간 중 가장 많은 접촉률을 보이는 모바일 UI이다. 네이버 '도돌런처', 다음 '버즈런처', SK플래닛 '런처 플래닛' 등 사용자 친숙도를 높이기 위한 런처가 다수 출시되고 있다.

복고 감성 콘텐츠는 여전히 블루오션이다. 추억과 향수에 소구하는 콘텐츠의 인기가 두드러지는 경향을 보이고 있다. <라붐>, <유 콜 잇 러브>, <레옹>, <해피투게더>, <러브레터>, <8월의 크리스마스>, <오상>, <중경삼림> 등 인기 있었던 옛 영화들의 재개봉 러시가 이어지고 있다. 서태지와 아이들의 <너에게>가 다시 인기를 얻고, 중고음반시장에서는 LP음반의 소비가 증가하여 가격이 크게 오르고 있다. 조용필의 19집 <헬로(Hello)> 역시 LP음반으로 발매되어 인기를 끌었다.

복고 콘텐츠의 정점은 드라마 <응답하라 1994>(tvN)이다. 2013년

11월 30일 방송이 평균시청률 9.6%, 순간시청률 11.5%를 기록하면서 복고콘텐츠의 가치를 증명했다. <불후의 명곡>은 우리 기억에 명곡으로 남아 있는 노래들을 리메이크해 경연을 펼친다. 서바이벌 프로그램의 황금기 막바지에 태어나 조롱과 무관심의 대상이었던 <불후의 명곡>이 현재 유일하게 살아남은 역사의 증거가 되고 있는데, 이는 향수 감성에 서바이벌이라는 형식의 긴장을 적절히 가미한 것이 유효했다. <히든싱어>(JTBC)는 흘러간 인기 대중음악을 적절히 활용해 부가가치를 재생산해내는 발상의 전환에 힘입어 인기를 얻고 있다. '응답' 시리즈의 배경이 되는 1990년대의 감성 재연을 위해 사용된 장치 또한 90년대 인기가요였다.

결국 블루오션이 되기 위해 콘텐츠는 개인 그리고 일상에 의미를 제공하는 가치 있는 것이어야 한다. 새롭거나 혹은 잊고 있었던 것을 깨닫게 해주는 그런 것이어야 한다. 삶에 자양분을 제공해주고 새로운 삶의 방식을 지지하는 것이어야 한다는 것이다. 현재 그리고 앞으로 블루오션이 될 콘텐츠 콘셉트는 이처럼 익숙하면서도 새로운 의미를 던져주는 창조적 기획으로 가능할 것이다. 발상의 전환이 그 어느 때보다 필요한 시점이다.

콘텐츠비즈니스 아이템 선정원칙

㉮ 유망아이템에 대한 선입견을 버려라.
㉯ 자신의 적성, 경험, 능력을 최우선적으로 고려하라.
㉰ 사업아이템을 조급히 결정하지 마라.
㉱ 민감한 아이템과 미확인 아이템을 경계하라.
㉲ 단계를 밟아 아이템을 선택하라.
㉳ 아이템에도 수명이 있다는 사실을 명심하라.

ⓢ 사양산업을 무시하지 마라.
ⓐ 하이테크한 아이템보다 하이터치한 아이템을 추구하라.
ⓩ 누구나 좋다고 부추기는 아이템에 현혹되지 마라.
ⓒ 지금 자신의 상황을 직시하라.

콘텐츠서비스 기획 시 고려요인

㉮ 일상적 적용성: 인간의 습관을 연구하라.
㉯ 매혹적 요인: 테크놀로지도 섹시해야 한다
　(예: 천문학적 비용의 우주여행).
㉰ 좌절감 요인: 사용법이 복잡한 기계에 기가 죽는다.
㉱ 대체요인: 소비자의 소비행태를 관찰하라.
㉲ 구조적 요인: 인프라 구조를 혁신하는 발명품은 보급속도가 느리다.
㉳ 시장 세분화 요인: 누구를 위한 상품인가를 명확히 하라.
㉴ 복합성 요인: 복합적 기능(컨버전스)보다는 조화가 중요하다
　(디버전스).
㉵ 윤리적 요인: 기술의 윤리성도 중요한 시대이다
　(CCTV, 적외선 카메라 등).

06. 스트리밍 시대 콘텐츠 기획, 넷플릭스 사례

바야흐로 스트리밍(Streaming) Everywhere 시대가 도래했다. 그건
어떤 플랫폼을 통해서 음악이든 아니면 영화 또는 TV 프로그램이든
온라인(또는 모바일) 스트리밍 소비가 대세라는 뜻이다. 넷플릭스는
전 세계 50여 개국 가입자 5,700만 명(2014년 말 기준/미국 3,900만
명, 해외 1,800만 명)으로 미국 내에서 유료방송(케이블) 가입자 컴캐
스트(Comcast)에 이어 제2위이다. 사실상 OTT 분야에서는 세계 최고

의 사업자이다.

넷플릭스사는 글로벌 흥행작 '하우스 오브 카드 시즌 1'(2013.2~6)/시즌 2(2014.2~6), '오렌지 이즈 더 뉴 블랙'(2014)으로 Emmy상, 골든 글로버상을 수상하면서 콘텐츠 경쟁력을 인정받았다. 이어서 '마르코 폴로' 10부작을 제작했는데, 편당 제작비가 무려 100억 원이다. 또한 마블의 '데어데블', '하우스 오브 카드 시즌 3'을 2015년 초 방송했다.

2013년 미국에서 가장 화제가 된 드라마는 '하우스 오브 카드(이하 HoC)'였다. HoC는 상원의원 프랜시스 언더우드(케빈 스페이시 扮)를 중심으로 미국 워싱턴 정가에서 벌어지는 야망, 권력, 비리, 사랑, 섹스로 점철된 스캔들을 다룬 정치 스릴러물이다. 1990년 영국 BBC가 제작한 것을 리메이크했는데, 주목할 사실은 드라마를 제작한 주체가 방송사나 프로덕션이 아닌 인터넷 동영상 서비스업체(OTT)인 넷플릭스(Netflix)라는 점이다. 제작비용이 1억 달러에 이르는 대작으로 넷플릭스만의 오리지널 콘텐츠이다.

특기할 점은 드라마임에도 불구하고 지상파나 케이블 채널에서는 방송되지 않고, 온라인 스트리밍으로 서비스되었다는 점이다. 결과는 대성공. 넷플릭스는 유료 시청자들을 확대하면서 흑자를 기록했고, 온라인 방영작 최초로 제65회 에미상에서 9개 부문 후보에 올라 감독상(데이비드 핀처), 촬영상, 캐스팅상 등 3관왕을 차지했다. 기존 드라마 플랫폼 체계를 뒤흔든 HoC는 OTT업체가 자체 제작한 드라마도 성공할 수 있다는 모범사례로 평가된다.

넷플릭스는 40개국에서 4천만 명 가입자를 확보(The Wrap, October 21, 2013)한 영화, 드라마 사업자다. 미국 방송계는 넷플릭스가 몰고

온 미디어혁명의 소용돌이에 빠졌다. 이에 넷플릭스의 혁신적 성과에 대한 전략 분석이 요구되는바, 가치사슬에 따른 전략을 중심으로 성공요인을 정리해볼 필요가 있겠다.

첫째, 제작 차원에서는 빅데이터에 기반한 창조적 기획이라는 점이다. 넷플릭스는 그간의 고객 비즈니스 경험을 통해 가입자들이 어떤 프로그램을, 언제, 어디서, 어떤 기기로 시청하는가? 정지, 되감기, 빨리보기 지점이 어디인가? 선택 후 수분 안에 몇 명이 시청을 포기하는가? 등 유추 가능한 데이터들을 모아 고객을 이해하고 분석하는 데서 시작했다. 비디오 이용행태 분석에 기초해 영상제작 전략을 설정한 것이다. 공교롭게도 2012년은 미국 내 온라인 영화시청이 오프라인 배달 시청을 넘어선 역사적인 해이다.

또한 빅데이터에 기반해 고객들이 선호하는 명감독과 스타연기자가 고용되었다. 그리고 감독에게는 창작 자유 완전 보장, 제작 전권 부여라는 예우가 부여되었다. 그 기대에 부응해 감독은 디지털영화제작방식으로 6개월 동안 무려 13편의 에피소드를 찍어냈다. 스마트미디어 화면 사이즈 고려, 연기자 우선주의(물론, '스태프들은 괴로웠다'), 작품 최우선주의('한 번 더'를 외치며……), 하루 16시간 촬영 강행군 등 열정을 쏟아 부은 결과였다. 이는 감독 이하 숙련된 프로덕션 파이프라인 덕분에 가능한 일이었다. 창조적 협업, 콜라보레이션으로 킬러콘텐츠가 탄생한 것이다.

둘째, 유통 차원에서는 혁신적 배급 전략이 유효했다. 지상파, 케이블을 우선적으로 고려하지 않고, 브로드밴드 인터넷으로 배급하는 발상의 전환이 압권이었다. 유료 온라인 스트리밍 서비스로 시즌 1의 13부 전편을 한꺼번에 공개했다. 드라마를 보려면 넷플릭스에 가입하는 수밖에 없다. 다만 이용자는 TV, PC, 스마트폰, 태블릿PC 중 자신이 보유한 디바이스를 활용하면 된다. 홍보는 어떤가. 빅데이터 추천시스템에 기반, 잠재적 고객들에게 효율적으로 홍보가 가능했다. 수백만 불의 홍보비용을 들이지 않고도 널리 소문이 난 것이다.

셋째, 소비 차원에서 보면 수요자 중심의 맞춤형 서비스 전략의 모범이었다. 넷플릭스는 기존 방송 프로덕션 관행을 깨고 첫 방송 때 13편을 한꺼번에 공개했다. 매일 한 편씩 방영되는 TV드라마의 공식을 무시한 것이다. 시청자는 다음 회를 기다리지 않아도 되고 보고 싶을 때 언제든지 볼 수 있다. 이른바 폭식 시청(Binge Watching), 시간이동 시청(Time shift Viewing)이 가능하게 해준 것이다. 드라마 시청 방식이 '본방사수'보다는 '몰아보기'로 바뀌고 있는 데 따른 전략적 선택이었다. 그 결과 유료방송 가입자들이 이탈해 넷플릭스에 가입하기 시작했다. 넷플릭스의 전략은 한마디로 '고객이 원하는 것을 제공한다'라는 비즈니스의 기본에 충실한 것이었다.

넷플릭스는 자사 서비스 가입자들로부터 얻어진 방대한 데이터를 기반으로 콘텐츠 추천 서비스를 제공하고 있다. 컴퓨터 알고리즘과 인간의 수작업 평가가 합쳐진 매우 정교한 메타데이터를 활용하는 것으로 알려졌다. 내부에서는 이른바 '넷플릭스 양자 이론(Netflix Quantum Theory)'이라고 불리는 콘텐츠 평가 및 분류 기법에 의해 각 영화별로 태그를 만들고 데이터베이스를 만든다. 말 그대로 콘텐츠를 구성하는 '양자(Quantum)'가 무엇인지 파악하려는 의도가 프로젝트 명에 담겨 있다.

넷플릭스는 콘텐츠의 메타 데이터를 작성하기 위해 36페이지 분량으로 된 가이드라인 문서를 따라 작업자가 수작업으로 꼼꼼하게 콘텐츠에 대한 정보를 채워 넣는다. 예컨대 성적인 내용이 얼마나 나오는지, 얼마나 잔인한지, 로맨틱한 정도, 주인공의 도덕성 정도, 해피엔딩인지 새드엔딩인지와 같은 모든 정보를 1~5점 척도의 점수로 입력한다. 그러면 컴퓨터 알고리즘에 기반하여 자동적으로 각 콘텐츠의 특징을 분류하고 넷플릭스 가입자들의 시청 행태 데이터와 함께 분석해 상관관계를 도출해냄으로써, 이용자가 어떤 장르의 영화를 선호하게 될지 추천하는 작업을 수행하게 된다. 넷플릭스의 퀀텀 이론 작업에 의해 분류된 장르 카테고리는 제작된 지역, 작품의 특징을 수식하는 부사 단어, 작품의 명사 장르, 실화나 문학작품과 같이 콘텐츠가 기반한 원천소스, 어디를 배경으로 만들어졌는지, 무엇에 관한 영화인지, 타깃 연령대는 몇 살부터 몇 살까지인지와 같은 세부 정보들로 이루어지며, 콘텐츠를 구성하는 다양한 요소들을 특징짓는다. 이러한 분류법에 의해 생성되는 작품의 장르 카테고리는 '로맨틱한 중국 범죄 영화(Romantic Chinese Crime Movies)', '어둡고 서스펜스 넘치는 공상과학 호러 영화(Dark Suspenseful Sci-Fi Horror Movies)'와 같은 형태로 제시되며, 작품의 특징을 집약적이면서도 구체적으로 표시하게 된다. 넷플릭스 콘텐츠 장르 카테고리에서 시청자들의 선택을 많이 받은 단어와 형용사를 추려내면 역으로 넷플릭스에서 어떤 장르가 인기 있고 많은 비중을 차지하는지 알 수 있다(SMPA, 2014.11).

HoC는 넷플릭스가 빅데이터 분석 기법을 동원해 제작한 첫 번째 드라마이자, 드라마 제작 역사상 처음으로 빅데이터 기법이 활용된 사례이기도 하다. HoC 이후에 등장한 넷플릭스 자체 제작 드라마인 'Orange is the New Black', 'Arrested Development' 또한 큰 홍보를 하지 않았음에도 성공을 거둬 관심을 모으고 있다. 이들 드라마 또한 HoC에서 사용되었던 빅데이터 분석 기법을 기반으로 제작된 것으로 알려졌다.

비디오 대여업에서 시작한 조그만 벤처 넷플릭스는 이제 미국 최대의 콘텐츠기업으로 성장해, '블록버스터'를 무너뜨리고 디즈니그룹, 폭스 등을 위협하기에 이르고 있다.

콘텐츠가 왕이던 시대는 지났다. 네트워크를 가진 기업이 시장을 지배하던 시대 역시 지나가고 있다. 현재 그리고 미래의 콘텐츠비즈니스는 독자적인 플랫폼을 개발해 확장하고, 역동적이면서 강력한 생태계를 구축해야 성공할 수 있다. 콘텐츠기업은 고객 맞춤 아이디어로 혁신적 콘텐츠상품을 기획해 이를 유연한 플랫폼에 탑재, 지속가능한 생태계를 구축하는 전략을 찾아내야만 살아남을 수 있게 된 것이다. 고유의 기술과 네트워크를 바탕으로 독창적인 스토리텔링을 입힌 상품(stoduct=story+product)을 플랫폼화하는 콘텐츠기업만이 생존할 수 있을 것이다.

비즈니스 기획자의 Smart 역량

(시장은 공연이 펼쳐지는 무대, 기획자는 큐레이터, 코디네이터, 지휘자, 연출자)

1) 창의적 대응력
   컨슈머 인사이트에 대한 분석능력
   분석결과의 창의적 활용능력
2) 고객커넥션 창출/유지 능력
   IMC의 핵심은 광고가 아니라 고객과의 우호적 관계형성
   메시지의 전달보다 고객과의 관계가 더욱 중요
3) 변화속도에 대한 적응력
   미디어, 테크놀로지에 대한 심층지식
   급변하는 커뮤니케이션 환경에 대한 적응력이 필수
4) 변화하는 소비자에 대한 전략적 접근 능력
   소비자 주도성을 이해하고 받아들이는 능력(예, 크라우드소싱)
   변화하는 소비자에 대해 전략적으로 접근/노출할 수 있는 능력
5) 개인화와 맞춤화 된 커뮤니케이션 능력
   각각의 소비자 개인별로 맞춤화된 커뮤니케이션 활동을 수행할 수 있는 능력, 고객 Attention의 지속적 유지
6) 감성능력
   소비자와 감성적 가치(value)를 공유할 수 있는 능력

---

07. 위험사회, 불안시대의 콘텐츠서비스 기획

2015년 새해 첫날 타계한 울리히 벡(Ulrich Beck, 1944.5.15~2015.1.1) 교수의 <위험사회>(1986년)에 따르면, 산업화와 근대화가 과학기술의 발전을 가져와 현대인이 물질적 풍요를 누리고 있지만 새로운 위험을 동시에 몰고 왔으며, 이에 위험사회는 기회와 위해가 동시에 존재하는 이중적이고 복합적인 사회이다.

울리히 벡은 2008년, 2014년 두 차례 한국을 방문했으며, 지난해 방문 당시 세월호 참사에 대해 언급하기도 했다. 그는 '한국사회의 가장 큰 위험요소 중 하나는 신뢰 상실'이라며 '세월호 사건은 일반적인 재난 사고였다기보다 그동안 쌓인 한국사회의 위험요소가 한번에 터진 참사'라고 진단했다. 2008년에 이미 "한국은 아주 특별하게 위험한 사회(risky society)다"라고 지적했는데, 우리는 이를 애써 무시했던 게 아닌가 싶다.

그의 진단이 아니라도 우리 사회가 위험사회인 것은 자명하다. 국가적 재난 수준의 사건사고가 한국사회에서는 상시적으로 발생한다. 천재지변과 같은 우연으로 치부하기에는 지나치게 빈번하다. 당연하게도 곳곳에서 터지는 사건사고가 일상 전반에서 불안 기류를 형성한다. 지하철이나 열차사고, 버스터미널 화재나 요양병원 화재 사건, 무고한 희생을 낳은 세월호 참사나 GOP 총기난사 사건 등은 언제 어디서든 생명을 위협하는 위험에 직면할 수 있음을 시사한다.

울리히 벡의 위험사회론은 한국사회에 대한 진단 및 성찰적 관점을 제공해주는데, 콘텐츠산업계에도 시사점을 제공한다. 우선 그의 이론에 근거해 우리 사회를 좀 더 진지하게 살펴보자. 현대사회는 발전을 할수록 구조적인 위험과 내재된 위험이 증가하는 위험사회이다. 고도로 발달한 현대사회에서도 지진, 구제역, 안보위협 등 각종 재난이 지속적으로 발생하고 있다. 지구온난화가 지속되면서 한반도는 꾸준히 온난화되고 있으며 전 세계의 지진발생률도 증가하고 있다. 자원의 고갈로 인한 유가상승과 글로벌화된 경제네트워크에 의한 경제적 재난위험도 증가하고 있다. 과학기술의 발전으로 과거에는 존재하지 않았던 자동차 사고와 사이버 범죄 등 새로운 위험도 증가하고 있다. 원자력, IT, 생명공학 등의 발달은 방사능유출, 사이버테러, 인터넷 중독 등 역기능에 의한 신종위험을 발생시키고 의학 및 생활수준 향상은 고령화를, 사회적 격차 심화는 묻지마 범죄, 테러 등 새로운 위험을 증가시키고 있다.

바야흐로 불신의 시대다. 대한민국이라는 공동체를 이끌 정부와 정치권, 사법부는 진작 대중에게 신뢰를 잃었다. 대중 또한 계층과 이념, 세대, 지역으로 갈려 서로에 대한 불신을 키워가고 있다. 권위와 가치는 무너졌고, 소통은 끊겼다. 사회적 자본은 고갈됐고 편법과 반칙, 각자도생의 승리지상주의가 그 자리를 메웠다. 세월호 참사 등 명실상부 기상천외 해외 토픽감인 갖가지 사건 사고의 연속적 발생…… 우리 '병든 사회'의 적나라한 단면이고 현 주소이다. 우리 사회에서는 모든 국민이 잠재적인 집단따돌림의 대상이자 동시에 주체로 되었다. 이러한 현상은 학교며 군대 그리고 거의 모든 직장에서 매일 같이 일어나고 있다. 이러한 현상들이 합쳐져 사회 구성원 전체가 무한경쟁, 상호 질시, 상호 비방, 모욕 속에 던져졌다. 이는 결국 전체 구성원의 인간성을 철저히 마모시키며, 더욱 살벌한 적자생존 우승열패 승자독식의 사회를 만든다.

위험은 우리 사회에 구조적으로 내재화되어 있다. 우리 사회에서 수용 가능한 혹은 잠재적 위험요소와 전혀 예상할 수 없는 위험이 동시에 상존한다. 수용 가능한 혹은 잠재적 위험요소는 교통사고, 지구 온난화나 온실가스와 같은 환경문제, 원자력 등이다. 예기치 못한 위험요소는 예측할 수 없는 위험요소로서 생명공학이나 유전자조작(변형식품 포함), 전염병(신종플루, 광우병 등), 태풍과 같은 자연재해, 다양한 사이버범죄(스미싱, 파밍, 해킹, DDoS공격) 등이다.

수용 가능하거나 잠재적 위험요소에 대해서는 '안전'을 통해 위험에 대한 통제와 대비가 가능하나, 예기치 못한 위험에 대해서는 안전 개념만으로는 한계가 있다. 안전의 여부는 전문가가 판단하나, 안심은 공중이 판단한다. 공중은 안전보다 안심을 선호하고 우선시한다. 예컨대 인간광우병은 안전의 문제가 아니라 안심의 문제로서 인간광우병에 대한 공중의 불안과 불신, 공포감이 인간광우병 문제를 증폭시켰다고 하겠다. 또한 원자력발전소의 경우에 정부나 전문가는 통제 가능한 위험이며, 안전하게 관리되고 있다고 강조해도 공중은 후쿠시마의 사례를 통해 '안전'을 떠나 '안심'하지 못하는 것이다.

　하여 위험이 생기거나 사고가 날 염려가 없다는 안전(安全)의 개념을 넘어서는, 위험에 대한 모든 걱정을 떨쳐 버리고 마음을 편히 가질 수 있는 안심(安心)개념으로의 패러다임 변화가 요구된다. 국어사전에 따르면 안전은 '위험이 생기거나 사고가 날 염려가 없거나 또는 그런 상태'인 반면, 안심은 '모든 걱정을 떨쳐 버리고 마음을 편히 가짐'으로 정의된다. 유사한 개념으로 염려는 '앞일에 대하여 여러 가지로 마음을 써서 걱정함, 또는 그런 걱정'이며, 걱정은 '안심이 되지 않아 속을 태움'이라는 뜻으로, 국어사전에서 '염려'와 '걱정'은 의미상 별 차이가 없는 것으로 보인다.

　옥스퍼드(Oxford) 영어사전에서 안전은 'safety'로 '피해나 위험으로부터 안전이 유지되는 상태'로 정의되며, 안심은 'relief'로 '어떤(기쁘지 않은)불쾌한 일이 발생하지 않거나 오랫동안 지속되지 않기 때문에 기쁨이나 행복감을 느끼는 것'으로 정의된다.

　안전은 '물리적, 기술적 문제'로 수용 가능한 혹은 잠재적인 위험으로부터 면해지는 것을 의미하나, 안심은 마음으로부터 걱정이나 불안을 느끼지 않고, 기쁨이나 행복감을 느끼는 '마음의 상태'라는 차이가 있다. 안전은 사건, 사고로부터의 안전인 반면, 안심은 사건, 사고의 위험이 없는 마음의 평안이나 안녕상태인 것이다. 안전은 전혀 예기치 못한 위험에 대한 걱정과 불안이 포함되어 있으나, 안심은 예기치 못한 위험에 대한 걱정과 불안이 없는 마음의 평안과 안녕상태를 의미한다. 결국, 안심은 외부적, 신체적, 사회적인 안전요소를 강화하고, 위험 및 위기 요소를 제거함으로써 얻게 되는 심리적 안녕으로서 지극히 주관적 개념으로 볼 수 있겠다. 국내에서는 안전과 안심이 혼용되어 사용되나, 안전과 안심은 분명히 다른 개념이다.

아무리 정부나 전문가들이 나서서 '안전'하다고 주장해도 공중의 '안심' 여부는 안전과는 별개의 문제가 된다. 특정 위험에 대한 불안은 위험이나 위협적 요소가 설사 제거되었다고 하더라도 외상 후 장애와 같이 지속되는 특성을 보인다. 이는 특정 위험에 대해 전문가에 의해 측정된 위험수준과 공중의 체감 간에 명백한 괴리가 있음을 시사한다. 특히, 안심은 심리적으로 평안하거나 안녕 상태, 즉 긍정적 감정과 관련되지만, 불안은 명백히 두려움과 같은 부정적 감정이므로 '낮은 불안상태'가 곧 '안심상태'라고 볼 수 없다.

안전은 바람직하지 않다고 생각되는 실패나 상해, 오류, 사고, 위해 등의 물리적, 사회적, 정신적, 재정적, 정치적, 감정적, 직업적, 심리적, 교육적 결과로부터 보호된 상태를 의미한다. 안심은 주관적이고 심리적인 상태(feel safe or feel secure)에 관한 안전의 한 측면이다. 공공질서를 파괴하는 범죄로 인한 사회적 위험과 자연·인적 재해로 인한 위험과 상해로부터 국민이 보호되고 있다고 믿는 신뢰감을 의미한다. 결국 위험문제는 안전이 아니라 안심, 즉 공중의 입장에서 안전을 넘어 안심을 우선시해야 한다. 따라서 위험사회 극복을 위한 기본목표도 안전사회(safety society)가 아니라 안심사회(relief society)로 설정해야 할 것이다. 위험사회의 극복, 회복과정을 거쳐 안심사회로의 진전이 우리의 나아갈 방향이다.

이러한 비전에 부응하여 콘텐츠업계에서는 안심, 신뢰, 희망을 콘셉트로 하는 콘텐츠서비스 기획으로 시대적 소명에 부응하고 미래 비즈니스를 전개할 수 있을 것으로 기대된다. 홀로 밤거리를 걷기가 두려운 것은, 혹시 강도를 만날지도 모른다는 두려움 때문이다. 두려움의 원인은 실제 강도가 우글거려서가 아니라, 행여나 있을지도 모를 그런 '보이지 않는' 존재 때문일 것이다. 경찰이 나서서 강도는 없으니 안심하고 다니라고 목소리 높인다고 해서 불안이 해소되는 것은 아니다. 안전하다는 확신이 들 때에야 비로소 밤거리 산책은 가능하다.

이러한 영역이 바로 콘텐츠서비스 분야가 담당해야 할 부분이다. 각종 보험에 가입하는 것은 현재의 불안을 일소하고 미래 위험에 대비하는 것이다. 안심하고 살아가기 위함 아니겠는가. 콘텐츠 서비스 분야에서는 휴대폰 안심서비스(분실보험, 재난방송 등)가 그 원형일 게다. 최근 자동차 업계에서 활발한 주행(졸음방지 기능 등), 주차 관련 안심서비스 역시 그러하다. 최근 소비자가전쇼(CES)의 주인공은 첨단기술과 감성 콘셉트로 무장한 자동차들이다. 유수의 자동차 브랜드들은 자율주행차 서비스를 목표로 하고 있는데, 최근 아우디는 로봇택시 콘셉트를 제시하고 있다. 첨단 ICT기업, 플랫폼 및 포털기업, 엔터테인먼트기업들과 협력해 소비자의 감성을 극대화하는 서비스들을 제시하고 있는데, 카테인먼트(car+entertainment)를 현실화하고 있음이다. 이러한 기획의 궁극적 지향점이 바로 안전과 안심이다. 이처럼 다양한 분야와 함께 안심 서비스, 신뢰-희망 콘텐츠를 구상할 수 있다. SNS의 경우, 소통을 모토로 하는 속성을 최대한 활용해 안심과 희망을 공유하는 서비스 기획이 가능할 것이다. 애플리케이션의 경우, 우울증 등 감성을 진단해 대응하도록 해주는 자가진단 앱, 댓글 등 개인의 기록을 지워주는 '잊힐 권리' 구현 앱 등 다양한 기획이 가능하겠다.

이처럼 일상의 불안을 해소하고 위험을 극복함으로써 안심, 신뢰, 희망을 품은 콘텐츠 서비스가 만개하면 안전하고 안심할 만한 미래 한국사회 모습은 현실이 될 것이다.

08. 행복콘텐츠의 가능성

책, TV, 영화, 여행, 공연, 외식, 식품, 아파트까지 지금 대한민국은 '힐링(Healing)' 열풍이다. 힐링 이전에는 '웰빙(well-being)'이 있었다. 웰빙은 2000년대 초반 물질만능주의와 과다경쟁사회에 지친 현대인의 새로운 삶의 방식으로 대두되었다. 웰빙을 추구하는 웰빙족은 부(富)의 축적보다 심신의 건강과 행복을 추구한다. 이러한 웰빙의 개념에서 한발 더 나아가 마음의 위안과 치유까지 확대된 개념이 바로 힐링이다. 그렇다면 이러한 개념들이 우리 사회 화두로 자리 잡은 까닭은 무엇일까? 그만큼 대한민국이 '아프다'는 뜻일 게다. OECD 회원국 중 자살률 1위가 대한민국이고, 그에 비례해 행복지수도 24위에 머무르고 있다. 이런 상처를 치유하고 또다시 내일을 살아갈 힘을 얻기 위해 오늘도 우리는 적극적으로 '행복'을 찾는다.

행복 찾기의 단초는 우선 '서점가'에서 찾을 수 있겠다. 최근 출판계는 '웰빙', '힐링', '행복'으로 이어지는 키워드로 설명된다. 2011년 '아프니까 청춘이다(김난도 著)', 2012년 '멈추면, 비로소 보이는 것들(혜민 스님 著)', 2013년 상반기 '꾸베씨의 행복여행(프랑스와 를로르 著)'까지 공감과 치유의 메시지를 전하는 도서가 베스트셀러를 차지하고 있다.

아픔을 치유하고 행복을 찾는 방법은 소박한 행동으로 구현되기도 한다. 초록 자연에서 야외활동을 통한 치유, 이른바 '힐링여행'을 떠나는 사람들이 늘고 있다. 힐링여행의 대표적인 콘텐츠가 자연 휴양림과 주말 농장이다. 산림청은 전국의 휴양림을 이용하여 '산림 치유'라는 힐링 상품을 내놓고, 전국 국공유림에 '치유의 숲'을 조성하고 있다.

자연에서 얻게 되는 마음의 여유가 있다면 자아를 성찰하고 내면의 수행을 통해 얻게 되는 행복이 있다. 이러한 행복을 추구하는 사람들은 '템플스테이'를 이용한다. 2002년 첫 시행 이후 매년 40% 이상의 증가율을 보이고 있는 템플스테이는 종교적 신념을 넘어선 하나의 문화체험 공간으로 탈바꿈했다. 또한 국내 여행객뿐만 아니라 국외 여행객의 이용이 많아 '한류 콘텐츠'로 자리매김하고 있다. 템플스테이 외에도 천주교의 '피정' 등 문화체험과 심신 수련의 장으로 종교체험이 확대되고 있다.

방송계에도 변화의 바람이 불고 있다. 신변잡기식 인터뷰보다는 진솔하고 속 깊은 대화, 꽉 막힌 인위적 스튜디오보다는 탁 트인 자연을 무대로, 무한 경쟁보다는 화합과 소통이 대세로 떠오르고 있다.

그 선두에 SBS '힐링 캠프-기쁘지 아니한가'가 있다. 산으로 강으로 캠핑을 떠나는 콘셉트로 게스트의 진솔한 인생 이야기를 통한 시청자의 힐링을 목적으로 한다. MBC '아빠 어디가'에서 최근 KBS '슈퍼맨이 돌아왔다' 등의 육아프로그램은 아빠와 자녀들이 겪는 에피소드로 구성된다. 시청자들은 천진난만한 아이들의 성장기를 지켜보며 가족의 소중함과 아이들의 순수함을 통해 힐링을 경험한다. 디지털위성방송사인 KT스카이라이프는 휴식과 명상을 위한 힐링채널 '휴(休)'를 송출하고 있다. 국내외 유명 명소와 좋은 풍광, 명화, 사진 등을 통해 시청자들에게 정서적 안정과 편안한 안식을 주기 위해 만든 휴먼 감성 방송을 지향하고 있다.

사실 '힐링'이라는 개념이 가장 실제적으로 드러나는 영역은 종교이다. 힐링을 주제로 한 많은 베스트셀러의 저자들 대부분이 종교인이고, 가장 적극적으로 힐링프로그램을 제공하는 것도 종교단체다. 그 연장선에 종교방송이 있는데, 평화방송의 'TV 신앙상담 따뜻한 동행'과 평화방송 라디오의 '홍성남 신부의 속풀이 칼럼' 등이 힐링 프로그램을 표방하며 인기를 얻고 있다. 불교계에서는 인터넷 모바일 TV방송인 에브리온TV와 협약을 맺고 포교원TV를 오픈해 운영하면서 '혜민스님의 마음치유 콘서트' 등 힐링 및 치유와 같은 최신 트렌드를 반영하는 콘텐츠를 제공하고 있다. CTS기독교TV의 '하나님을 부르세요 콜링 갓'은 기도가 필요한 이들의 아픔과 고민을 함께 나누는 프로그램으로 회를 거듭할수록 실시간 전화, 게시판, 눈 등을 통한 프로그램 참여가 급증하고 있다. 또한 청취자들을 위로하고 격려하는 형식의 장수 프로그램인 극동방송의 '소망의 기도' 역시 20년 넘게 방송되고 있다.

온라인 힐링 콘텐츠도 확대되고 있다. '기분 좋은 힐링타임'을 캐치프레이즈로 내세운 생명전자방송국(www.LPTV.kr)은 물소리, 산새소리 등 자연소리명상과 휴(休) 메시지, 힐링뮤직, 포지션테라피, 요가, 세계 명상의 메카로 불리는 세도나, 신비로운 아쿠아마린 수정 등 다양한 힐링 콘텐츠를 서비스하고 있다. 또한 병원 등 의료기관의 온라인 기반 힐링 콘텐츠 서비스도 줄을 잇고 있다. 대표적으로 강북삼성병원은 온라인상에 '힐링카페, 직장인 마음치유'를 개설하고 직장인 정신건강 상담을 제공하는 힐링 서비스를 제공 중이다.

이른바 힐링 웹툰도 등장했다. <이끼>의 작가 윤태호의 웹툰 <미생>은 평범한 직장인들이 경험하는 일상생활에서의 희로애락을 담고 있어 온라인상에서 직장인의 힐링을 위한 추천 웹툰으로 관심을 모으고 있다. 또한 온라인 게임업계에서도 힐링 트렌드가 도입되고 있다. 힐링 게임을 목표로 제작된 액션 RPG <플레잉>의 경우, 프랑스 유명 동화작가 프레드릭 삐요(Frédéric Pillot)가 원화 작가로 게임 제작에 참여하여 감성적인 채색에 귀엽고 정감 있는 캐릭터로 구성된 게임 그래픽을 구현하였고, 초등학교 필수 영단어와 다양한 문장을 활용하면서 자연스럽게 영어 학습을 할 수 있도록 구성되었다.

스마트폰의 확산에 따라 애플리케이션이 행복콘텐츠의 새로운 창구로 부상 중이다. '힐링'을 전면에 내세운 앱들이 등장하고 있는데, '힐링타임'은 감성적 배경화면과 음악을 통해 심리적 휴식을 취할 수 있도록 도와주는 앱이다. 시간과 날씨에 맞는 배경화면을 추천해주고, 상쾌한 아침과 평안한 숙면을 취할 수 있도록 음악을 추천하는 서비스로 불면증이 있는 사람들에게 유용하다. 뮤직테라피를 위한 앱으로 임상실험을 통해 검증된 음악을 제공하는 앱 '힐링테라피'도 있다. 이 앱에서 제공하는 음악은 자연치유리듬, 알파파, 잠재의식 메시지 등으로 주제별로 선택이 가능하다. '힐링튠즈' 앱은 화가 날 때, 머리가 아플 때, 의욕이 없을 때, 마음이 복잡할 때에 힐링을 위한 음악을 선곡해주는 앱이다. 음악은 사용자가 직접 재생 목록을 만들어 원하는 곡만 듣거나 구분된 곡을 전체 재생할 수 있다.

차의과학대학교 통합의학대학원 미술치료학과는 이용자의 상태를 표현할 수 있는 컬러를 찾아주고 감상할 수 있는 앱 '심리본색 – 당신의 본능컬러'를 서비스하고 있다. 이용자가 선호 색상을 선택하고 그에 대응하는 심리정보를 제공해 색 심리와 색 성향을 알아볼 수 있으며, 이후 선호하는 색의 에너지 감상으로 집중력 향상과 스트레스 완화 등 셀프 힐링효과를 경험할 수 있게 해준다. 심리적 힐링뿐 아니라 육체적 피로를 완화하는 데 도움을 주는 힐링 앱도 활발하게 출시되고 있다. 자생한방병원에서 개발한 앱 '통증 잡는 탱크 스트레칭'은 통증이 발생하는 부위별, 증상별 구분에 따라 통증을 해소할 수 있는 가장 적합한 운동을 제시하는 스트레칭 가이드를 제공하는 앱이다. 이 앱을 설치한 스마트폰을 손에 들고 움직이게 되면 운동을 할 때마다 자이로센서가 작동해 운동횟수를 소리와 진동으로 알려주는 알림 기능을 제공한다. '해피슬립' 앱은 불면증 해소와 숙면에 도움을 제공하는 앱이다. 자연의 소리를 활용한 수면 환경, 코골이 녹음 기능, 자면서 뒤척임 등 수면 상태를 체크해 심한 뒤척임이 감지되면 수면유도 소리가 자동으로 나오는 기능 등 다양한 수면유도기능을 제공한다.

이처럼 우리는 다양한 콘텐츠들을 이용하면서 심신의 아픔을 치유하거나 행복을 구한다. 대한민국에 노래방이 넘쳐나는 이유는 일상의 행복을 구하고자 하는 아픈 영혼들이 그만큼 많다는 것일 게다. 국민이 행복해야 국가도 행복할 수 있다. 개인 스스로 치유(행복)를 위해 노력하는 것도 중요하지만 국가의 사회적 치유(행복)에 대한 노력도 필요하다. 행복을 찾는 사람들이 더 쉽고 다양한 콘텐츠를 제공받을 수 있도록 행복콘텐츠에 대한 고민이 지속되어야 할 것이다.

09. 스토리의 중요성, 자원화 전략

그간의 한류는 한정적인 소재와 장르로 인해 지속가능성을 담보하지 못할 것이라는 지적을 받아왔다. 이러한 한계를 극복하고 할 수 있는 근본적인 해결 방안 중 하나가 바로 '스토리' 개발이다. 원천 콘텐츠로써의 스토리 개발은 지속가능한 한류의 발전과 창의적 패러다임 전환에 필수요소이다. 콘텐츠산업의 다양한 분야에서 전통과 역사는 스토리의 핵심적인 원천으로 활용되고 있다. 따라서 콘텐츠산업의 원천으로서 전통적 이야기, 양식, 상징, 기호의 현대적 재창조가 필요하다. 전통문화 개발은 산업적 측면에서 문화를 소재나 재료로만 인식하는 한계를 넘어, 전통문화가 지닌 한국적 의미와 메시지를 콘텐츠를 통해 발현, 독창적이고 경쟁력 있는 스토리를 창출할 수 있게 해준다. 이미 전 세계적으로 전통문화콘텐츠가 지식재산으로 가치가 증대되고 있으나, 우리나라는 보존위주의 정책으로 활용이 미흡한 실정이다. 주지하듯이 가요, 드라마 등 대중문화 콘텐츠 위주의 해외진출이 확대되고 있으나 전통문화에 대한 현대적, 창조적 노력이 부족한 실정이다. 대중문화와 전통문화의 결합을 통해 콘텐츠의 다양화와 경쟁력을 높이고 지속가능한 한류 확산의 토대를 마련할 필요가 있다. 특히 전통문화의 진흥은 국가의 브랜드(정체성과 이미지)를 형성하는 핵심으로 국가의 지원은 선택이 아닌 당위의 문제가 된다.

콘텐츠산업의 경쟁력이 창조적이고 독특한 소재와 스토리에 있으므로, 우리의 고유한 문화자원인 전통소재를 적극적으로 활용할 수 있다. 특히 스토리텔링, 디지털기술의 접목 등 콘텐츠산업화를 위한 전략이 요구된다. 전통문화는 창조적 활용을 통한 타 산업 연계 확산 및 부가가치 창출 가능성이 매우 높은 것으로 평가된다. 특히 전통문화자원과 관광상품과의 연계는 다양한 부가가치와 브랜드 가치를 제고할 수 있다는 점에서 관심이 집중된다.

스토리 자원 발굴, 리소스 구축 필요

우리 전통문화자원을 콘텐츠 상품으로 전환하기 위해서는 우선 한국적 요소를 발굴하고 리소스를 구축하여 자원화해야 한다. 콘텐츠상품화 원천인 이야기자원을 개발(story-mining)해야 한다. 한국 역사와 문화가 경쟁요소이다. 콘텐츠 소재 고갈에 대비해 독창적 전통소재를 우선적으로 발굴해야 한다. 콘텐츠 소재가 고갈된 미국과 유럽 등의 제작자들이 풍부한 문화원천을 지닌 동양의 전통 연구와 소재 발굴에 적극적으로 진출하는 모습에 주목해야 한다. 전통문화는 한국의 명품 콘텐츠를 세계에 알릴 수 있는 문화토양이다. 선진국들은 전통예술 진흥정책을 문화산업 관점에서 적극 추진 중이다. 일본의 신일본양식(Neo Japanesque), 영국의 신브랜드 영국(Brand New Britain)이 대표적 사례이다.

이른바 문화자원경영(Cultural Resources Management)의 관점을 접

목해야 한다. 스토리, 패션, 한식, 디자인, 풍속, 국악, 서예, 한글 등의 문화자원을 기반으로 한 경영이 필요하다. 구체적으로 첫째, 문화원형 등 한국적 요소를 콘텐츠자원화해야 한다. 한국적 전통소재를 활용하여 디지털, 스마트 등 첨단 콘텐츠로 재창조하고, 산업계에서 창작소재로의 활용을 적극 유도해야 할 것이다.

둘째, 문화자원경영 원칙에 입각한 자원수집과 활용 계획을 수립해야 한다. 문화유산의 발굴, 보존에서부터 그 의미 해석과 전달되는 전 과정을 포함해야 한다.

셋째, 문화유산의 의미 정보들이 원활하게 활용될 수 있도록 아카이브를 구축해야 한다. 문화유산 정보들을 디지털로 집약하여 데이터의 보존을 높이고, 손실을 최소화하는 작업이 필요하다. 웹2.0 패러다임의 핵심 가치인 참여·공유·개방 및 집단지성이 시대정신으로 대표되고 있는 흐름에 부응하여 개방형 아카이브를 구축해야 한다.

넷째, 문화유산의 의미 체계에 입각한 다각적인 정보 수집이 요구된다. 문화유산에 담긴 역사적 이야기, 서사구조에 대한 연구에서부터 스토리텔링 콘텐츠 등 콘텐츠 측면에서 발굴되는 정보를 포함한다. 한복, 고려복식, 김치문화, 민속주, 초가집, 기와집 등 의식주에 해당하는 다양한 문화원형, 즉 우리 전통과 민속은 디자인이나 콘텐츠, 게임 등의 아이디어 소재로 활용가능하다. 신화, 전설, 민담과 같이 전래되는 이야기들이 풍부하여 창작의 원형으로 활용할 수 있는데, 단군신화에서부터 고구려 건국신화인 주몽의 이야기 등 사람들의 입에서 입으로 전해지는 다양한 전설이 존재한다. 전통문양이나 색채, 민속화, 산수화, 건축 등 세계화가 가능한 소프트 자원이 있다. 민족유산은 콘텐츠산업의 아이디어나 원형으로서 역할이 가능하다. 디자인적 요소뿐 아니라 여백의 미, 건축선이 가지는 곡선미 등도 창작아이디어로 활용 가능하다. 전통문화요소를 특정 지리적 장소와 연계한 역사적 이야기 등을 발굴하여 해당 장소를 콘텐츠의 공간적 배경으로 활용할 수 있겠다.

다섯째, 한국적 요소를 원천으로 콘텐츠 상품을 개발, 글로벌 비즈니스를 전개해야 한다. 전통문화가 지닌 한국적 의미와 메시지를 콘텐츠를 통해 발현, 독창적이고 경쟁력 있는 문화 스토리를 창출해야 한다. 한국적 테마와 스토리를 담은 콘텐츠 세상을 구현해야 한다.

한국적 스토리 기반 메가-메타 콘텐츠 개발

글로벌 경쟁시대에 다른 나라와 전통소재 선점을 위한 경쟁이 불가피하다. 선진국들은 이미 전 세계의 전통소재를 차용해 독특한 스토리의 콘텐츠를 제작하고 있는 상황이다. 디즈니 작품의 95% 이상은 유럽, 아시아 등의 다양한 문화원형을 차용한 것들이다. 한국 콘텐츠에 글로벌 감성을 접목해 메가-메타 콘텐츠를 개발해야 한다. 우리의 뛰어난 문화기술(CT)을 활용해 전통문화예술의 재가공이 필요하다. 문화원형에 홀로그램이나 VR(virtual reality), AR(augmented reality) 등과 같은 최첨단 기술을 접목해 새로운 상품으로 가공해야 한다. 글로벌 콘텐츠화에 적합한 소재를 개발하고 가공작업도 병행해야 한다.

新-舊 융합콘텐츠를 개발하고 상용화해야 한다. 디지로그 공연(사물놀이+홀로그램, 타악그룹, 퓨전국악그룹 등), 한국 전통 색채, 문양의 콘텐츠화를 통해 광고, 패션, 디자인에 활용하는 등 다양한 방식이 가능하다. 전통문화를 콘텐츠산업과 접목하여 디지털화, 첨단화해야 한다. 디지털화를 통한 전통문화의 대중화(국악디지털화 등), 전통제작기법의 규격화를 통한 전통문화의 활성화(전통 한지 규격화 및 대량생산 기술 등), 전통문화와 로봇기술을 융합하여 첨단 콘텐츠화(한복, 의례 등을 중심으로 마네킹 로봇 개발 등) 등이 가능하다. 덧붙여 디지털화를 통한 전통문화의 대중화, 현대화, 표준화를 지향해야 한다. 전통공연 소재를 활용한 첨단공연 콘텐츠화로 구체화해야 한다.

상호교류(cross fertilization) 전략을 극대화해야 한다. 국경을 넘어 이야기의 소재를 자유롭게 활용해야 한다. 다른 나라의 소재를 자국의 상황과 특성에 맞게 재구성할 수 있어야 한다. 디즈니는 전 세계 문화원형(설화, 전설, 민담 등)을 활용해 현대적 가치로 재창출하고 있다. 백설공주(그림형제), 라이온킹(일본), 인어공주(덴마크), 뮬란(중국), 알라딘(아랍), 헤라클레스(그리스신화), 포카혼타스(인디언) 등이 그 사례이다.

퍼블릭 도메인 스토리(public domain story)를 적극 활용해야 한다. 신화, 전설, 민담과 같이 전래되는 이야기를 창작의 원형으로 활용할 수 있다. 원작자가 별도로 없는 소재로 자국뿐 아니라 외국에서도 충분히 콘텐츠로 재가공할 수 있는 부분이다. <장화홍련전>이나 <전우치전>과 같은 소재는 우리나라에서만 쓰이는 것이 아니라 외국에서도 활용이 가능하다. 반면 셰익스피어의 희곡이나 제인 오스틴의 소설, 찰스 디킨스의 소설 등도 우리나라에서 활용이 가능하다.

콘텐츠산업은 창조(Creative)산업이며, 창조산업은 이야기(Story)산업이다. 콘텐츠비즈니스는 스토리를 창안하여 상품화하고 스토리 소비자를 창출하는 것이다. 우리의 문화원형은 풍부한 스토리 자원이다. 유구한 역사 속에서 풍부하고 다양한 전통문화를 보유하고 있음이다. 이처럼 무한한 문화원형이라는 신선한 소재를 바탕으로 글로벌 콘텐츠 개발이 가능하다. 전통문화상품의 경쟁력 강화를 통한 판로확대와 지속가능한 한류 확산에 기여 및 국가브랜드 제고에 기여할 것으로 기대된다. 최첨단 기술과의 접목으로 새로운 콘텐츠 장르 개척이 가능하다. 전통예술과 첨단기술의 결합으로 기존의 한계를 극복하거나 새로운 장르를 개척할 수 있어 새로운 수익창출이 가능하다.

글로벌 콘텐츠로 성공하기 위해서는 보편적인 요소와 차별성의 요소가 적절한 균형을 이루어야 한다. 보편성이 진부함이 아니라 친숙함으로 다가가고, 차별성이 낯설음이 아니라 새로움으로 다가갈 수 있는 콘텐츠가 성공하는 콘텐츠이다.

10. 전통 스토리의 콘텐츠자원화

혁신이란 무언가 새로운 것,
새로운 아이디어를 통해 이루어지는 것이 아니라
이미 개발되어 있는 기술이나 알고 있던 지식들을
유기적이고 조직적으로,
때로는 전혀 엉뚱한 방식으로 결합한 것이다.
- 피터 드러커

"아니라오~ 아니라오 다 되는 건 아니라오~" 친숙한 멜로디의 판소리가 흥얼거림을 유발하는 이동통신 광고(CF)의 한 대목이다. 최첨단 분야인 이동통신 광고에 느림의 대표격인 국악이라니……. 기발한 콘셉트로 시청자의 관심을 집중시키는 KT 올레 광고가 최근 국악인 송소희를 모델로 하는 CF를 선보였다. 이른바 국악인 송소희 광고라고 하는 올레 광대역 LTE 광고. 스마트 광대역 서비스 광고에 국악을 접목하는 혁신적 기획이다. 클래식한 것으로 인식되는 장르인 국악을 바탕으로 하지만, 스마트한 전략으로 접근해 즐거운 광고로 자리매김하고 있음이다. 이러한 모습에서 우리 국악의 창조적 미래를 찾아보면 어떨까.

대한민국은 유구한 역사 속에서 세계적으로 자랑할 만한 전통문화유산을 보물처럼 지니고 있다. 고색창연한 유적, 건강한 먹거리인 한식, 과학적이고 편리한 문자인 한글, 흥과 멋이 있는 국악 등 다양한 문화유산은 우리의 자랑이다. 문화강국의 가치는 바로 전통문화를 보존하고 계승하는 노력에 달려 있다. 세계적 인기를 누리는 K-POP 등의 한류도 모두 전통문화의 온고(溫古), 법고(法古)에 바탕을 둔 창신(創新)의 결과물이기도 하다. 반만년의 고고한 역사를 대변하는 전통문화의 계승, 발전이야말로 대한민국과 다음 세대의 미래를 책임질 수 있는 중요한 원동력이 된다. 모방이 아닌 우리만이 지닌 문화를 전파하고 세계인과 같이 즐기는 것이 진정한 문화강국으로 가는 길이 될 것이다.

이에 전통문화예술의 집약체, 우리의 얼과 혼을 담은 '국악'의 가치를 새롭게 할 때이다. 지역, 국가적 문화융합현상이 새로운 시대 트렌드로 떠오르고 있다. 하지만 향후 자국 문화의 근원과 뿌리가 깊은 국가들만이 이러한 문화융합 상황에서도 흔들리지 않는 문화강국으로서의 면모를 가질 수 있을 것이다. 아시아에서는 전통문화의 뿌리가 깊은 동아시아 3국인 한국, 중국, 일본이 세계문화의 중요한 한 축으로서 성장할 수 있을 것으로 기대된다. 중국은 중국어라는 언어를, 일본은 기모노와 초밥 등 의식(衣食)을 유럽, 미국 등에 전파하고 있다. 우리의 경우는 음악, 특히 국악이라는 전통문화의 인기와 전파력이 빠르다. 프랑스에서는 현지인들이 주축이 된 사물놀이패인 '얼쑤'가 구성되어 활동 중이며, 미국에서는 2011년 뉴욕 필하모닉이 아동들이 가야금과 해금이 추가 편성된 오케스트라 작곡 교육을 받을 수 있는 '꼬마 작곡가 프로그램'을 한국정부의 지원하에 운영하고 있다.

국악(國樂)은 한국음악의 준말로써 한국에 뿌리를 내린 음악, 또는 한국적 토양에서 나온 음악을 의미한다. 우리 민족은 예부터 노래를 좋아하고 악기연주와 춤을 즐길 줄 아는 민족이다. 이러한 민족적 정서가 깃든 것이 바로 한국의 전통음악이 국악이다. 국악에 대해 갖게 되는 선입견 중 하나는 특별히 음악에 재능이 있거나 특수한 계층의 사람만이 음악을 즐겨왔을 것이라는 생각이다. 그러나 음악이란 우리 민족과 함께 늘 함께해 왔기 때문에 국악에는 우리 민족이 공통적으로 갖고 있는 사고체계와 언어, 사상 등이 고루 담겨 있다. 곧 국악이라는 것은 전통 문화예술의 집대성이라고 할 수 있다.

국악이 민족 고유문화유산으로서의 가치를 지니고 있음에도 불구하고 일부에서는 구시대의 낡은 전통 정도로 치부하는 인식이 잔존해 있다. 이로 인해 우리 고유의 가치인 국악에 대한 관심은 척박한 상황이다. 최근 유능하고 젊은 국악인들이 등장하고는 있으나, 이들이 무대에 설 수 있는 기회가 많지 않아 좌절을 겪는다는 비판도 제시되고 있다.

여전히 국악의 가치는 제대로 평가받고 있지 못하며 많은 이들이 위기론을 이야기하고 있다. 특히 젊은 세대들의 무관심이 이러한 위기를 더욱 증폭시키는 기제로 작용한다. 현재 대중음악의 주류는 소위 '아이돌'이 점령하고 있다. 음악을 즐겨듣는 주 소비계층인 10~20

대들은 주로 아이돌의 음악을 CD나 디지털 음원으로 구매하는 것이 일상화되어 있다. 한국사회가 서구화된 문화가 지배하는 사회라고 해서 국악을 박물관에만 집어넣으려는 사고는 타당성이 결여된 사고이다. 국악의 생동감, 역동성 발굴이 아쉬운 상황이다.

한편 국악에 대한 대중적 인식에 긍정적 변화 조짐이 보이고 있다. 대중음악이 점차 서구화되고 있다는 우려도 있지만, 국악에 대한 대중의 인식도 점진적으로 개선되고 있는 추세이다. 2011년 국립국악원에서 실시한 국악에 대한 인식조사에서 총 1,320명의 응답자 가운데 절반인 58.9%가 국악에 관심을 두고 있었으며, 국악에 관심이 없는 응답자는 10.3%에 그쳤다. 이 조사에서는 20대 참여율이 50%를 넘었는데, 이는 국악에 대한 관심이 예상외로 젊은 세대에게도 높다는 것을 보여주는 긍정적 사례이다. 이러한 긍정적 인식은 국악의 해외진출에 대한 인식에도 영향을 미치는 것으로 나타났다. 2011년 한국문화관광연구원의 <국악진흥 발전방안 연구>의 설문결과가 그 대표적 사례이다. 조사결과 국악의 해외진출 시 경쟁력 여부에 대해서 긍정적으로 답한 응답자가 72.4%로써 대단히 높게 나타났다. 이는 우리 전통음악에 대한 자부심에 기인한 것으로 풀이된다.

국악인이 당대인의 감성과 멀어져 있다는 평가를 받지만, 국악은 지금도 부단하게 자기변신을 계속하면서 당대성을 담기 위한 노력을 지속하고 있다. 1980년대 들어 등장한 '국악의 대중화' 담론과 이를 바탕으로 한 다양한 '대중적' 음악행위들은 한국전통음악계에 새로운 돌파구가 되면서 국악대중화에 기여해왔다. 대중, 특히 젊은 세대와 호흡하기 위한 국악대중화가 최근 더욱 활성화되고 있는 분위기이다. 퓨전국악공연, 국악대중화를 위한 무료공연, 대중친화적인 젊은 국악인의 출현 등이 그 사례이다. 최근 판소리, 가야금 등 한 장르만을 보여주는 단조로운 국악공연에서 한걸음 더 나아가 다양한 장르의 문화가 어우러지는 퓨전공연이 활성화되고 있다. 크라운－해태제과는 2011년 제7회 창신제(創新祭)를 개최하면서 전통 국악을 비롯해 모듬북과 태권도, 국악계 서태지로 불리는 장사익 등과의 협연 등 새로운 형태의 퓨전 국악 공연을 선보였다. 2011년 12월 광주를 상징하는 대표 소재들을 재해석한 퓨전 국악공연이 개최된 바 있다. '국악, 미디어아트와 만나다－광주8경'이라는 주제로 국악 공연과 미디어아트 전시를 동시에 개최했다. 2012년 1월 열린 퓨전공연인 '부지화(不知畵)'는 민요, 판소리, 전통무용, 창작무용, 국악실내악 연주, 퓨전타악 등 남녀노소와 외국인들까지 즐길 수 있는 다양한 공연 레퍼토리를 준비하여 기대를 모았다.

퓨전 실내국악 그룹이 활발하게 활동하면서 대중의 인기를 얻는 젊은 국악인도 생겨나고 있다. 타루, 더 광대, 이스터녹스, 시나위, 아우라, 태동, 정가악회 등의 젊은 퓨전 실내국악 그룹들이 결성한 젊은 국악연대는 2010년 이후 '모여 놀기 프로젝트'를 펼치고 있다. 최근

'국악, 미디어아트와 만나다 - 광주8경', '부지화(不知畵)'의 공연모습

국악 대중화를 기치로 내건 퓨전공연들

한류열풍으로 인해 한국음악에 대한 관심이 고조되고 있는 상황이다. 물론 일부 아이돌 가수에 집중이 되어 있기는 하지만 국악계에서도 일련의 성과를 보이고 있다. 국악이 지닌 내재적인 미학을 기반으로 하여 서구예술음악이나 대중음악을 흡수하거나, 월드뮤직과의 결합하는 등의 새로운 시도들이 목격되고 있다. 2003년부터 세계 50개국에서 공연한 베테랑 국악 그룹 '들소리'는 우리 고유의 신앙행위인 '비나리'를 재현한 '월드비트 비나리'를 통해 세계 각국에서 인정받았다. 그 외에도 '공명', '바람곳', '토리 앙상블' 등의 팀은 세계무대에서 활발하게 활동하며 '국악 한류'의 씨앗을 틔우고 있는 주역들로 인정받고 있다. 2011년 신국악단 '소리아(SOREA)'는 미국 국무부 초청으로 미국의 중심인 워싱턴에서 순회공연을 치른바 있다.

대중문화분야에서의 국악의 세계적 가치뿐 아니라 인류전체를 위해 보호되어야 할 현저한 보편적 가치가 있다고 인정되는 유네스코의 등재유산에도 우리 문화, 특히 국악과 관련된 문화유산이 상당수 등재되어 있다. 현재 유네스코의 등재유산 중 국악과 관련된 것은 종묘제례 및 종묘제례악(2001년 등재), 판소리(2003년 등재), 우리의 전통성악곡인 가곡(2010년 등재)과 강릉단오제, 남사당놀이, 영산재, 제주칠머리당영등굿, 처용무 등이다.

재화적 행복이 아닌 정신적 행복의 중요성이 대두됨에 따라서 특히 문화복지 분야에 대한 국민들의 욕구가 증진되고 있다. 우리 전통문화에 대한 체험과 각종공연을 즐기고자 하는 욕구와 우리 문화를 전승하고 보존하고자 하는 움직임도 중요하게 논의되고 있다. 따라서 국가는 국민들의 윤택하고 안전한 삶, 그리고 삶의 질 향상과 복지를 위해 노력해야 한다. 이에 문화복지 분야에 대한 정책적 지원과 재정적 투자는 국가의 사명이요 과제라고 할 수 있다. 한국의 전통문화를 대표하는 소위 3國(國語, 國史, 國樂)을 국가차원에서 계승하고 발전시키려는 노력이 필요하다. 이는 참된 한국인을 만드는 교육차원, 우리 민족의 자존과 번영의 차원, 그리고 한류와 같은 새로운 글로벌 트렌드들과의 연계적인 차원에서 그러하다. 따라서 대표적인 전통문화예술인 국악을 보존하고 진흥하는 작업은 바로 국가의 중요한 책임과 사명이라고 할 수 있겠다.

11. 사물인터넷 시대 미디어콘텐츠산업 혁신

테크놀로지의 급속한 발전으로 사물(things)이 인터넷과 모바일을 통해 연결되어 서로 커뮤니케이션(소통)하는 사회, 즉 모든 사물과 사람이 네트워크로 연결되는 초연결사회(Hyper Connected Society)가 성큼 다가오고 있다. 초연결시대에는 다양한 경제 주체, 산업 영역, 학문, 사회, 문화, 계층, 세대, 국가 등으로 연결확대가 용이하며, 이를 통해 새로운 가치를 창출하게 된다. 연결이 극대화될 수 있는 환경에서는 네트워크 외부성이 커지고 이를 통해 더욱 혁신적이며 효율적으로 높은 성과의 창출이 가능해지는 것이다.

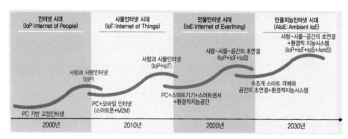

만물인터넷(IoE, Internet of Everything)

▶ 인터넷과 연결된 기기 수: 5억 대(2003)→125억 대(2010)→500억 대(2020)
▶ 만물인터넷을 통해 모든 사물과 공간에 새로운 생명 부여(디지털 생물)
▶ IoE 시대: 사람+사물+정보+공간 초연결성으로 새로운 경제적 기회 발생

정보의 디지털화	거래의 디지털화	상호작용의 디지털화	만물의 디지털화
이메일 등장	전자상거래 등장	SNS 등장	만물지능산업

출처: ETview Plus 자료(디지털행성과 창조도시전략, 하원규·최해옥)

이러한 초연결사회를 구축하는 핵심 구성체가 바로 사물인터넷 (Internet of Things, IoT)이다. 사물인터넷은 사람, 사물, 데이터 등 모든 것이 인터넷으로 서로 연결되어, 정보가 생성·수집·공유·활용되는 기술 및 서비스를 통칭하는 개념이다. 쉽게 얘기하면 각종 사물에 컴퓨터 칩과 통신 기능을 내장해 이를 인터넷에 연결하는 기술을 의미한다. 여기에서 사물은 가전제품, 자동차, 모바일 장비, 웨어러블 기기 등 다양하다. 심지어 스마트홈이나 스마트시티에 적용할 경우 가정 내 출입문이나 각종 전열기구, 도시의 도로와 각종 설비까지 사물인터넷으로 연결될 수도 있다.

사물이 자율적·지능적으로 인터넷에 연결되면 기존에 생각하지 못했던 다양한 가치들이 만들어질 수 있다. 과거 통신 환경에서는 정보의 수집, 분석, 대응에 '이용자(사람)의 인위적인 개입'이 필요한 경우가 일반적이었다면, 사물인터넷이 보편화된 환경에서는 이용자 개입 없이 관련 정보가 '자동적으로 처리'되어 다양한 편의성이 증진될 것으로 예상된다.

사물인터넷 기술을 적절하게 활용할 경우 기존 제품이나 서비스의 고부가가치화가 가능해지는 것은 물론 새로운 고객을 창출하거나 서비스의 품질을 대폭 개선하는 것이 가능해진다. 모바일 헬스케어, 스마트홈 서비스, 무인자동차, 재난관리 자동화 등이 현재 가장 대표적인 사례로 예견되고 있다. 사물인터넷은 연결이 지배하는 세상이다. 그 연결선을 타고 흘러가는 콘텐츠는 센서가 생산한다. 센서는 콘텐츠 생산자다. 센서라는 미디어가 네트워크 기술과 만나 곳곳에 데이터를 뿜어낸다. 웨어러블 기기, 스마트폰, 드론 속에는 수개의 센서가 부착돼 데이터를 지금도 끊임없이 양산하고 있다. 예컨대 사물인터넷 기술 중 하나인 NFC나 비콘(Beacon) 기술을 활용할 경우 전시공간, 스포츠경기장 등에서 고객이 어떤 공간을 방문했는지, 어떤 행동을 했는지를 손쉽게 파악하는 것은 물론 고객이 선호하는 맞춤형 서비스를 제공할 수도 있다. 국립중앙박물관에는 NFC 관람지원서비스를 통해 고객이 특정 유물이 전시된 구역에서 자신의 스마트폰으로 NFC 태그를 할 경우 상세한 유물 정보를 스마트폰에 전송해준다. 박물관 입장에서는 고객이 많은 관심을 보이는 유물에 대한 정보를 파악해 관련 서비스 공간을 확대하는 등의 서비스 개선이 가능하다. 미국 메이저리그 야구장에는 비콘 기술을 이용해 고객이 자신의 자리를 손쉽게 찾을 수 있는 내비게이션 맵 정보를 제공하거나 야구장 내 매장의 할인 정보를 제공하고 있다. 복잡한 야구장에서 고객들이 손쉽게 서비스를 이용할 수 있도록 함으로써 고객 충성도를 높이는 것은 물론 수익 향상에도 기여하고 있는 것이다.

초연결사회, 현실과 온라인의 연결을 촉진하는 웨어러블 디바이스

▶ 웨어러블 디바이스는 '신체에 부착해 컴퓨팅 행위를 할 수 있는 모든 것'을 지칭하며, 일부 컴퓨팅 기능 수행이 가능한 애플리케이션까지 포함(MIT 미디어랩)

▶ 휴대 가능한 '포터블(portable)', 패치처럼 피부에 직접 부착하는 '어태처블(attachable)', 신체에 이식하거나 복용하는 '이터블(eatable)'로 구분. 현재 안경형 장치 '스마트글라스', 시계형 장치 '스마트워치', 생체신호 데이터 수집에 특화된 '스마트밴드' 등 활용

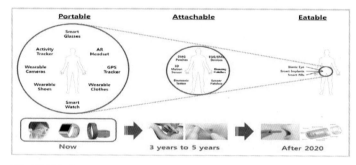

자료: 심수민(2014)

▶ 웨어러블 디바이스는 스마트폰이 담당하지 못하는 영역들을 센서와 컴퓨팅 능력, 그리고 네트워크를 통해 진출할 것으로 기대됨
- 건강 분야: 웨어러블 디바이스 산업에서 가장 빠르게 성장
- 스포츠 분야: 데이터, 센서를 활용한 스포츠 게임 콘텐츠 활성화
- 교육 분야: 전인교육과 양방향 교육 촉진 요소로 웨어러블 디바이스에 주목
- 게임 분야: 인포테인먼트 영역 중심으로 증강현실·가상현실 기능 활용
- 라이프스타일, 스마트 기능의 패션 등

그렇다면 사물인터넷과 콘텐츠산업은 어떻게 연결될 것인가. 어떤 새로운 기회를 줄 것인가. 사실 콘텐츠 분야에서는 컴퓨터와 스마트폰, 태블릿PC 등의 디지털미디어 활용이 활발하며, 이들 디지털기기는 기본적으로 인터넷에 연결되어 있기 때문에 사물인터넷의 개념이 이미 적용되어 있다고 볼 수 있다. 구글 글래스, 웨어러블 스마트 의복과 같이 기존에는 인터넷에 접속되지 않던 기기들에 인터넷 접속 기능과 컴퓨팅 기능이 도입되면서 새로운 형태의 혁신을 보여주고 있다.

미디어 환경차원에서 보면 IoT 환경의 등장은 가정에서 다양한 미디어의 엑세스를 보다 효과적으로 제시함으로써, 편리하고 안락한 미디어 이용의 장점을 확대하고 있다. 모든 가전제품에 콘텐츠를 전달 또는 저장할 수 있는 지능형 미디어기능을 탑재함으로써, 홈 네트워크

Source: rodalegrow.com

컴퓨팅은 미디어를 통합하여 언제 어디서나 접근이 가능하게 해준다. 생활환경에 따라 다양한 콘텐츠 액세스가 가능해지 때문에, 상황인식에 의해 콘텐츠의 제공과 소비가 결정되는 새로운 비즈니스 플로우가 형성된다. 무엇보다 가정, 일터, 차량 등 다양한 공간 간 연계를 자유롭게 해준다는 점에서 새로운 공간이동성을 제공해준다고 하겠다.

Future Exploration Network의 2008년 보고서는 IoT 시대 미디어콘텐츠 전경을 명확히 보여준다. 당시 청사진에 불과한 콘셉트들이 하나둘 현실적인 모습으로 다가오고 있다.

광대한 규모로 계속해서 증가하는 '콘텐츠 바다(Sea of content)'는 비디오와 음악 그리고 뉴스와 논평, 이용자들 간 '대화(conversations)'까지도 포함한다. 미디어 라이프사이클에서 가장 중요한 발전은 '퍼스널 클라우드(Personal cloud)'의 대두이다. 퍼스널 클라우드는 개인들의 모든 저장된 콘텐츠를 관리하는 장소를 의미한다. 퍼스널 클라우드를 통해 관리되는 콘텐츠에는 개인이 검색 및 다운로드하였거나, 스스로 창작한 모든 콘텐츠 이외에 의견(opinions), 평가(ratings), 추천(recommendations) 등이 포함된다. 퍼스널 클라우드는 그것을 '소유한 사람(owner)'에 의해 어느 곳에서나 접속이 가능하며, 그 일부분은 허락된 다른 사람들에 의해서도 이용될 수 있다.

'콘텐츠 바다'에서는 '퍼스널 클라우드'를 향해 '밈의 확산(diffusion of memes)'이 이루어진다. 사회관습 및 문화의 단위를 의미하는 '밈(meme)'은 미디어 라이프사이클을 통해 확산된다. 밈의 성공은 사람들이 수용하고 행동하는 방법에 의해 결정된다. 우리는 미디어 이용을 통해 콘텐츠의 바다의 무한한 풀(pool)로부터 밈을 선택하고 있다.

사람들은 단어, 사진, 비디오 등의 형태로 자기 일상의 특정 부분이나

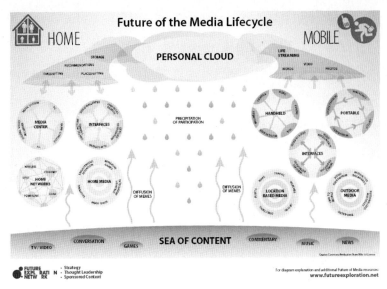

Source: Future Exploration Network(2008.7)

거의 전체를 캡처(capture)한다. 이를 라이프 스트리밍(Life streaming)
으로 규정할 수 있다. 사람들은 자신의 퍼스널 클라우드를 통해 캡처
받은 데이터에 접근하고 그중 일부를 선택하여 이용한다. 또한 퍼스
널 클라우드는 음악, 비디오, 그리고 그 밖의 콘텐츠를 저장하고 그것
들을 언제 어디서나 원하는 시간과 장소에서 접속하여 이용할 수 있
도록 해준다. 이에 더하여 퍼스널 클라우드는 우리의 미디어 이용습
관을 파악하고 그에 알맞은 메뉴들을 이용자에게 권장한다.

퍼스널 클라우드를 통해 '참여의 촉진(precipitation of participation)'
이 이루어진다. 퍼스널 클라우드를 이용해 우리가 이미 소유하고 있
는 콘텐츠 및 견해들(opinions)을 이용해 콘텐츠의 바다에 참여할 수
있다.

우리의 미디어 참여를 위한 두 개의 주요한 공간은 집과 모바일이

다. 새로운 단말기들과 인터페이스 및 미디어들은 우리의 미디어 참여를 추동하고 있다. 지난 몇 년 동안의 가장 중요한 트렌드 중 하나는 가족 구성원들 사이의 미디어 소비 패턴의 디버전스(divergence)이다. 미래의 가정은 미디어를 중심으로 디자인될 것이다. 미래의 가정은 '미디어 센터(Media Center)'로 기능할 것이다. 가정은 TV, PC, 게임 콘솔, 음악 등을 융합적으로 이용할 수 있는 허브로서 기능하게 된다. 가정에서의 우리의 미디어 경험은 음성과 몸짓의 인식 등을 포함하는 새로운 인터페이스를 통해 이루어질 것이다. 그리고 모든 방과 벽, 테이블, 계단 등에 설치된 스크린은 비디오, 인터넷 그리고 디지털 영상기기들과 연결될 것이다. 그리고 집안 내부의 벽은 비디오 벽지(video wallpaper)로 대체될 것으로 예상된다. 가정 내부 미디어의 핵심적 특징 중 하나는 멀티미디어로서 기능한다는 점이다. 3D TV, 서라운드 스크린, 그리고 게임용 고글과 글러브 및 기타 장비들과 연동되며 풍부한 인터페이스를 제공한다. 또한 가정 내부의 미디어는 조명기구와도 연결될 것이다. 이 밖에 가정에서는 이 같은 미디어를 이용하여 활발한 상호작용이 보장되는 홈 쇼핑을 즐길 수 있게 될 것이다. 홈 미디어 융합은 연결성과 통합을 요구한다. 다양한 네트워크의 융합, 각 기술표준이 다양한 단말기들도 융합을 위해 연동성이 확보될 것이다.

우리는 많은 시간을 직장이나 자동차, 공항, 거리 등 집 밖에서 보내고 있다. 하지만 이제 우리가 집 밖에서 보내는 시간 동안 집에서만큼이나 자주 미디어를 이용하게 되었다. 우리의 손 안이나 주머니에 들어갈 정도로 작은 크기의 단말기들은 단순한 휴대전화나 카메라 등의 기능을 초월하며 이메일, 비디오 등의 기능도 보유하고 있다.

이 같은 다양한 단말기들이 진정한 모바일 미디어의 형태로 융합되고 있다.

미래의 미디어는 곧 우리가 움직이는 어디에서나 볼 수 있게 될 것이다. 우리는 비디오가 광고게시판이나 도로, 카페의 테이블, 버스 등 어디에나 존재하게 될 것이라고 예상할 수 있다. 성이나 연령, 직업 및 소득수준 등에 기초한 개인화된 광고를 제공하게 될 것이다. 또한 광고의 실행은 지역이나 해당 시간대의 특성을 중요하게 고려하게 될 것이다. 광고는 점점 더 모바일 미디어콘텐츠들과 연동될 것이다. 따라서 광고뿐 아니라 소비자에게 매력적인 다양한 콘텐츠들이 광고게시판과 같은 아웃도어 미디어를 통해 제공될 것으로 예상된다.

이러한 혁신은 미디어 형태에 따라 분류되던 전통적인 콘텐츠산업의 관점으로부터 변화를 요구하고 있다. 이용자의 지불의사(willing to pay)에 따라 콘텐츠의 소비가 결정되기 때문에, 콘텐츠의 차별화와 이용자의 요구에 부응하는 시장 세분화가 중요해지고 있다. 또한 비즈니스의 환경변화로 인하여, 가격차별화, 패키지 판매 그리고 콘텐츠 버전(version)에 따른 창구화전략 등과 같은 새로운 수익모델의 개발이 강조되고 있다.

적정하고 안정적인 수입원의 확보를 위해서는, 먼저 미디어 이용자들을 바라보는 시각이 변화해야 한다. 세분화된 이용자들이 원하는 것에 제대로 부응하기 위해, 그들의 취향, 욕구 그리고 특성 등을 정확히 파악하는 것이 중요하다. 이용자의 다양한 욕구에 따라 시장이 세분화되어지고, 나누어진 틈새시장 내에서 동질성은 상대적으로 강화되어지는 특성을 갖고 있기 때문이다. 이 같은 미래전경에 대응한 비즈니스 전략은 세 가지로 요약된다.

첫째, 비즈니스 공간을 정의하라(Define your space). 제공하고자 하는 소비자 경험을 정의하고, 어떤 요소가 필요한지, 이러한 요소를 제공하기 위해서는 누구와 협력해야 하는지를 결정해야 한다. 둘째, 비즈니스 공간을 재정의하라(Redefine your space). 정보와 가치의 흐름에 변화를 주는 영향요인은 무엇인지를 찾아내고, 소비자 경험을 어떻게 재결정할 것인지, 경쟁력 있는 요소는 무엇인지를 찾아내 현재의 포지션에서 새로운 수익원(혹은 가치원천)으로 나아갈 수 있는 방법을 모색해야 한다. 셋째, 재포지셔닝하라(Reposition). 내적 역량 구축, 기존 비즈니스 활동 확보, 콘텐츠 혹은 테크놀로지 라이센스, 능력 있는 회사들과의 협력체계 구축, 비즈니스 활동의 아웃소싱 등을 포함한다.

인터넷 인프라에 있어 세계최고를 자랑하지만, 그 실상은 게임이나 오락에 의한 점유가 대부분이기에 이를 뛰어넘는 콘셉트에 대한 사회적 요청이 대두되는 상황이다. 접속은 세계적이나 활용도에 있어서는 생산과 일상이 결합하는 생활과는 거리가 멀다는 것이 그 이유이다.

이러한 현실적인 문제는 새로운 미디어콘텐츠 공간을 조성하고, 조용하고 신뢰성 있으며 스마트한 생산적 생활양식의 보편화에 대한 요구를 이끌어낸다. 스마트 수용자가 구현되기를 바라는 것은 의료복지, 교통 환경, 교육·보육 등 생활밀착형 서비스가 충실해지는 것(생활의 저비용화, 시간의 유효한 활용 등)이다. 즉 고품질의 영상·음질을 얻는 것보다도 스마트 환경에서 더욱 질 좋은 의료서비스를 받고, 교통체증이 해소·완화되기를 바라는 것이다. 이러한 삶을 지원하는 개념이 바로 IoT인 것이다.

IoT 기반 미디어 서비스가 어디까지 확대될지 가늠하기는 쉽지 않다. 상상할 수 있는 능력에 따라 그 범위와 가치가 결정될 것이다. 중요한 것은 기술 중심의 가능성 논의에만 머물러서는 안 된다는 점이다. IoT 시대 콘텐츠세상의 참모습은 이를 기획하고 활용하는 사람에 의해 결정되기 때문이다. 이에 사물인터넷이 구현하는 미디어세상을 영위하는 콘텐츠, 그 콘텐츠는 인문사회학적 가치로 구현되는 것이어야 할 것이다.

콘텐츠 가치를 알아채지 못한 실수들

▶ **비틀스를 못 알아본 레코드사들**
- 세계적 음반 레이블인 데카는 1962년 두 팀의 젊은 밴드를 상대로 오디션을 한 뒤 '브라이언 풀과 더 트레멜로스'라는 밴드와 계약했다. 데카가 퇴짜를 놓은 나머지 한 팀은 리버풀 출신의 '비틀스'였다. 비틀스는 영국의 수많은 음반사들에게 거부당한 끝에 앨범을 발매할 수 있었다.

▶ **J.K. 롤링의 마법**
- J.K. 롤링의 세계적인 베스트셀러 해리포터 시리즈는 블룸스버리 출판사가 출간을 결정하기 전까지 무려 12개 출판사로부터 퇴짜를 맞았다. 블룸스버리 출판사도 회장의 8살짜리 딸의 추천 덕분에 이 책의 출간을 결정한 것으로 알려졌다. 해리포터 시리즈는 전 세계 60개 언어로 번역돼 저자인 롤링에게 10억 달러(1조 원)의 수입을 안겨줬다.

▶ **만드는 사람도 모르는 값어치**
- 판타지 작가 JJR 톨킨은 자기 책에 대해 "이런 내용은 절대 영화로 만들어질 수 없다"며 판권을 1만 파운드에 팔았다. 그 책의 제목은 전 세계 9억 달러가 넘는 흥행성적을 올린 '반지의 제왕'이다.

▶ **전문가도 모르는 가치**
- 1968년 미국 스탠포드 대학의 더글라스 엔젤 바트는 수많은 과학자와 과학지원금 담당자로부터 쓸모없는 발명을 하고 있다며 수모를 겪어야만 했다. 그가 발명한 것은 바로 '마우스'이다. 마우스는 인간과 컴퓨터의 실시간 소통을

가능케 한 혁명적 발명품이다. 만약 마우스가 없었다면 컴퓨터는 아직도 일부 전문가의 전유물에 그치고 지금처럼 대중화되지는 못했을 것이다. 엔젤바트는 마우스 외에도 디지털 기술 발전에 큰 기여를 했다. 클릭 한 번으로 다른 정보와 연동되는 하이퍼텍스트 개념을 만들었고 인터넷의 전신인 알파넷 개발도 주도했다. 또한 화상회의, 온라인 출판, 네트워킹 등 지금은 현실이 된 기술들 대부분은 그의 상상력에서 출발했다.

▶ 100만 달러 검색엔진의 미래가치

- 구글의 창업자인 래리 페이지와 세르게이 브린은 지난 1999년 익사이트의 최고경영자(CEO)인 조지 벨에게 자신들이 만든 검색엔진을 약 100만 달러(10억 8천만 원)에 사라고 제안했다. 벨이 별 관심을 보이지 않자 이들은 가격을 75만 달러(8억 1천만 원)까지 낮췄으나 거래는 성사되지 않았다. 구글의 현재 가치는 3천650억 달러(395조 원)로 추산된다.

▶ 인재를 못 알아본 페이스북

- 세계 최대 소셜미디어인 페이스북은 지난 2009년 입사 면접에서 프로그래머인 브라이언 액튼과 얀 쿰의 채용을 거절했다. 몇 년 뒤 페이스북은 이들이 설립한 '왓츠앱'을 190억 달러(20조 원)에 인수해야 했다.

Chapter 3

스마트비즈니스 전략

01. 콘텐츠비즈니스 전략의 조건, 감성의 과학화

미래학자인 롤프 옌센(Rolph Jensen)은 정보화 사회 다음에는 기술과 감성이 결합된 감성 사회가 올 것이라고 예견했다. 실제로 지금 우리 주변에는 감성을 활용한 상품들이 넘쳐나고 있으며, 우리는 그 상품을 사는 것이 아니라 그 상품에 담겨진 스토리, 즉 감성을 사고 있다. 음악, 영화 등 콘텐츠 상품은 특히 그러하다.

주지하듯 기술혁신의 속도가 소비자의 요구 수준을 넘어설 정도로 가속화하면서 아날로그적 감성이 제품의 차별적 경쟁력으로 부상하고 있다. 세계화의 확산과 심화에 따라 경쟁이 치열해지고 각국의 기술과 서비스의 격차가 줄어들게 됨에 따라 감성은 경쟁우위 확보의 중요한 원천으로 각광받고 있다. 시장 경쟁에서의 우열이 '기능' 가치보다는 '감성' 가치에 의해 결정되고 있음이다. 경쟁이 치열하고 서비스와 제품의 품질에 뚜렷한 차이가 없어지게 되면서 감성은 차별화의 수단이자 시너지 효과 창출의 결정요인 중 하나로 주목받고 있는 것이다.

기능이 복잡한 첨단제품에 대해 피로(Digital Fatigue)를 느낀 소비자들은 성능보다 사용자경험(UX: User eXperience)에 관심을 갖는다. 따라서 제품 성능에 아날로그 감성을 접목해야 확고한 경쟁우위 확보가 가능한 상황이다. 감성요소를 정확히 포착하여 대응하는 것이 시장 선도 및 추월을 가능하게 하는 결정요인으로 부상하고 있다. 선진 기업들은 이미 경쟁력의 핵심요소로 첨단기술 외에 차별적인 디자인, UI(사용자 인터페이스), UX(사용자 경험) 등 구매자의 감성에 영향을 미치는 파워, 즉 모방 불가능한 '감성 파워'를 구축 중이다. 아우디(AUDI)는 '자동차는 느낌'이라는 모토하에 독일 앙골슈타트 '인간감성센터'에서 자동차의 소리와 냄새까지 분석하여 그 성과를 신차 소재부품 선택에 도입하고 있다. 'AUDI'는 라틴어로 '듣다'라는 의미로, 소리를 부각하기 위해 회사명으로 사용하고 있는 것이다. 할리데이비슨 마니아들은 말발굽 소리 같기도 하고 헬리콥터 소리 같기도 한 특유의 배기음과 진동 때문에 할리에 빠져든다고 한다. 할리의 배기음은 국제 특허로 등록되어 있다.

이러한 배경에서 미래 산업의 성공키워드는 이용자의 기능적 필요, 즉 니즈(Needs)를 뛰어넘어 심리적 욕망을 자극하는 원츠(Wants)와 구매로 이어지는 시장수요(Demand)를 고려한 생활밀착형 감성융합 서비스 개발이다. 일상생활의 다양한 문제들을 고려하여 이용자가 생활 속에서 바라는 것들을 반영한 감성융합서비스이어야 한다는 것이다.

따라서 기술발전에 따른 공급자 중심의 서비스 개발은 이용자의 니즈가 제대로 반영되지 못하여 일상생활에서 외면 받을 수 있어 소비자의 일상적인 감성에 대한 과학적 접근이 필요하다. 소비자 중심, 인간 중심의 사고와 발상을 촉진하기 위해 인지과학이나 인문학과의 통섭이 대단히 중요하다. 다양한 시각에서 소비자의 니즈를 고민하여 새로운 감성기술과 서비스로 창조해내야 할 것이다. 이러한 과정을 통해 미래 감성융합시장을 선도할 수 있다. 우리나라 기업이 선도했던 MP3 플레이어 시장은 애플의 아이팟에 빼앗겼고, SNS의 시조 싸이월드는 페이스북에 주도권을 넘겨주었다. 이러한 역사를 되풀이해서는 안 될 것이다.

감성이라는 단어는 전문가뿐만 아니라 일반인에게도 익숙한 개념이 되고 있다. 그러나 이 감성이라는 단어는 사용자에 따라 또는 목적에 따라 각기 다른 의미를 갖거나 혹은 명확한 의미 없이 혼재되어 사용되는 경우가 많다. 감성연구가 단순한 의미해석 수준을 벗어나 인간의 삶을 향상시키기 위한 제품과 환경의 개발을 목적으로 하는 감성과학과 감성공학으로 발전되는 시점에서 인간의 감성을 정확하게 이해한다는 것은 향후 본격적인 감성시대의 도래를 맞이하기 위한 우리의 당면과제이다.

특히 창조경제를 주창하는 한국으로서는 창의융합형 감성 경쟁력의 조기 확충이 요구된다. 오감을 인식·해석하는 아날로그적 감성의 과학화가 그 답이다. 인간 내면의 잠재욕구(Wants)와 감성을 소통(인지·전달·발현)시키는 방법과 프로세스에 대한 연구가 절실하다.

감성은 오감 정보와 감정행동을 조절하는 뇌의 해마에서 상기한 기억이 결합하여 대뇌 안쪽에 위치한 신경세포의 집단인 변연계에서 발생한다. 이 과정에서 똑같은 자극이라도 사람에 따라 다르게 느껴지기 때문에 아날로그적 감성을 정의하고 측정하기는 어렵다.

이에 아날로그 감성의 과학화가 요구되는데, 이는 감성을 체계적으로 측정하고 해석하는 과정으로, 감성을 유발하는 요인인 오감을 중심으로 과학화 연구가 진행되어왔다. 초기의 단순한 의미해석의 수준을 벗어나 인간의 삶을 향상시키기 위한 제품과 서비스의 개발을 목적으로 하는 감성과학과 감성공학으로 발전하고 있다. 아날로그 감성의 과학화는 2차 세계대전 이후 식품산업에서 시작되었으며, 점차 화장품, 의류, 자동차, 건축, 환경 분야 등 타 산업으로 확산되었다. 최근에는 센서 등의 측정 기기와 데이터 분석 기술의 발전으로 자동화된 기계를 오감 측정에 활용하고 있는 추세다.

산업 간 융복합이 활성화되면서 모든 분야에서 아날로그 감성의 과학화 필요성이 더욱 커지고 있다. 표준화가 아날로그 감성 과학화의 출발점이다. 정부·기업·연구기관이 협력하여 아날로그 감성 표준화에 힘쓰고, 정부는 관련 R&D 지원을 확대할 필요가 있다. 주요 아날로그 감성은 산업별로 상이하지만, 감성의 측정·분석 기술은 다양한 산업에서 공통으로 활용 가능하기 때문이다. 제품 및 서비스가 사용자의 감성에 대응하기 위해서는 설계 시 감성을 정성/정량적으로 측정, 평가하고 이를 제품이나 환경설계에 응용하여 기기나 환경이 인간의 감성에 반응하게 하는 기술이 필요한데, 이를 감성 기술이라고 한다.

일본 경제산업성(2011년)의 '인간생활기술전략' 보고서 등은 미래기술진화 방향이 인간생활 중심이어야 하고, 그 중심에는 인간과 기술시스템 간의 인터페이스가 중요함을 강력하게 시사한다. 인간과 기계시스템과의 상호작용을 하는 인터페이스는 새롭게 진화 중이다. 디지털과 아날로그가 만나는 경계, 즉 기술과 사람이 소통하는 통로인 인터페이스가 중요한 요소로 부각하고 있다. 아날로그를 디지털로 변환하는 것은 기술의 영역, 그 기술을 사람에게 전달하는 것이 감성의 영역(Interaction)이다. 이에 인터페이스의 혁신을 통하여, 사람과 기술 간의 경계를 허물 수 있는 접근이 필요하다.

미국, 일본, 유럽 등에서는 이미 감성기술을 차세대 융합 기술로 선정하고 기술개발 및 인프라 구축을 병행하고 있다. MIT 미디어랩의 경우, 설립 초기부터 가상공간과 PC안에서 구현되는 상황을 현실화하는 연구에 집중하였으며, 인간과 컴퓨터의 상호작용, 커뮤니케이션, 가상현실 등 연구성과를 활용하여 고령화, 의료분야에 접목을 시도하고 있다.

이에 첨단기술 확보를 위해 사용자의 정보 및 상황을 복합적으로 인지, 분석하는 차세대 오감 기반 감성융합 기술 확보가 시급하다. 융합 패러다임이 진전되고 서비스, 산업, 기술 간 경계의 구분이 사라짐에 따라 테크놀로지가 다양한 분야의 서비스와 접목을 통해 인간생활을 보다 안전하며 건강하고 즐겁고 편안한 생활 영위가 가능하도록 혁신적, 창의적인 새로운 감성융합 기술 및 서비스 발굴이 요구된다.

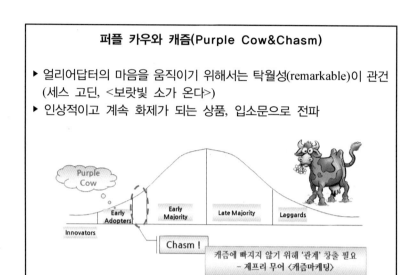

퍼플 카우와 캐즘(Purple Cow&Chasm)

▶ 얼리어답터의 마음을 움직이기 위해서는 탁월성(remarkable)이 관건
　(세스 고딘, <보랏빛 소가 온다>)
▶ 인상적이고 계속 화제가 되는 상품, 입소문으로 전파

Purple Cow

Innovators

Early Adopters

Early Majority

Late Majority

Laggards

Chasm !

캐즘에 빠지지 않기 위해 '관계' 창출 필요
– 제프리 무어 <캐즘마케팅>

02. 콘텐츠비즈니스의 경제적 원칙

　콘텐츠시장은 기본적으로 플랫폼사업자(PO)와 콘텐츠사업자(CP)
간 비즈니스(거래) 관계에 의해 형성되고 유지된다. 여기서 PO는 융
합 환경에서 플랫폼 사업자(Platform Operator)는 SO를 포함한 통신업
체 그리고 플랫폼에 관련된 매체와 서비스 업체 등을 모두 포함하는
사업자를 의미한다. CP(Contents Provider)는 콘텐츠 및 서비스를 PO
에게 공급하는 사업자 혹은 PO의 플랫폼을 기반으로 콘텐츠비즈니스
를 전개하는 사업자를 아우른다. 경제적 관점에서 볼 때, PO와 CP의
관계는 공생관계이다. 하여 이상적인 기업 간의 관계를 모색해야만
지속가능한 성장을 기대할 수 있게 된다.

테크놀로지가 발전해 나감에 따라 콘텐츠비즈니스에 관련한 기업 환경 또한 급속도로 바뀌고 있다. 기업 간 관계에 대한 논의도 기술 중심의 경쟁 우위나 가격 위주의 계약 관계에 의한 기존의 해석은 점차 그 설명력을 잃고 있다. 따라서 우리는 콘텐츠비즈니스에 있어서 PO와 CP 간 관계에 관한 여러 전략들이 적용될 수 있음을 알 수 있다.

PO와 CP는 비록 콘텐츠산업이라는 특징이 있음에도 불구하고 콘텐츠(서비스)라는 제품을 공급하여 콘텐츠라는 상품을 고객으로 하여금 구매하도록 한다는 점에서 일반 제품의 구매자－공급자 관계와 다를 바 아니다. 기존 산업에서 기업 간 관계는 기존의 수직적 관료주의에서 네트워크와 전략적 제휴로 넘어가고 있는데, 이러한 흐름은 콘텐츠산업에서도 적용된다.

특히 CP의 경우 독립적인 콘텐츠를 제작하지 않는 이상 결국은 유통업의 성격을 띨 수밖에 없다. 이 경우 PO의 경우는 개별 유통기업을 고객과 만나도록 해주는 소매 유통사의 성격을 또한 띤다고 할 것이다. 그 성격이야 어떠하든 이처럼 CP와 PO의 관계는 다분히 공급자－구매자의 관계로 이해할 수 있다.

PO와 CP의 경제관계는 매우 긴밀하고 중요하다. 플랫폼과 콘텐츠가 만나는 공생관계가 아닐 수 없다. 이에 따라 두 기업(君)의 관계는 관계(relationship)의 경영학으로 접근하여 가장 이상적인 상태를 모색할 수 있겠다. 주목해야 할 사실은 깊은 기업 간의 관계가 반드시 기업에 있어서 이익이 되는 것은 아니라는 사실이다. 장기적 관계의 형성은 그 관계의 주체로 하여금 많은 인적, 물적 투자를 필요로 하게된다. 그리고 주 고객관리(major account management)의 단계의 경우는 이러한 투자의 규모가 막대함에 비해 그에 대한 수익은 상당히 지연

된다. 이때 공급자의 최대의 관심은 어떤 기업이 관리에 따른 투자를 상쇄시켜 주는 핵심 구매자인가이며 궁극적으로 전략적 고객관리 차원의 관계를 맺을 수 있는 잠재력을 갖고 있는가를 파악하는 데 있다.

관계에 대한 개념은 산업발전에 필수적인 연결마케팅(relationship marketing)이라는 연구접근으로 발전하는데 연결접근에는 장단점이 작용하는 만큼 무조건적으로 수용하기보다는 다변화전략에 해당되는 차별적 연결전략으로 발전되며 장기관계에 대해서는 하이브리드(hybrid)라고 불리는 기업 간 혼합 조직의 형성을 기대할 수 있다. 즉, 단기 관계에 대해서는 엄격한 구매자 선별을 통한 지속적 공급 관리를 적용해야 한다. 이를 위해서는 적절한 파트너의 선정이 중요하다.

우리의 관심은 당연히 한국의 콘텐츠산업이 어떠한 수준의 관계적 기업 관계를 형성해야 하는가, 또 국내 콘텐츠산업이 기업 간 관계의 측면에서 어느 정도 발전해 왔는가 하는 문제로 초점을 두게 된다.

그렇다면 한국의 콘텐츠비즈니스 모델을 가장 이상적으로 반영할 수 있는 선별적 전략관계 모델은 무엇일까. PO의 입장에서 CP를 선택할 때의 상황을 가정해 정리해보자.

이 모델의 핵심은 CP로 명명되는 공급업체들을 선별하여 그 중요도에 따른 기업 선정을 통하여 파트너십에서부터 단발적 계약관계에 이르는 다양한 기업 간 관계를 맺는 것에 있다. 이를 통해 상대적으로 중요도가 낮은 공급업체의 경우 가격 위주의 단기 계약을 중심으로 거래를 하는 반면, 공급되는 콘텐츠의 중요도나 물량 등의 측면에서 중요하다고 생각되는 소수의 공급업체와는 제휴의 수준에 이르는 관계를 형성하는 것이 좋다. 물론 이러한 전략이 성공적으로 수행되기 위하여서는 다음과 같은 요소에 있어서 좀 더 면밀한 검토가 필요할 것이다. 가장 중요한 것은 CP의 중요도를 파악하는 기준이 무엇인가 하는 점이다. 물론 한국의 콘텐츠산업이 취약하다는 전제가 있지만 앞으로의 잠재성 여부는 어렵지 않게 알 수 있다. 일단 중요한 동반자가 결정되면 최소한 1년 정도의 장기적인 관계를 맺고 그 후에 제휴나 합병할 수도 있는 관여도를 불러일으켜야 한다. 우리가 직면하는 궁극적인 문제는 과연 중요한 공급사를 선별함에 있어서 그 기준이 무엇인가 하는 점이다. 다음의 세 가지 요소들에 대한 항목별 기준이 적용될 수 있겠다.

▶ 중요도: CP가 제공하는 콘텐츠가 얼마나 비즈니스에 중요한가?

공급품에 대한 중요도라는 것은 공급되는 제품이 최종생산물에 대하여 차지하는 부가가치적 중요성을 의미한다. 즉, 완성품에서 차지하는 각 공급제품의 제조원가 비율, 각 제품 단계별 부가되는 가치의 양, 전체 공정에서 특정 부품의 구매가 차지하는 전략적 구매의 중요성 등이 이에 해당한다. 이에 따르면 공급 제품의 불량 혹은 지연된 배달, 공급 부족 등이 구매자에게 있어서 치명적인 영향을 미치며 따라서 공급자와의 안정적 관계 유지는 구매자의 경영 이슈로 떠오르게 된다. 관계에 대한 관리의 수단으로써 명시화된 계약은 중요하게 될 것이며 수요 등과 관련한 시장의 불안정성은 유연한 공급 확보를 위한 상호 신뢰 형성을 불가피하게 만들 것이다. 다만 중요한 것은 이러한 신뢰 형성이 반드시 인적·물적 자원의 투입을 의미하지는 않는다는 점이다. 안정적인 공급 자체는 구매사의 배타적인 차별성을 부여해주지는 못하며 기업의 핵심역량으로 자리 잡을 수는 없을 것이다.

콘텐츠의 중요도를 판별하기 위해 다음과 같은 세부항목들을 고려해야 한다.

- 콘텐츠 품질이 플랫폼에 주는 영향성
- 콘텐츠 비용이 전체 수익성에 주는 영향성
- 콘텐츠 공급 부족이 미치는 부정적 영향
- 콘텐츠 질적 하락이 불러오는 부정적 영향

▶ 복잡성: CP가 제공하는 콘텐츠가 얼마나 복잡한가?

복잡성은 공급되는 제품의 공정에 있어서 개입되는 테크놀로지의 난이도를 의미한다. 즉, 구매자가 요구하는 공급제품의 생산에 있어서 공급자는 높은 수준의 인적 자원과 기술을 보유해야 하며 이는 곧 구매자의 인적·물적 지원이 필요함을 의미한다. 자원의 공유는 곧 공동의 가치에 대한 합의를 반드시 전제한다는 점에 있어서 공급제품의 복잡성은 두 기업 간의 연결 전략을 합리화시켜주는 좋은 요인으로 작용할 것이다. 이러한 제품 특징하에서 관계에 있는 기업 중 어느 하나의 기회주의적 행동은 철저히 규제될 필요가 있으며 따라서 명문화된 계약과 거래 절차에 대한 비중은 높아질 것이다.

콘텐츠의 복잡성을 판별하기 위해 다음과 같은 세부항목들을 고려해야 한다.

- 콘텐츠 구성 및 제작에 대한 테크놀로지 수준
- 콘텐츠 확보에 요구되는 협상력의 수준
- 거래 단절로 인하여 공급사가 받게 되는 부정적 영향의 수준

▶ 의존성: CP가 제공하는 콘텐츠에 얼마나 의존적인가?

이때의 의존성은 제공물의 희소성이나 대체재의 유무 여부, 대안적 공급업자의 유무, 공급 시장의 경쟁 상황 등을 의미한다. 이른바 공급시장의 복잡성이라고 정의되는 이러한 기준은 공급선의 교체가 얼마나 가능한가로 간단히 설명될 수 있다. 의존성이 높을 경우 가장 중요시되는 요소는 안정적인 공급에 있으며 이를 위하여 계약상 명시적인 책임의 소재를 분명히 하게 되고 이는 추후 논의하게 될 위계적인 관계 관리 방식을 의미하게 된다.

콘텐츠의 의존성을 판별하기 위해 다음과 같은 세부항목들을 고려해야 한다.

- 동일 콘텐츠에 대한 공급사의 전환비용
- 동일 콘텐츠에 대한 공급사의 확보 용이성(공급 시장 규모)
- 공급사와의 커뮤니케이션의 근접성
- 콘텐츠의 표준화 여부

이처럼 중요도, 복잡성, 의존성은 콘텐츠시장의 공급자-구매자 관계가 형성되는 핵심적인 경제요소이다. 따라서 콘텐츠비즈니스에 참여하고자 하는 기업은 이러한 기본적인 속성들을 고려해야만 할 것이다. 콘텐츠비즈니스는 불확실한 산업 분야이다. PO는 수용자의 호응을 받는 CP의 관계를 갖지 않고서는 존재할 수 없다. 따라서 PO는 안정적인 비즈니스 전개를 위해 파트너 관계를 맺으면 상호 공생관계 임을 수용하여 CP에 대한 적절한 대우와 이익의 분배를 현실화해야 할 것이다. CP입장에서는 PO가 콘텐츠 공급자를 선택하는 기준을 이해하여 비즈니스를 기획해야 한다. (혹은, 그럴 가능성은 매우 희박하지만, CP가 PO를 선택할 때에 중요도, 복잡성, 의존성 등을 기준으로 비즈니스 파트너를 선택할 수도 있다) 분명한 것은 이들 사업자 간의 조화로운 연결이야말로 콘텐츠시장의 미래를 약속할 수 있는 기본 조건이라는 점이다. 가장 상식적이고 기본적인 상호관계가 미래 생존 및 경쟁력을 결정하게 될 것이다.

콘텐츠산업의 수익창출 구조, 비즈니스 모델

1) 상거래 모델
- 콘텐츠상품이나 서비스를 소비자에게 직접 전달하고 그 대가로 돈이나 물건을 받는 모델
- 극장형이나 휴대형에 해당

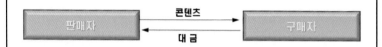

2) 중개 모델
- 콘텐츠상품이나 서비스를 중개해주고 수수료를 받는 모델
- 1차 유통, 2차 유통업자가 제품이나 서비스를 제작자나 1차 중개인으로부터 직접 구매하여 소비자에게 판매하면, 상거래 모델이 되고 단순 중개만을 하면 중개 모델이 됨

3) 가입비 모델
- 일정한 서비스를 지속적으로 제공하고 기간별 일정금액을 받는 모델 ex) 케이블이나 공중파 방송에서 매달 수신료를 받으면서 방송 프로그램을 제공하는 형태

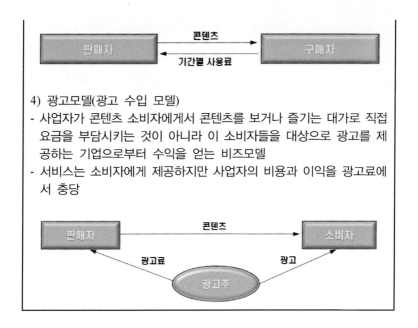

4) 광고모델(광고 수입 모델)
- 사업자가 콘텐츠 소비자에게서 콘텐츠를 보거나 즐기는 대가로 직접
  요금을 부담시키는 것이 아니라 이 소비자들을 대상으로 광고를 제
  공하는 기업으로부터 수익을 얻는 비즈모델
- 서비스는 소비자에게 제공하지만 사업자의 비용과 이익을 광고료에
  서 충당

03. 창조적 콘텐츠비즈니스 기획방법론

> 미래를 예측하는 가장 확실한 방법은
> 미래를 창조하는 것이다.
> - 피터 드러커

　창조경제가 주창되고, 창조산업, 창조비즈니스가 널리 회자되지만
그 개념을 이해하고 실천하기는 여전히 쉽지 않다. 콘텐츠산업 분야
는 특히 그러하다. 아마도 실천적 방법론을 찾기 어려워서일 게다. 사
실 대부분 미디어-콘텐츠 기업들은 신성장 사업을 찾기 위한 변화
와 혁신에 매달리고 있다. 혁신하지 않으면 생존이 어려워지는 치열

한 경쟁 환경에 처해 있기 때문이다. 이러한 상황을 돌파하고자 기업들은 변화와 혁신을 통해 높은 실적의 성장과 동시에 경쟁자를 배제하는 강력한 브랜드네임을 확보하고자 하는 것이다. 이에 뛰어난 전략적 실행을 통해 성장할 수 있는 방안을 모색하게 되는데, 창조적 기획 전략방법을 찾아야 하는 상황이다. 창조적 비즈니스 기획을 위해서는 혁신 기회를 찾는 것이 중요하다. 도처에 숨겨진 가능성으로부터 비즈니스 기회를 어떻게 성공적으로 찾아낼 것인가에 대한 것이다.

최근 대부분 기업의 주요 관심은 신성장 사업을 찾기 위한 변화와 혁신에 있다. 성장하지 않으면 생존이 어려워지는 치열한 경쟁 환경에 처해 있기 때문이다. 이러한 상황을 돌파하고자 기업은 변화와 혁신을 통해 높은 실적의 성장과 동시에 경쟁자를 배제하는 강력한 브랜드네임을 확보하고자 하는 것이다. 이러한 배경에서 뛰어난 전략적 실행을 통해 성장할 수 있는 방안을 모색하게 되는데, 블루오션(Blue Ocean) 전략이 그 대안을 제시하고 있다. 블루오션 전략은 가치혁신 전략을 기반으로, 비약적 가치 창출에 의한 무한시장의 개척을 제안하는 새로운 전략론이다.

블루오션은 알려져 있지 않은 시장, 즉 현재 존재하지 않아서 경쟁에 의해 더럽혀지지 않은 모든 산업을 말한다. 시장 수요는 경쟁에 의해 얻어지는 것이 아니라 창조에 의해서 얻어진다. 이곳에는 높은 수익과 빠른 성장을 가능케 하는 커다란 기회가 존재한다. 게임의 법칙이 아직 정해지지 않았기 때문에 경쟁은 무의미하다. 즉, 블루오션은 높은 수익과 무한한 성장이 존재하는 강력한 시장을 의미하는 것이다. 전통적으로 경영학에서는 수많은 경영전략이 제시되어 왔다.

가장 폭넓게 알려진 마이클 포터의 경쟁 전략 이후 많은 경쟁적 전략들이 기업 흥망의 중심은 경쟁에 의해 좌우된다고 논의해 왔다. 이러한 전략들은 레드오션에서 어떻게 기술적으로 경쟁할 것인가에 대한 좋은 설명이 되었다. 이러한 경쟁 전략 관점에서는 기존의 제한된 시장을 보호하고 확장하기 위해 기존 산업구조 및 경쟁자를 분석하고, 경쟁자를 이기기 위하여 저가전략 또는 차별화전략을 선택적으로 적용하라고 한다. 시장에서 살아남기 위하여, 경쟁자가 무슨 행동을 하느냐를 주위 깊게 관찰하여 경쟁우위를 달성하는 것에 집중하는 전략이다. 따라서 경쟁은 모든 회사의 전략을 비슷하게 만들고, 그 결과로 현재 거의 모든 기업의 전략은 경쟁 이론과 그 실행론들이 지배하고 있다고 해도 과언이 아닐 것이다.

반면, 블루오션 전략의 전략적 관점은 매우 다르다. 기존의 경쟁 전략에서 기업은 시장의 경계가 정해져 있는, 한정된 시장에서 부를 쟁취하기 위해서 경쟁하는 반면, 블루오션 전략에서는 엄청난 양의 추가 수요가 기존에 규정된 산업의 '밖'에 존재한다고 생각한다. 문제의 핵심은 어떻게 대량의 추가 수요를 창조해내느냐 하는 것으로 전환된다. 이러한 관점은 공급자 위주의 관점에서 고객 중심으로의 관점으로, 경쟁 중심에서 가치 혁신 중심으로 관점의 변화를 필요로 한다. 블루오션 전략은 차별화와 비용절감의 양자택일 구조를 깨뜨려, 회사와 고객 모두에게 비약적인 가치를 창출하게 함으로써 경쟁을 무의미하게 만드는 체계적 접근을 말한다.

요약하면, 경쟁전략은 기존의 시장에서 어떻게 경쟁자를 앞지를 수 있는가에 대한 시장 경쟁 전략이다. 반면에 블루오션 전략은 경쟁을 피하기 위해 이미 설정된 시장 경계를 벗어날 수 있는 시장 창조

전략이라고 할 수 있다. 블루오션 전략론에는 가치혁신 전략수립과 블루오션 창출에 사용할 수 있는 시각적 분석 툴과 프레임워크가 제시되어 있다. 경쟁과 무관한 새로운 시장을 창출하기 위한 블루오션 전략은 누구나 이해하기는 쉽지만 성공적인 적용을 위해서는 다양한 절차와 방법이 필요하며 최고경영자에서부터 일반 직원까지 변화와 혁신에 대한 공감대가 이루어져야 한다. 블루오션의 창출은 정적인 성취과정이 아니라, 역동적인 프로세스이다. 블루오션은 '로또'가 아니다. 성공하게 되면 모방당하고 추월당하기 쉽다. 곧 레드오션이 된다는 것이다. 따라서 창의적 탐색을 통한 혁신이 지속적으로 추구되어야 한다(김원제, 2009).

대안산업을 관찰하라

콘텐츠(서비스)소비자는 이용 혹은 구매를 결정하기 전 항상 마음속으로 대안상품과 해당상품을 저울질하는 경향이 있다. 형태는 달라도 동일한 기능이나 핵심적인 효용성을 제공하는 콘텐츠 및 서비스는 각각 서로의 대체제가 될 수 있다.

스마트미디어 시대에는 무엇을 소비하느냐(What to consume) 못지않게, 어디에서 어떻게 소비하느냐(Where to consume, How to consume) 하는 맥락이 중요하다.

이제 TV의 경쟁상대는 유사 경쟁방송이 아니다. 방송의 경쟁상대는 게임, 오락, 영화 등 모든 콘텐츠 분야가 된다. 콘텐츠 비즈니스를 전개하는 사업자, 시청자의 시간을 빼앗아가는 사업자들이 경쟁상대인 것이다. 시장점유율이 아닌 시간점유율이 중요한 화두가 된다는 것이다. 시청률은 더 이상 방송프로그램의 경쟁력을 나타내는 지표가 아니다. 창조적 콘텐츠비즈니스를 위해서는 기존 콘텐츠의 연장이 아닌 전혀 새로운 콘텐츠로 '다른 그 무엇(Something New)'을 제공해주어야 한다. 소비자들의 관심을 얻기 위해서는 차별화된 독자적인 브랜드를 창출해내야 한다. 새로운 콘텐츠 기술을 적용해 새로운 가치를 활용하고 새로운 개념의 콘텐츠 진화 등 무언가 '새로운 것'이 필요하다는 것이다. 소비자를 대상으로 한 콘셉트는 항상 '새로운 콘텐츠, 새로운 문화(New Contents, New Culture)'이며, 나아가 일상생활의 동반자인 'Life Partner'의 개념으로까지 확대되어야 한다. 아이폰, 트위터 등 시대를 풍미한 서비스는 이런 기획에 충실했다. tvn의 <꽃보다 할배> 프로그램은 실버세대의 여행 감성을 되살려냈고, 누나, 형님, 동생들까지 삶의 의미를 되새기는 계기를 만들어주었다.

경쟁자 전략을 분석하고 차별화하라

동일한 산업군의 경쟁그룹과 차별화된 전략을 추구해야 새로운 가치 창출이 가능하다. 고객들이 한 상품에서 다른 상품으로 이동하는 요인이 무엇인지, 더 싼 상품이나 혹은 더 비싼 상품을 사도록 결정짓는 요소들은 무엇인지 찾아야 한다.

넷플릭스와 같은 OTT 서비스의 이용으로 Pay TV 서비스 가입자가 Cord-cutting(Pay TV 서비스를 해지하는 행위)하거나 Cord-Shaving(높은 요금의 프리미엄 서비스에서 낮은 요금의 기본 서비스로 전환하는 행위)하는 현상이 발생하는 맥락에 대한 이해가 필요하다는 것이다. 일반적으로 기업들은 전략집단 안에서 경쟁하는 데 여념이 없지만 실제로 엄청난 이익을 안겨줄 새 시장창출 기회는 전략집단 밖을 둘러볼 때 찾을 수 있다. 전략집단 간의 장점을 결합할 때 새로운 시장이 열린다는 것이다. 케이블 및 종편채널의 인기프로그램들은 지상파와 경쟁에서 우위를 점하고 있다. 급기야 지상파에서 형식을 차용하는 상황까지 발생했다.

대안산업 관찰, 차별화, 타깃 재정의, 보완적 기획 등으로
경쟁력을 확보한 케이블 및 종편 프로그램들

타깃을 명확히 정의하라

'누가 타깃 구매자인가'라는 점을 명확히 하고, 비고객을 고객으로 전환하기 위한 통찰력이 필요하다. 다양한 정보(빅데이터 등)를 활용해 타깃 시청자의 행태, 시청자의 감성을 이해해야만 한다. 콘텐츠 이

용 및 구매 결정에 직간접적으로 관여하는 구매자 체인도 고려해야 한다. 제품이나 서비스 가격을 지불하는 구매자는 실제 사용자와 다를 수 있으며 어떤 경우에는 중요한 영향력자가 있다. 이 세 집단이 일치할 수도 있으나 그렇지 않은 경우도 많다. 이럴 경우, 대체적으로 이들은 가치에 대한 정의를 다르게 내린다. 예를 들면 기업 구매 담당자는 비용에 더 큰 비중을 둘 것이며, 실제 사용자는 이용의 편리성에 더 관심을 가질 것이다. 어떤 구매자 집단을 목표로 할 것인지에 대한 도전은 새로운 블루오션의 발견으로 연결된다. 기업은 기존에 간관했던 구매자 그룹에 포커스를 맞추는 방향으로 가치곡선을 재설계(비고객의 고객화)함으로써 새로운 통찰력을 얻을 수 있다. tvn의 <꽃보다 할배>, <꽃보다 누나>, <꽃보다 청춘> 시리즈는 타깃 설계의 과학화를 보여준다.

선별적이면서 혜택을 제공해주고, 지속적인 양방향 서비스가 가능한 것에 대한 고객들의 기대 수준이 갈수록 높아질 것이기 때문에 항상 고객들이 필요한 바를 찾아서 해결해주려는 적극적인 자세가 필요하다. 그러기 위해서는 무엇보다 이러한 네트워크 기술이 소비자들의 삶 속에서 어떤 역할을 하는지 정확하게 이해하고 통찰하는 것이 중요하다.

보완적 콘텐츠(서비스)를 연계 기획하라

아직 개척되지 않은 가치는 흔히 보완적 제품이나 서비스에 숨겨져 있다. 중요한 것은 콘텐츠나 서비스를 선택-이용할 때 고객들이 찾는 토털솔루션을 규명하는 것이다. 간단한 규명법은 상품 사용 전,

사용 중, 그리고 사용 후에 어떤 일이 생기는지 생각해보는 것이다. 그리고 이를 보완적 제품이나 서비스를 통해 제거해나가는 것이 전략의 핵심이라고 할 수 있다.

창조비즈니스를 창출하기 위해 대부분의 콘텐츠기업들은 제품의 보완이나 서비스 보강보다는 새로운 시장에 대한 통찰력만을 중요하게 생각할 수 있다. 하지만 콘텐츠산업의 복합적인 탈장르적 성격은 보완적인 상품과 서비스에 대한 아이디어만으로도 성공적인 비즈니스 기회를 가능하게 해준다. 워터쿨러 효과(Water cooler effect; SNS를 통한 커뮤니케이션이 활성화되면 미디어콘텐츠 소비 역시 촉진됨을 설명하는 이론)에 기반하는 세컨드 스크린 전략은 대표적인 사례이다. 최근 인기를 끌고 있는 <비정상회담>은 재미와 유익함을 동시에 제공하는 인포테인먼트의 변주를 보여준다.

이러한 보완적 제품과 서비스를 창출하기 위해서는 소비자의 상품과 서비스 이용에 대한 불편함과 요구사항에 대한 적극적인 커뮤니케이션 과정이 꼭 필요하다. 따라서 콘텐츠기업은 콘텐츠소비와 관련한 모든 과정에 걸쳐 고객을 둘러쌈으로써 창조비즈니스를 개척해야 한다. 고객의 만족을 직접 찾아가서 보고 듣는 것이다.

콘텐츠–비즈니스 트렌드를 창조하라

모든 산업은 시간의 흐름에 따라 사업에 영향을 미치는 외부 트렌드에 노출된다. 트렌드를 제대로 된 관점으로 분석해야 한다. 창조비즈니스에 대한 통찰력은 트렌드를 자체적으로 설계하는 것만으로는 얻을 수 없다. 창조적 기획은 트렌드가 고객의 가치를 어떻게 변화시키고 비즈니스 모델에 어떤 영향을 미치는가를 판단하는 비즈니스 식견으로부터 나온다. 시간의 흐름을 고찰함으로써 미래를 적극적으로 설계하고 새로운 블루오션의 부름에 응할 수 있다. 치열한 경쟁 상황에서는 현재 나타나는 외부 트렌드 도입에 포커스를 맞출 수밖에 없다. 하지만 창조적 기획은 그 자체로 외부 트렌드 형성에 영향을 끼친다. 그리고 기업과 트렌드와의 적합성이 있어야 창조적 비즈니스가 가능하다. 예컨대 IPTV, 스마트TV 등 새로운 미디어 플랫폼들이 등장하고 있지만, 이제는 그 플랫폼을 대표할 만한 콘텐츠만 강조할 필요는 없다. 콘텐츠 제작자들도 플랫폼을 꼭 염두에 두고 작품을 만드는 것은 아니다. 특정 장르의 콘텐츠와 미디어와의 궁합도 파괴되고 있다. 드라마는 꼭 지상파TV에서 봐야 한다는 틀을 깨고 온라인에서의 방영을 위한 시즌 제 드라마가 제작되고 있다. 넷플릭스의 <하우스 오브 카드>는 엄청난 변화가 시작되고 있음을 강력히 시사하고 있음이다.

스마트미디어 환경에서 창조적 비즈니스를 위해서는 콘텐츠산업의 영역을 새롭게 포지셔닝할 필요가 있다. 무분별한 따라하기식의 벤치마킹에서 벗어나 차별화되고 독창적인 가치를 구성하는 새로운 비즈니스 모델을 구축해야 하는 것이다. 이를 통해 콘텐츠산업의 블루오션을 개척하고 그 실행전략을 도출해야 할 필요가 있다.

지금 콘텐츠산업은 새로운 환경 앞에 서 있다. 블루오션이 펼쳐지고 있다. 콘텐츠산업의 지속적인 성장을 유지하기 위해서는 블루오션 전략의 도입을 통해 고객가치를 기반으로 하는 새로운 시장창출에 집중해야 한다. 콘텐츠, 만들어내는 것이 능사는 아니다. (새로운) 가치를 창조해내는 것이 중요하다. 스티브 잡스는 제품을 만든 것이 아니라 작품을 창조한 것이다. 블루오션의 창출은 정적인 성취과정이 아니라, 역동적인 프로세스이다. 항상 트렌드를 예의주시하고 소비자를 관찰해야 한다. 작은 변화에도 민감하게 반응하여 기민하게 대응하는 '잠수함의 토끼'가 되어야 할 것이다.

소비자들의 콘텐츠 이용 경험 진화에 따른 차별화된 가치 제공을 위해 미디어기업이 수행해야 할 4가지 역할(role)

1) 독점 콘텐츠를 제공하는 'contents monopoliser'
2) 소비자들의 니즈에 맞게 콘텐츠를 수집하고 필터링하는 'curator'
'누가 타깃 고객인가'라는 점을 명확히 하고, 비고객을 고객으로 전환하기 위한 통찰이 요구된다. 이를 위해 고객 behavior data를 확보해야 한다. 우리가 만든 콘텐츠를 어떤 고객들이 어떻게 소비하는지는 최소한 확보할 수 있어야 그것을 기반으로 지속적으로 주목받을 수 있는 콘텐츠 재생산이 가능하다. 콘텐츠의 유통경로와 사용자의 소비패턴을 기록, 측정, 관리하는 빅데이터 콘셉트인 것이다.
3) 기기별 맞춤된 콘텐츠 서비스를 제공하는 'digital services champion'
플랫폼 종속성에서 탈피해 N-Screen 서비스를 지원해야 한다. 앵그리버즈가 아이폰에서만 가능했다면 그 성과를 달성하지 못했을 것이다.
4) 혁신을 지원하는 콘텐츠 제작자 및 유통 사업자로서의 'idea generator'

스마트미디어 환경에서 생존경쟁력을 확보하기 위한 미디어콘텐츠 기업의 핵심역량

1) 속도의 경제학(Economies of speed)
얼마나 빠르게 생산하고 시장과 소비자의 변화에 얼마나 빠른 속도로 대응하느냐가 중요한 가치를 갖게 된다는 것을 의미. 스마트미디어 환경에서는 경쟁자보다 발 빠르게 시장과 소비자가 원하는 것을 파악하고 대응하며 변화하는 것이 필요
2) 범위와 규모의 경제학(Production economies of scale and scope)

규모의 경제는 특정 상품을 많이 생산할수록 제품 한 개당 생산원가가 낮아져 이익이 보다 많이 발생하는 경우이고, 범위의 경제는 한 상품만 생산하는 것보다는 다양한 상품을 생산하는 것이 보다 많은 이익을 창출하게 하는 것. 따라서 스마트미디어 환경에서는 얼마나 많은 이용자(규모의 경제)와 얼마나 다양한 이용자(범위의 경제)가 참여하고 공유할 수 있는가가 중요한 가치가 되는 것

3) 상호 연결된 프로슈머(Connected prosumers)

생산과 소비라는 두 가지 행위 모두에 참여하는 이용자인 프로슈머가 얼마나 밀접하고 조화롭게 상호 연결되어 있는가 하는 점도 스마트미디어 환경의 가치를 좌우. 프로슈머의 연결망이 밀접하고 촘촘할수록 창출되는 가치 역시 눈덩이처럼 불어나게 되는 스노우볼 효과(snowball effect)가 발생

4) 퍼스널미디어(Personal media)가 중요

스마트미디어 시대에 퍼스널미디어는 가치창출을 위한 새로운 수단이 될 수 있으며, 정보 및 콘텐츠의 가격변화(switching costs)에도 영향을 결과

5) 마이크로 퀄리티(Micro quality)

스마트미디어 환경에서 상품은 매스 마켓이 아닌 니치 마켓에서의 품질이 보다 중요한 가치 생성. 스마트미디어 환경은 다양한 참여자가 존재하는 환경이며 동시에 이들의 다양한 욕구가 반영되는 시장이기 때문에 여러 형태의 니치시장(Niche Market)이 존재. 따라서 니치 마켓에서의 품질이 보다 중요한 가치 획득

6) 관심의 경제(Attention economy)

스마트미디어 환경에서는 상대적으로 많은 정보 및 콘텐츠가 시장에 나오게 됨. 미디어산업의 가장 중요한 법칙은 "관심은 드물다(attention is scarce)"는 것. 미디어가 다양해질수록 관심은 절대적으로 부족해짐. 따라서 다양한 미디어가 등장하고 있는 스마트미디어 환경에서 중요한 것은 역시 소비자의 '관심.' 광고주-미디어-소비자 등 세 행위자 간 상호작용으로 구성되는 미디어 시장에서 관심은 가치사슬의 가장 중요한 부분으로 작동하는데, 이는 관심이 미디어 시장의 주요 행위자인 광고주에 의해 요구되고 소비자에 의해 공급되기 때문. 미디어는 광고주와 소비자의 소비를 조화해내야 하는 목표를 가짐. 그리고 그 목표를 달성하기 위한 방법 중 가장 중요한 것이 관심의 창출과 유지

04. OSMU 비즈니스 전략 지침

기존의 콘텐츠를 다른 콘텐츠 장르 성격에 맞게 재가공하여 새로운 파생상품을 창출하는 것을 OSMU라고 한다. 하나의 원천콘텐츠(One Source)를 개발하여 다양한 시장과 미디어에 활용(Multi Use)함으로써 가치창출의 극대화를 위한 비용을 감소시키며, 불확실성의 위험을 관리하고, 시너지효과를 높일 수 있는 주요 전략 중 하나이다. 하나의 원천 소스가 게임·만화·영화·캐릭터·소설·음반 등의 여러 가지 2차 문화상품으로 파급되어 원소스의 흥행이 2차 상품의 수익으로까지 이어지는 문화상품만이 가지는 연쇄적인 마케팅 효과를 결과하는 것이다.

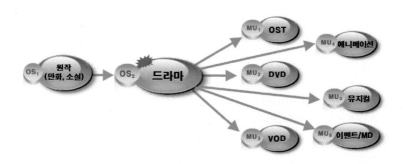

흔히 OSMU는 하나의 원작(source)이 다양한 분야나 장르에서 활용되면서 고부가가치를 만들어내는 비즈니스 구조를 일컫는다. OSMU는 COPE, 창구효과, 라이선싱 등과 함께 쓰이는데, COPE(Creative Once Publish Everyone)는 텍스트·음성·비디오 등 다양한 내용물 등을 다양한 플랫폼을 통해 누구에게나 언제 어디서나 제공하는 것을

의미한다. '창구효과(Window Effect)'는 엔터테인먼트 산업 또는 문화산업효과의 창구효과를 말하는데, 산업 연관효과가 매우 큰 것을 일컫는다. 라이선싱(Licensing)은 한 기업의 상품이나 서비스를 특정 지역에서 판매하도록 하는 권리의 허용을 말한다.

OSMU는 한 부문에서 성공을 거둔 콘텐츠를 다른 부문으로 응용해 이전 산업에서 거둬들인 성공의 파생효과를 누리는 전략으로 콘텐츠산업의 일반적인 비즈니스 방식이자 원칙으로 통용되어 왔다. 실제로 미디어콘텐츠 상품들이 각각의 특성이나 변별력을 확보하는 방법은 그 콘텐츠 상품을 기획하고 개발하는 단계에서 상당 부분 결정된다. 특히 하나의 콘텐츠만으로는 충분한 수익을 얻기 어렵기 때문에, 기획 단계에서 이를 충분히 고려해야만 한다. 대다수의 생산자들은 동일한 콘텐츠를 다양한 미디어 속에 채워 넣는 전략을 통해 수익을 극대화하고자 한다. 단일한 아이디어를 각 미디어 속성에 맞추어 조금씩 가공하여 제시함으로써 다양한 수익이 창출될 수 있다는 것을 알고 있기 때문이다. 동일한 콘텐츠라 하더라도 이것을 상이한 미디어들을 통해 다양한 시점에서 다양한 형태를 갖추어 제공해야 한다는 것이다.

콘텐츠의 부가가치 창출을 위한 OSMU전략은 이종사업자 간의 제휴를 이끌어 콘텐츠 제작으로 인한 리스크(risk)를 줄여주는 보험의 역할이자 새로운 부가가치를 창출하는 수단으로서 널리 활용되고 있다. 국내외를 막론하고 OSMU는 콘텐츠산업의 사업 다각화와 상품파생을 통한 가치창출의 극대화에 이용되는 가장 일반적이며 중요한 전략 중 하나이다. 세계적으로 이미 콘텐츠산업에 속하는 많은 장르의 산업들이 OSMU 전략을 적극 활용하여 새로운 소비와 시장을 창

OSMU 성공지침	**1** 인지도(대중성)가 있으며 탄탄한 스토리텔링이 녹아 있는 원천 콘텐츠를 확보하라. ☞ 소재선점 보다는 독창적이고 인지도 높은 그리고 스토리텔링이 뛰어난 작품 확보
	2 사전 OSMU 기획과 리스크 절감을 위해서 컨소시엄(파트너십)을 구축하라. ☞ 콘텐츠 관련 업체 간 협력 파트너십 구축/ 문화사업전문회사(SPC) 등의 전문기업 설립
	3 해외 합작, 철저한 현지화 작업 등 글로벌 OSMU 전략을 추진하라. ☞ 협력 통한 투자, 제작, 마케팅 시너지 효과 창출/ 현지문화에 대한 철저한 이해와 니즈 수렴
	4 콘텐츠 기획 및 제작 완성을 위한 재원으로서 PPL 마케팅을 전개하라. ☞ OS 기획부터 MU파급까지 전략적인 계획 수립
	5 콘텐츠 라이선싱을 강화하라. ☞ 경쟁력 있는 프로퍼티(property) 통한 자체적인 사업/ 라이선싱 관리 위한 에이전트 활용
	6 콘텐츠의 체계적인 브랜드 관리를 통한 머천다이징을 활성화하라. ☞ 통합마케팅을 통한 시너지 효과 창출/ 프랜차이즈 콘텐츠 전략 수행

출하며 다양한 부가차치를 결과하고 있다(김원제, 2009).

첫째, 인지도(대중성)가 있으며 탄탄한 스토리텔링이 녹아 있는 원천 콘텐츠를 확보하라

시장성이 검증된 원작(만화, 소설)을 확보하는 것은 OSMU 비즈니스 출발의 관건이다. OSMU 성공의 중요한 열쇠는 원천콘텐츠(OS)에 있으며, 무엇보다도 파생 상품을 관통하는 차별화·기획화된 스토리텔링(story-telling)의 존재가 핵심이다. 할리우드 영화는 탄탄한 스토리텔링에 기반한 판타지, SF소설이 영화로 다수 제작되고 있으며, 디즈니의 경우에도 전 세계 문화원형(설화·전설·민담 등)들을 활용하고 변용시켜 현대적인 가치로 재창출하고 있다. 이는 신화 및 문화원형에 기반한 스토리텔링이 글로벌 소비자들에게 가장 친근하고 익숙하며 소비 유인력이 강하기 때문이다. 우수한 원작의 매력을 잘 살리는 것이 관건이다. OS는 장르의 선택보다는 콘텐츠의 개성(독창적 스토리라인, 강한 캐릭터)을 잘 살리는 것이 중요하다. 숨겨져 있던 원작을 발굴을 통해서 소재 고갈 및 식상함에 따른 신규 포맷 등 이야기자원 개발(story-mining)이 요구된다. OSMU가 성공하기 위해서는 매체의 특성에 맞는 스토리텔링을 적합하게 녹여내는 것이 무엇보다도 선행되어야 한다.

둘째, 사전 OSMU 기획과 리스크 절감을 위해서 컨소시엄(파트너십)을 구축하라

콘텐츠 관련 업체 간 협력 파트너십은 성공적인 OSMU를 위한 필수요건이다. 콘텐츠 중심의 가치사슬 연계형(기기-네트워크-솔루션-콘텐츠 업체) 컨소시엄이어야 하고, 이를 통해 임베디드 콘텐츠 개발에 주력해야 한다.

셋째, 해외 합작과 철저한 현지화 작업 등 글로벌 OSMU 전략을 추진하라

해외 합작은 공동 자본투자로 제작비 조달 및 투자 부담을 줄여 리스크를 분산하고, 공동 기획 및 제작을 통해 작품 스토리, 디자인, 연출 등 완성도를 제고하며, 해외배급 및 마케팅 채널 확보에 따른 해외 흥행성을 담보한다. 해외 합작 시 문화적 특수성(종교·윤리·금기사항 등)을 극복할 현지화 작업이 전제되어야 한다.

넷째, 콘텐츠 기획 및 제작 완성을 위한 재원으로서 PPL 마케팅을 전개하라

PPL(Product Placement)은 영화, 드라마, 게임 등에서 자사의 제품,

브랜드, 서비스를 배치하여 자연스럽게 인지시키는 마케팅 기법으로 콘텐츠 완성도를 위한 재원, 기업과 국가의 브랜드 인지도 및 해외 홍보 효과를 낳고 있다. 성공적인 PPL을 위해서는 콘텐츠 기획부터 DVD, 케이블TV 등 2차 파급단계까지 전략적 계획이 필요하다. PPL을 노출시키는 형태, 회수, 시간, 위치 등에 대한 체계적인 접근이 필요하다. PPL로 인한 소비자의 관심이 증폭되도록 지속적이고 시의적절한 '화제(이벤트)'를 제공하는 것 역시 중요하다. 화제는 소비자의 호기심을 자극하여 구매로 유도할 가능성을 높여줄 수 있으며 이런 활동이 긍정적인 구전과 결합한다면 더욱 좋은 성과를 기대할 수 있다.

다섯째, 콘텐츠 라이선싱을 강화하라. 콘텐츠 라이선싱은 부가수익의 원천이다

라이선싱(licensing)은 상표법이나 저작권으로 보호되는 프로퍼티 (property)를 상품화, 서비스, 프로모션 등을 목적으로 일정기간 임대하는(leasing) 과정이다. 콘텐츠의 라이선스로는 DVD/VHS판권, 공중파방송권, 유선방송권, 케이블TV방송권, 재방송권, 해외판권, 게임판권, 인터넷용 캐릭터판권, 캐릭터상품권, 연극화권, 뮤지컬화권 등으로 구분된다. 일본의 경우 콘텐츠 관련 모든 저작권·저작 인접권에 대한 권리처리시스템이 확립되어 있어 해외 판매 시 사전에 관련단체를 통해 승인을 받게 한다.

경쟁력 있는 프로퍼티(property)는 디자인, 로열티, 미디어에 기반한 비즈니스를 가능하게 한다. 예컨대 '둘리나라'는 원작자(김수정)가 주도한 법인형태의 라이선싱 회사로 현재 700여 개 업체에서 2,000여 종의 상품화를 위해 디자인 개발, TV 및 극장 애니메이션으로 매체 영향력이 확장되고 있다. 캐릭터를 통한 라이선싱은 완결된 콘텐츠보다 캐릭터 개발단계부터 여러 장르의 업체와 매체를 활용하는 통합적 협력에 의한 멀티유즈 사업이 필요하다. 캐릭터 개발업체의 수익 모델로 미니멈개런티 및 로열티 외에도 온라인(인터넷/모바일) 캐릭터 상품, 기업 프로모션 등으로 라이선스를 확대해야 한다. 또한 라이선싱 사업 시 콘텐츠 특성에 따라 분야별로 시장성이 강한 카테고리를 선정할 필요가 있다.

여섯째, 콘텐츠의 체계적인 브랜드 관리를 통한 머천다이징을 활성화하라

성공 콘텐츠를 브랜드 차원에서 관리해야 하는데, 이른바 '프랜차이즈 콘텐츠'가 그 해결책이다. 콘텐츠 브랜드 관리는 상품에 부착 또는 활용된 캐릭터가 팬들로 하여금 '브랜드'와 같은 상품 충성도(royalty)를 유도하는 효과를 낳는다. 미국과 일본의 경우 성공한 원작을 시리즈로 만들어내는 프랜차이즈 콘텐츠제작이 대세이다.

콘텐츠에 대한 브랜드 관리는 광고홍보, 이벤트, 프로모션, 뮤지컬, 캐릭터 상품 등 통합 마케팅 커뮤니케이션을 활용해 시너지 효과를 창출해내야 한다. 또한 콘텐츠의 생명력 연장을 위해서는 커뮤니티를 기반으로 하고, 소비자들이 특별한 콘텐츠를 소유하도록 경쟁심을 부추기는 방식 역시 필요하다.

소프트 컨버전스(Soft Convergence), MSMU

▶ 기술 + 콘텐츠: 스마트러닝, 홀로그램 의료서비스, 스포츠(스크린골프 등)
▶ 제조업, 서비스업 등에 콘텐츠 콘셉트 접목(기능적 결합을 넘어선 화학적 결합, 超융합콘텐츠/超기능콘텐츠)
▶ Cross-fertilization: MSMU(Multi Source-Multi Use)
※ OSMU가 재생산에 중점이 있다면, MSMU는 매체와 채널이 다양해지고 서비스 상품의 응용 범주가 확장됨에 따라 1차 콘텐츠를 재창조하거나 새롭게 상품화하는 비즈니스 전략. 또한 가능한 모든 분야에서 스토리와 아이디어를 발굴해 과감하게 결합(퓨전)함으로써 콘텐츠 상품력을 최대한 높이는데 중점
예) 주력산업과 융합: 자동차 등의 주력제품에 CT를 적용해 게임, 음악 등 콘텐츠를 갖춘 최첨단 제품 개발 및 상품화
예) 서비스업과 융합: 디지털교과서 개발과 같이 교육(에듀테인먼트), 관광, 의료(메디테인먼트) 등의 서비스업에서 신 비즈니스 모델 발굴

---

05. 스마트 소비자의 역설

21세기를 사는 우리는 매우 역동적이다. 까다로운 소비행태, 새로운 기술과 상품, 문화에 대한 빠른 수용, 문화콘텐츠 제작에의 적극적인 관심 등 한국은 역동적인 사람들로 가득하다. 이러한 역동성은 빠른 기간에 유행을 만들어내고 인터넷, 모바일 등을 통해 크게 확산되고 있다. 인터넷카페, 커뮤니티, 아바타, 미니홈피, 블로그 등의 인터넷 트렌드에 따라 엽기, 얼짱, 페인, 펌 문화 등 새로운 유행이 탄생했다. 사이버공간은 개인적인 공간을 넘어 놀이공간, 교류공간, 정보획득의 공간으로 탈바꿈하고 있다.

인터넷과 함께 등장한 참여세대는 문화콘텐츠의 소비자이면서 동시에 생산자로 존재한다. 참여세대가 주도하는 활발한 '리플(댓글) 문화'는 포털, 커뮤니티의 성장 기반이다. 게시물에 달린 댓글과 추천은 게시자에게는 일종의 자극제로 작용해, 경쟁적으로 더 재미있고 자극적인 글을 경쟁적으로 올리도록 한다. 이들은 명품 아닌 진품(authenticity)을 추구하고, 개성을 중요하게 생각하는 개인주의 경향을 띤다. 소비를 통해 자신의 정체성을 찾는다. 그 결과, 이들은 쿨헌터(cool hunter)와 메이븐(maven)의 개념을 갖는데, 쿨헌터는 '멋진 것'을 찾아다니는 사람이며, 메이븐은 특정한 상품이나 분야에 정통한 전문가를 의미한다.

미디어콘텐츠 소비자들은 소비의 양면성 혹은 다면성을 갖는다. 첫째, 홀리즘(holism)과 미이즘(meism)이다. 집단적 소비와 개인중심의 소비행태가 동시에 존재한다. 둘째, 디지털 노마디즘(digital nomadism)과 코쿠니즘(cocoonism)이다. 이동과 속도를 중시하는 유목민족 성향과 안정과 정착을 중시하는 농경민적 성향이 상존하는 것이다. 셋째, 디지털 합리주의(rationalism)와 디지털 탐미주의(estheticism)다. 이성적·합리적 소비와 감성적·과시적 소비의 양면성을 갖는다.

트레져 헌터(Treasure Hunter)

▶ 최고의 상품을 위해 보물찾기를 하는 성향을 의미
▶ 트레져 헌터 성향을 지닌 소비자는 가격 대비 최고의 가치를 주는 상품을 구입하기 위해 끊임없이 정보를 탐색. 수많은 상품들이 존재하는 온라인 시장에서 소비자들은 다양한 쇼핑 경로와 자신만의 쇼핑 노하우를 통해 어딘가에 숨어 있는 최적의 상품, 즉 보물을 찾기 위해 노력하는 것
▶ 트레져 헌터성향의 소비자는 기업이 일방적으로 전달하는 광고 메시지에만 전적으로 의존하지 않고, 직접 상품 정보를 습득하고 품질을 꼼꼼히 확인하려고 함. 가격 비교 사이트에서 가격을 철저히 비교하고, 리뷰 사이트에서 구매자들이 쓴 다양한 사용 후기를 읽어본 후 구매여부를 신중하게 결정

DMC미디어(2014)는 디지털 라이프스타일 유형 분류한 결과를 제시해준다. 한국인의 디지털 라이프스타일을 설명할 수 있는 대표적인 키워드는 아홉 가지로 '혁신과 기능 추구', '정보와 편리성 추구', '사회적 관계 추구', '디지털 애착', '재미와 여가 추구', '가족 지향', '유행 추구', '개성 추구', 그리고 '디지털 기기와 미디어를 활용한 자기 계발' 등이다.

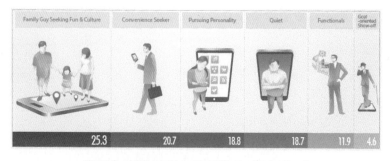

한국인의 디지털 라이프스타일 유형 및 비중 (단위: %)

아홉 가지의 키워드들을 바탕으로 한국인의 디지털 라이프스타일을 세분화한 결과 여섯 가지의 라이프스타일 유형이 나타났다.

가족과 함께 재미와 여가를 즐기기 위해 디지털기기와 미디어를 활용하려는 라이프스타일(Family Guy Seeking Fun&Culture), 생활의 편리함 때문에 디지털기기와 미디어를 이용하려는 라이프스타일(Convenience Seeker), 디지털기기와 미디어를 통해 자신의 개성을 표현하는 라이프스타일(Pursuing Personality), 디지털기기와 미디어에 무관심한 라이프스타일(Quiet), 디지털기기와 미디어의 혁신과 기능, 편리성을 추구하는 라이프스타일(Functionals), 아날로그적 성향을 보이지만 디지털기기와 미디어의 유행을 쫓고, 자기계발에 활용하는 라이프스타일(Goal-oriented Show-off) 등이다.

에릭슨(2014)이 23개국 약 23,000명의 16~59세 소비자를 대상으로 조사한 결과에 따르면, 소비자가 TV 및 비디오 시청 시 중요하게 생각하는 요인과 사업자가 생각하는 요인에는 차이가 있다. 소비자들이 원하는 비디오 서비스 요소는 뛰어난 화질, 광고 없는 영상, 최신 영화 VOD, 이동형 시청, 원하는 언어의 자막 등이다. 반면, 빠졌으면 하는 것은 주변인 추천, 맞춤형 광고, 소규모 이벤트 중계, 양방향 TV, TV쇼핑 등으로 플랫폼 제공자가 원하는 것들이다.

1 Excellent quality (HD quality)

2 Free from ads/commercials

3 New movies directly on
my TV at the same time
as theatrical release

4 Time shift/on-demand

5 Subtitles in my language
on all movies, programs
and series

20 Multi-person recommendations

21 Ad-sponsored personalized
mobile video service

22 Live video from small
or local events

23 Interactive TV

24 Click-to-buy – order
anything you see on
TV using your remote

Source: Ericsson(September 2014)

TV 및 비디오 시청 선택 요인(상위 Vs. 하위)

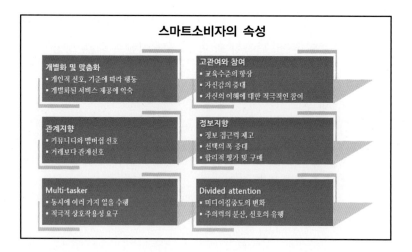

옴니 채널과 구매물고기 모델

▶ 스마트 시대의 새로운 패러다임 '옴니채널(Omni-channel)'이 화두로 부상 중

▶ 멀티채널(Multi-channel)에서 진화한 옴니채널은 소비자들을 중심으로 온오프라인의 모든 채널이 유기적으로 통합된 유통시장의 새로운 패러다임

▶ 옴니채널 환경에서 소비자들은 시간과 장소에 구애받지 않고 제품에 대한 정보를 수집하며 다양한 채널을 비교해 가장 합리적이라고 판단 되는 채널을 통해 구매(쇼루밍; showrooming 등)

자료: 손현진(2013.9)

▶ 디지털 소비자의 기술 친숙도가 높아지면서 소비패턴이나 쇼핑과정 도 크게 변화하게 되고, 소매나 유통업의 ICT 환경도 진화

※ 전통적 마케팅 이론인 '마케팅 깔때기(Marketing Funnel)' 모델처 럼 순차적이지 않고, 비정형적이며 복잡다단한 '구매 물고기(The Purchasing Fish)' 모델로 소비패턴 변화

※ 페이스북 등에서 친구가 최근에 산 제품을 보고 구매 욕구를 느끼 고, 구매 결정을 하는 순간까지 스마트폰으로 정보를 검색하며, 구매 후에도 SNS를 통해 사용 후기 공유

자료: 손현진(2013.9)

06. 하이콘셉트의 구현방법

창조경제는 어떻게 실현되는가. 창조경제는 창조산업이 지탱하는데, 그 핵심은 콘텐츠분야이다. 콘텐츠는 상상력과 창의성에서 출발한다고 하는데, 상품으로서 콘텐츠로 구현되기 위해서는 절대적으로 테크놀로지 파워에 의존한다. 그런데 최근 테크놀로지 추동력에 무언가 변화가 일고 있는데, 하이테크(High Tech.)에서 하이컬처(High Culture)로 패러다임이 변화하고 있다는 것이다. 하이테크 기반의 다양화된 정보들과 제도적인 중심이 이끌던 사회를 지나 하이컬처 시대로 나아가고 있다. 과거에는 하이테크라는 매력 자체가 수요를 창출했으나, 오늘날에는 하이테크 제품을 만든 회사의 브랜드 가치, 디자인, 사용자 간의 공감대 형성, 감성적인 만족도 등이 제품 선택에 큰 영향을 미친다. 이른바 하이콘셉트(High Concept)의 시대인 것이다.

지식근로자가 주도하던 정보화시대가 창의성, 감성 등의 새로운 능력으로 무장한 창조근로자가 주도하는 하이콘셉트 시대로 진화하고 있음이다. 하이콘셉트는 트렌드와 기회를 감지하는 능력, 무관해 보이는 아이디어의 결합을 통해 남들이 전혀 생각하지 못했던 새로운 아이디어를 창조하는 역량, 예술적·감성적 아름다움을 창조하는 능력 등을 종합적으로 지칭하는 개념이다. 즉, 하이콘셉트는 인간의 창의성과 독창성에 기반한 새로운 아이디어의 창출과 실현 능력인 것이다. 하이콘셉트의 성공적 구현을 위해서는 하이터치(high touch)가 중요하다. 하이터치는 인간의 미묘한 감정을 이해하는 것, 공감을 이끌어내는 것 등을 의미한다. 하이콘셉트는 기능, 성능 가치 대신 새로운 감성 가치를 창조하거나, 차세대 기술/제품의 추구 대신 새로운 제품 콘셉트를 창조하는 것 등으로 정의된다. 즉, 사회와 소비자의 시대적 변화 속에서 새롭게 등장하는 감성적 니즈를 기회로 포착하고, 현재 존재하는 다양한 기술들을 모아 새롭고 매혹적인 콘셉트의 제품으로 구현해내는 것을 의미한다.

하이콘셉트(High-Concept)의 구성

㉮ 디자인: 기능만으로는 안 된다(시각적으로 아름답거나 좋은 감정 선사해 가치 제공)
㉯ 스토리: 단순한 주장만으로는 안 된다(설득, 스토리가 중요)
㉰ 조화: 집중만으로는 안 된다(통합, 이질적인 조각들을 서로 결합하는 능력이 중요)
㉱ 공감: 논리만으로는 안 된다(유대 강화, 배려하는 정신)
㉲ 놀이: 진지한 것만으로는 안 된다(마음의 여유, 웃음, 유머)
㉳ 의미: 물질의 축적만으로는 안 된다(목적의식, 초월적 가치, 정신적 만족 등)

---

* 자료: Daniel Pink(2005), A Whole New World, Penguin Group Inc.

그렇다면 어떻게 하이콘셉트를 구현할 것인가. 이는 테크놀로지에 인문사회학적 지식을 융합하여 창조적 혁신을 꾀함으로써 가능하다. 2011년 구글이 6천 명 중 채용인원 중 4~5천 명을 인문분야 전공자들로 채웠다는 것은 기업의 창조적 혁신을 위한 선언에 다름 아니다. 마이크로소프트는 심리학, 사회학, 인지과학 등의 전문가를 확보하고 사람 간 소통방식, 의사결정원리 등 다양한 연구를 진행하고 있다.

미국 캘리포니아에 있는 월트디즈니 이매지니어링센터(WDI, 1952년)는 꿈을 현실로 만드는 디즈니 월드의 심장부다. 이곳에서 일하는 '이매지니어(imagineer)'들은 모두 700여 명. 이들은 디즈니의 전 세계 테마파크와 리조트를 디자인한다. 화려하고 정교한 불꽃놀이 시스템을 만드는 것이나 성의 첨탑 주변을 자유롭게 오르내리는 팅커벨의 가벼운 날갯짓, 갑작스레 눈을 떠서 관광객을 향해 목을 빼고 다가오는 공룡의 역동적인 움직임 등은 모두 이매지니어들이 창조하고 현실화한 것들이다. 디즈니사의 주요 수입원이 되는 영화 제작과정에 필요한 각종 신기술 개발과 이를 현실세계에 다시 구현하는 것 역시 이들이 담당한다. 이들은 예술과 과학을 결합해 꿈과 환상을 현실로 만드는 작업을 하고 있는데, 그 결과 '이매지니어링(Imagineering = Imagine + Engineering)'이라는 개념이 탄생한 것이다.

이매지니어의 창조성의 비결은 바로 협업에 있다. 이매지니어의 상상이 현실화될 수 있는 것은 140여 가지 작업 영역에 걸쳐 있는 가족 같은 동료들 도움덕분이다. 이곳의 특징은 성공적인 비즈니스의 원동력인 창의적 상상력이 공상에 그치지 않고 실험하고 꿈을 현실화할 수 있는 토양이 잘 갖춰져 있다는 것이다.

우리의 상황은 어떠한가. 국내의 경우 창의적 아이디어를 전문적으로 개발하고 실증할 수 있는 초기단계 실험환경이 척박한 상황이다. 따라서 창의적 아이디어를 구체적으로 실현할 수 있도록 프로토타입 제작 및 관련 전문가와의 연계체계를 구축한 생태환경 조성이

긴요하다. 창의적 아이디어를 가진 창조계급이 창조적 콘텐츠를 만들어낼 수 있도록 도와주는 창조환경 조성이 중요한 것이다. 상상의 나래를 펼칠 수 있는 초(超)협력 기회-공간이 마련되어야 한다. 구글, 페이스북, 애플의 창업자는 모두 엔지니어링 센스와 상상력, 그리고 기업가정신을 갖춘 혁신가들이었다. 스마트폰 게임어플 '앵그리버드'의 성공 역시 독창적인 아이디어에서 시작되었다.

이에 창의적 아이디어를 발전시키고 검증할 수 있는 아이디어 실증공간으로서 '(가칭)창조공작소'를 조성해야 한다. 창조공작소는 배아 상태의 창의적 아이디어가 현실로 실현되는 최고의 산실이 될 것이다. 이 공간에서는 감성기술관련 독창적인 아이디어를 발굴, 시험하고 시제품 제작이 구현될 수 있도록 해야 할 것이다. 이를 통해 자칫 사장될 수 있는 우수 아이디어를 국가차원에서 실현할 수 있는 장(場)을 마련하여 창의적 연구활동을 활성화할 수 있다.

창조경제를 떠받치는 창의성은 '기술적 창의성(Technological Creativity)'이 과학적, 경제적, 문화적 창의성과 상호작용하여 발현되며, 창의성은 다양한 자본과 상호작용함으로써 발현된다. 창조공작소에서는 시제품의 완성도를 높이기 위해 국내 유수 연구기관과 연계하고, 우수 결과물은 전문가 검증을 통해 국가R&D사업 등의 Seed자금이 추가로 지원되어, 추후 비즈니스형태로 재탄생할 수 있을 것이다. 지역별 창조공작소를 거점으로 지자체, 기업, 대학 등과의 협력을 통해 전국 어디서나 창의적인 아이디어를 실험할 수 있는 공간, 기자재 및 교육을 지원받을 수 있길 기대해본다.

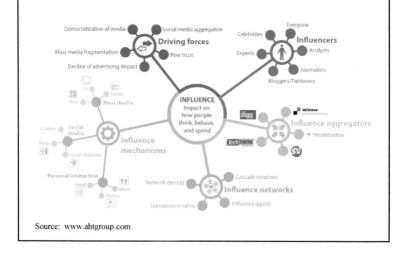

소비자 영향 요인 관계망

▶ 소비자가 생각하고 행동하고 소비하는 방식에 영향을 끼치는
요인들은 다섯 가지 범주로 정리됨

Source: www.ahtgroup.com

07. 체험지향사회와 콘텐츠마케팅

체험지향사회의 도래 및 심화에 따라 콘텐츠마케팅 전략에도 변화
가 나타나고 있다(송해룡·김원제·조항민, 2006). 우리 사회 여러 분
야에서 삶을 직접 '체험(體驗, experience)'하려는 다양한 시도들이 표
출되고 있다. 새벽까지 이어지는 클럽 문화, 집단 거리응원과 촛불시
위, 등산과 배낭여행, 체험 쇼를 지향하는 TV 토크쇼 등. 아름답고 흥
미로운 무언가를 경험하려는 노력이 삶의 중심에 들어서고 있다. 테

마파크, 영화관에서 입장권을 구입하는 것은 체험에 지불하는 비용이다. 지극히 한국적인, 그래서 외국인이 보기에는 이국적인 문화 중 하나인 찜질방, 노래방은 만인의 휴식처로, 연인의 사랑공작소로, 체험공간이 된다. 옌센(Rolf Jensen)의 설명대로, 오늘날 "소비자는 상품이 아니라 상품에 담겨 있는 스타일과 이야기, 경험과 감성을 산다."

백문이불여일견(百聞而不如一見)이던 시대를 지나 백견이불여일행(百見而不如一行)인 시대다. 하여 산업자본주의 시대에는 시장점유율을 높이는 것이 기업의 지상과제였지만 이제는 고객의 시간점유율을 높이는 것이 최대과제가 된다. 이제 기업에게 중요한 것은 고객과 지속적인 관계를 맺어 고객의 관심과 시간을 최대한 확보하는 것이다.

이제 '체험경제(Experience Economy)' 시대이다. 바야흐로 경제적 가치에 따라 '농업경제→산업경제→서비스경제→체험경제'로 진화하고 있는 것이다. 체험경제(experience economy)라는 용어를 처음 사용한 학자는 파인과 길모어(Pine and Gilmore, 1999)이다. 이들에 따르면, 고객의 마음속에 남는 경험의 창조와 제공을 위해서는 3S의 추구, 즉 고객의 만족(satisfaction)을 향상시키고, 고객의 희생(sacrifice)을 감소시키고, 고객이 기대하는 이상의 놀람(surprise)을 제공해야 한다.

"고객이 생산품이다(The customer is the product)"라는 경영컨설턴트 홀더(Holder, 2001)의 말에서, 체험사회의 성격이 단적으로 드러난다. 구입할 필요가 느껴지는 물건이나 제품이 더 이상 존재하지 않는 물질적 풍요 속에서는, 소유하지 않는 것이 없는 관계로 사람들은 아직 경험하거나 체험하지 못한 것을 찾아 나선다. 물질적 풍요 속에서 새로운 상품의 원천은 바로 소우주에 해당할 정도로 불가하며 한정적인 인간과 인간 삶 자체가 되어가고 있다. 거래대상이 바뀌고 있는

데, 1차 산품, 제품, 서비스에 이어 경험이 그 대상이다. 경험은 바로 체험이다. 현재 시장에서 거래되는 제품들을 특징적으로 분류해보면, 효능충족 제품, 긍지추구 제품, 경험추구 제품으로 구분된다. 효능충족 제품은 제품의 기능성을 중시하는 것이고, 긍지추구 제품은 제품을 소유한 사람의 과시성을 충족시키는 것이며, 경험추구 제품은 제품의 유희성(Fun)을 강조하는 것이다. 여기서 경험추구 제품을 구입하는 소비자는 이를 통해 실제 경험하고 느끼며 자기 자신을 만족시키고 싶은 욕구를 충족하게 된다. 결국 제품을 통해 느끼는 자신의 경험과 재미를 추구하는 것이다.

톰 피터스는 진정한 마케팅은 드림케팅(Dreamketing)이라고 주장한다. 꿈(Dream)을 주지 못하면 마케팅이 아니라는 것이다. 각박한 현실 속에서 꿈의 가치는 더 커진다. 더 많이 더 독특하게 꿈꾸는 기업이 결국 시장을 지배할 것이다. 결국 체험사회를 사는 소비자들은 강한 정서적 자극과 체험을 중요시하며, 단순함을 선호하고, 강한 자기애를 보인다. 디지털이 이끄는 첨단사회가 진행될수록 우리는 원시시대의 아날로그로 되돌아가려 한다. 때문에 본원적 욕구에 충실하면서 상품과 커뮤니케이션에 새로움의 옷을 입히는 감성마케팅이 필요한 것이다.

체험마케팅은 사람의 머리가 아닌 마음에 어필하는 감성 마케팅이다. 재미나 즐거움, 따뜻함, 그리고 향수나 추억 등 디지털 기술에 묻혀버리기 쉬운 감성들을 일깨워주는 마케팅이다. 앞선 기능과 디지털 이미지를 내세워서는 소비자들의 마음을 움직이는 데 한계가 있다. 디자인이나 컬러 등 제품의 소프트적인 속성은 물론, 사람의 내면의 감성을 자극하는 마케팅 활동이 점점 중요해지고 있다.

체험마케팅 트렌드를 어떻게 찾고 구현할 것인가에 대한 지침을 정리하면 다음과 같다(LG경제연구원, <주간경제> 867호 참조).

포인트 1. 소비자의 숨겨진 니즈를 찾아, 소비자에게서 아이디어를 찾아라

소비자의 숨겨진 니즈를 파악해야 한다. 소비자의 복잡한 심리 및 가치를 파악하기 위해서는 정성적 조사가 필요하다. 따라서 소비자를 인터뷰하고 관찰해야 할 것이며, 다양한 문화현상에 주목해야 한다. 또한 소비자들에게 아이디어 자문을 구해야 한다. 요즘은 인터넷을 통해서 소비자들의 생각과 일상을 엿볼 수 있다. 예컨대 블로그나 미니홈피 등에서 요즘 젊은이들의 관심사나 재미거리를 어렵지 않게 접할 수 있다. 좀 더 소비자들 마음속 깊숙한 곳을 알고 싶다면 모니터링 요원을 활용하면 된다. 자신의 이야기를 들려주고 싶어 하는 적극적인 소비자들이 넘쳐나고 있다. 소비자들과의 직접적 접촉이나 인터넷 정보를 통해서 타깃으로 하는 소비자들의 유머 감각이나 문화 코드를 이해하는 것이 아이디어를 얻기 위한 필수 조건이다.

포인트 2. 때로는 삐딱하게, 고정관념을 버려라

유쾌함과 독특한 이미지가 대중에게 어필할 수 있다. 튀기 위해서는 기존의 고정관념을 버린 역발상이 필요하다. 실제로 국내에서도 재미를 넘어서 튀는 유머와 엽기성이 가미된 제품이 인기를 끌고 있다. 튀어야 사는 시대에 상식을 뛰어넘는 역발상이 생명임을 잊지 말아야 한다. 기발한 발상으로 감성적 가치를 제공해야 한다. 오늘의 소비자는 구체적인 상품이 아니라 테마나 메시지, 상징과 컬트, 체험 등과 같은 추상적인 가치를 구매하고자 한다.

포인트 3. 온몸으로 감성을 느끼는 체험형 공간을 제공하라

인터넷상에서 재미난 제품이나 따뜻한 감성을 전달하는 데에는 한계가 있다. 특히 앞으로 펀 마케팅이나 웜 마케팅이 다양한 제품이나 산업으로 확산이 된다면 고객과의 접점에서 어떻게 재미와 따뜻함을 전달할 것인가도 고민해보아야 한다. 이를 위해서는 체험형 공간을 마련하는 것이 효과적이다. 매장 안에서 재미와 즐거움, 감성적 분위기를 느낄 수 있도록 하는 것이다. 개성 있는 체험형 매장을 통해서 제공하고자 하는 감성을 소비자들이 보다 풍부하게 느낄 수 있도록 하는 것도 필요한 작업이다.

포인트 4. 지나간 시대의 향수를 공략하라

소비자들은 추억이 깃든 음악이나 영화, 드라마 등을 보다 친근하게 느낀다. 요즘 가요계나 드라마, 영화계에서 리메이크나 복고 바람이 불고 있는 것도 이러한 점 때문이다. 불확실성이 커지고, 삶의 무게가 무거워질수록 사람들은 과거를 떠올리면서 추억하는 습성이 있다. 소비자들의 이러한 감성을 일깨우기 위해서는 우선 과거의 소비자들이 무엇을 향유하고 즐겼는지 살펴볼 필요가 있다. 요즘 온라인 커뮤니티에서 과거 1970~80년대 콘텐츠나 유행한 제품 정보를 서로 공유, 교환하면서 공감대를 형성하고자 하는 움직임이 활발하게 일어나고 있다. 이를 보고 그냥 웃고 넘어갈 것이 아니라, 소비자들이 어떤 감성에 향수를 느끼는지, 이러한 감수성을 자사의 제품에 살려볼 수는 없는지 고민해볼 시점이다.

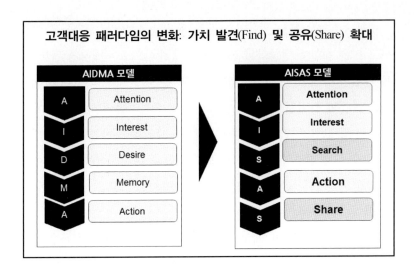

체험마케팅은 향후 새로운 마케팅의 축이 될 것으로 보인다. 파인과 길모어(Pine&Gilmore)는 고객의 체험을 과학적으로 연출하기 위한 원칙들을 제시하고 있는데 다음과 같다.

첫째, 체험의 테마를 정해야 한다. 디즈니랜드와 같이 고객으로 하여금 현실감을 상실하게 만들고 시간과 공간과 물질이 잘 조화되며, 한 장소에서 다양한 느낌을 줄 수 있으며, 기업의 캐릭터와 잘 어울릴 수 있는 간결하고 호소력 있는 테마를 설정하는 것이 중요하다는 것이다.

둘째, 테마에 어울리는 '인상(impression)'을 개발해야 한다. 테마가 체험의 기초를 형성한다면, 그 체험에는 반드시 지워지지 않는 인상이 주어져야 한다.

셋째, 부정적인 '자극요소'를 제거해야 한다. 테마와 상충하거나 테마를 손상시키는 요소들을 제거하는 것 또한 중요하다.

넷째, '추억상품'을 체험의 도구로 활용할 수 있다. 고객들은 간직하고 싶은 체험이 형상화된 물건을 추억 대신으로 구매하게 된다. 감동 깊었던 뮤지컬, 애인과 함께 본 영화 등 특별한 체험에 대해서 고객은 그것과 관련된 '제품'을 무척이나 소유하기를 원하기 때문이다.

다섯째, 고객의 오감을 자극해야 한다. 오감을 동반한 체험은 테마에 대한 더욱 강렬한 인상을 심어줄 수 있다. 예컨대 커피전문점에서 일부러 커피향의 방향제를 사용하며, 빵집의 출입문을 열어 놓아 지나가는 고객의 후각을 자극하는 것이다.

여섯째, 미래를 위해 체험을 유료화해야 한다. 체험을 공짜로 제공한다면 그것은 '경제적 상품'이 될 수 없기 때문에, 체험에 대해서도 입장료 청구가 필요하다.

소비에 재미를 더하는 플레이슈머(Playsumer)

▶ 놀이 혹은 펀(Fun)을 원하는 소비자, '플레이슈머(Playsumer=Play와 Consumer의 합성어)'
▶ 특징: 소유보다 사용을 중요시, 구매 과정 자체에서도 재미를 추구, 직접적으로 의도하지는 않지만 주변 피어(Peer) 그룹에게 많은 영향
▶ 건강, 음식, 패션, 집, 그리고 직장에 이르기까지 다양한 분야에서 노출. '놀이문화'에 대한 시각이 더욱 긍정적으로 바뀌고 있고, 다양한 방법들이 IT 기술의 발전을 통해 가능해지면서 향후 플레이슈머의 증가는 지속될 것
▶ (예) TV 프로그램에서 음식과 관련된 변화
먹는 행위 자체보다 음식을 만드는 과정에 대한 초점이 부각된 프로그램들이 더 큰 관심
최근의 요리 프로그램들은 '냉장고를 부탁해'처럼 시간제한과 대결을 통한 긴장감 있는 재미라든지, '오늘 뭐 먹지?'처럼 요리를 잘 못하는 호스트가 어설프게 음식을 만들지만 결국 완성하는 재미라든지, '삼시

세끼'처럼 시골 마을에서 솥, 아궁이 등을 이용하여 '시골 스타일'로
음식을 만드는 과정을 편안하게 보여주는 재미를 선사
▶ (예) 도미노피자는 스마트폰을 통해 자신이 직접 토핑을 선택하고 그
레시피를 저장 및 공유할 수 있게 하는 '마이 키친'이라는 앱을 출시
앱을 통해 소비자들은 도우, 소스, 토핑 등을 원하는 대로 선택
사진은 실감나는 3D로 표현이 되며, 토핑을 뿌릴 때는 스마트폰을 흔들
어야 하는 재미도 선사. 마지막으로 자신이 만든 피자에 이름까지 직접
짓고 SNS로 공유할 수 있게 되어 소비자들에게 재미있는 경험을 선사

참고: LG Business Insight(2015.4.29) Weekly 포커스

08. 사용자 경험(UX) 기획 및 디자인

혁신적 테크놀로지의 진화와 더불어 사용자의 '경험(Experience)'이
콘텐츠 서비스의 핵심요소로 부상하고 있다. 사용자들에게 있어 두꺼
운 해설집 없이 간단하고 직관적으로 이용할 수 있는 콘텐츠들이 각
광받고 있음이다. 콘텐츠를 이용하기 위한 복잡한 단계는 생략하고
바로 이용할 수 있게 되면서 기계로 찍어내듯 콘텐츠를 생산하는 콘
텐츠 제작사들이 변화하고 있다. '사용자 경험(User Experience)'이 근
간이 되는 콘텐츠(서비스)가 바로 그 핵심이다.

사람들은 자신이 자주 이용하는 홈페이지나 포털을 가지고 있다.
이러한 사이트를 이용할 때 대개 홈페이지의 좌측 상단에는 홈페이지
의 메인으로 이동할 수 있는 링크나 현재 방문하고 있는 위치를 나타
내기 위한 로고를 위치시킨다. 새롭게 만들어지는 사이트들은 이러한
사용자들의 방문 경험 등을 기반으로 자신의 사이트를 디자인한다.

이처럼 개발자나 회사의 입장이 아닌 사용자의 눈높이와 경험의

정도를 파악하여 디자인하는 사용자 경험 디자인을 UX 디자인(User Experience Design)이라고 한다. 특정 단말기나 시스템의 운용에 있어 사용자 지각이 반영되는 상호작용 모델이나 새로운 형태의 건축 등이 속하는 경험 디자인의 한 분야로 사용자가 어떻게 지각하는지, 배우는지 그리고 사용하는지(how it is perceived, learned, and used)에 대한 상호작용이 가장 중요한 위치를 차지한다.

사용자 경험은 일반적으로 기업이 제공하는 제품 또는 서비스를 최종 사용자가 소비하는 과정(상호작용)과 그 결과로 형성된 경험을 모두 지칭한다. 회사 브랜드, 제품 이름과 색상, 기능뿐 아니라 소비자가 제품을 직간접적으로 느끼고 생각하는 전 영역이 사용자 경험에 포함된다. 사용자 경험은 일부 IT 솔루션 및 서비스에 한정돼 적용됐지만 최근에는 IT뿐만 아니라 일반 제품 등에도 널리 적용되고 있는 추세이다.

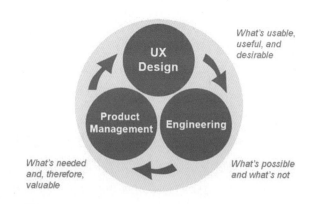

Source:
http://www.uxmatters.com/mt/archives/2007/05/sharing-ownership-of-ux.php

UX 디자인의 개념

UX 디자인은 상호작용 디자인, 산업 디자인, 정보 아키텍처, 비주얼 인터페이스 디자인, 사용자 중심 디자인 등 일관성을 보장하며 디자인 제품의 형태, 행동, 그리고 콘텐츠를 정의하고 이러한 설계 전면을 모두 포괄한다. 인간과 컴퓨터 간 상호작용의 과정에서 인간의 측면에 더욱 중점을 두는 콘셉트로 전반적인 인과관계를 생각하는 디자인이라 할 수 있다. 웹 디자인, 사용자 중심 디자인, 그래픽 디자인, 유저 인터페이스 디자인, 상호작용 디자인, 상호성 테스트, 고객만족, 마케팅 등의 분야에 있어 각각의 요소를 별개로 보는 것이 아니라 총체적인 관점을 통한 접근이 필요한 의미라고 할 수 있다.

　UX 디자인의 핵심은 사용자의 눈에서 바라본 세상을 구현하자는 것이다. IT 기술을 비롯해 많은 전자기기들, 제품들은 이전까지 제작사의 눈에서 생산해왔던 것이 사실이다. 제작사의 입장에서 어떻게 하면 상품을 더욱 많이 판매할 수 있을 것인가, 유저의 이목을 집중시킬 것인가를 고민해오면서 동종 업계들 간에서 경쟁을 해왔다. 그러나 생산되는 제품들의 성능이 비슷해지고 서비스의 질에 있어서도 큰 차이가 없어지면서 기업들은 타 기업과의 차별화가 필요해졌다. 사용자의 눈을 잡아두어야만 서비스의 판매가 이루어질 수 있기에 사용자의 편의에 맞는 콘텐츠의 제작이 이루어지는데 UX 디자인은 사용자 중심의 디자인에 있어 정점에 있다고 할 수 있다. 이에 모니터와 마우스, 키보드를 통해 콘텐츠에 접근하던 방식에서 탈피하여 터치스크린, 3D, 동작인식, SNS 등을 통해 다양한 방식의 사용자 경험을 통한 새로운 UX 환경이 구축되고 있다.

　UX 디자인의 중요성을 피력한 대표적 사례는 애플의 제품들이다. 애플은 iPod, iPod Touch, iPhone 등을 통해 기존의 비슷한 제품에서 더 나아간 제품을 출시하면서 세계적인 인기를 얻고 있다. 버튼 조작 일색이었던 mp3 시장에서 버튼 대신 감압 터치를 장착한 iPod과 제품 전면에 터치스크린을 기반으로 하는 iPod Touch의 등장은 사용자들에게 있어 가장 사용하기 편리한 제품으로 다가왔다.

애플의 새로운 제품들은 기존 제품들이 가지지 못한 기능성을 추가하기 위함뿐만 아니라 사용자들이 가장 쉽게 사용할 수 있는 것에 대한 고민의 결과이다. 이러한 성과에는 엄청난 양의 데이터나 많은 기능들을 쉽게 다루기 위한 수많은 착오가 수반되었다. 애플은 이러한 기존의 제품들을 한층 더 발전시킨 iPad를 발표했다. 타블릿 PC를 표방한 iPad는 터치스크린을 기반으로 하고 있으며 다양한 기능을 통해 애플의 UX 디자인에 대한 단면을 보여준다고 할 수 있다. iPod, iPhone 등이 가지고 있던 기능에 사용자를 위해 크기를 키우면서 편리한 사용이 가능하도록 하였다.

애플은 iPad를 출시하면서 iPad Human Interface Guidelines을 추가하였다. iPad Human Interface Guidelines는 iPad에 지원되는 프로그램들이 반드시 따라야 하는 가이드로써 내용을 살펴보면 애플이 가지고 있는 UX 디자인의 면모를 확인할 수 있다. iPad 인터페이스 가이드라인을 살펴보면 기존의 iPod과 iPhone의 인터페이스 가이드라인을 그대로 유지하고 있으며 태블릿PC로 사용이 편리하도록 한 점이 눈에 띈다. 사용자가 어려운 설명서를 읽거나 시행착오를 거치지 않도록 터치스크린의 멀티 터치(Multifinger Gestures)를 통한 쉽고 간편한 조작을 할 수 있도록 강조하고 있다. 이와 함께 iPad 하단에 위치한 'Home' 버튼만으로 실행 중인 프로그램을 중단할 수 있으며 여타 프로그램과의 목록 정렬에도 신경을 쓰도록 권유하고 있다. 언제 어디서나 사용자의 뜻대로 전원을 켰다 껐다 해야 하는 만큼, 프로그램이 언제든 종료될 수 있도록 가이드라인을 배포하고 있다. 전자제품의 두꺼운 설명서만큼 사용자들을 혼란에 빠뜨리는 경우는 없다. 애플은 자사의 제품들이 설명서가 필요하지 않도록 직관적인 UX 디자인을 통해 기존의 사용자들이 부담 없이 사용할 수 있도록 유도하여 큰 인기를 얻고 있다.

복잡한 설명서보다는 직관적으로 쉽게 사용할 수 있는 조작이 가능하도록 전자제품분야에서도 UX 디자인의 열풍이 진행되고 있다. 닌텐도는 콘트롤러(조이스틱)를 통해서만 게임을 즐기던 전통적인 방식을 탈피해 사용자가 움직임을 통해 직접 게임을 플레이할 수 있도록 하는 Wii 혁신을 추구해 성공을 하였다. 비슷한 게임기를 제작판매하던 소니와 마이크로소프트는 하드웨어는 높은 사양으로 만들어냈으나 사용자의 배려는 그만큼 소홀했다. 단순히 하드웨어의 성능과 기술력만으로는 성공하기 어려울 정도 시대는 변화했고 사용자도 영리해졌다.

현재 조그마한 전자제품에서부터 웹사이트를 거쳐 거대한 컴퓨터 운영체제에 이르기까지 UX 디자인이 미치지 않는 곳이 없을 정도로 UX 디자인은 열풍이다. 이러한 열풍의 뒷면에는 늘 무시되어 왔던 사용자에 대한 존중이 숨어 있다고 할 수 있다. 지금까지 사용자들은 생산된 물품들을 정해진 사용법대로 익히고 배워 사용하는 것에 길들여져 왔다. 웹2.0 세대가 지나면서 사용자들은 스스로 원하는 요구조건을 충족하기를 원하게 되었다. 뿐만 아니라, 기능적인 하드웨어만으로는 차별화가 어려운 상황에서 사용자들은 본인의 요구를 충족시키기 위한 새로운 대안이 필요하게 되었다. 그러한 상황에 등장한

UX 디자인은 사용자 경험이 바탕이 되어 사용자의 시각에 맞게 모든 것을 결정하고 있다.

구글이나 마이크로소프트, 애플 등은 자사의 PC 운영체제나 모바일 운영체제를 어떻게 하면 좀 더 쉽고 많은 사람들이 사용할 수 있는지를 가지고 고심하고 있다. 이 모든 상황의 이면에 UX 디자인이 자리 잡고 있다.

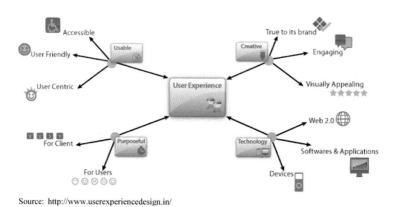

Source: http://www.userexperiencedesign.in/

UX 디자인의 파급영역

UX 디자인은 창의적 융합이어야 한다. 디자인은 각 분야의 영역들을 융합시키는 역할을 한다. 디자인을 통해 기존의 정보와 지식이 결합하고 연관을 맺으면서 새로운 지식 및 정보가 만들어진다. 디자인은 음악을 신화와 연결시키고, 종교와 상징을 연결시키면서 새로운 콘텐츠를 만든다. 디자인은 영역 간의 어울림을 이끌어내는 창의적인 작업이어야 한다.

UX 디자인은 문화 만들기이다. 문화는 의미부여 행위를 통해 만들어진다. 새로운 문화와 그 가치를 생산하는 디자인은 기존의 것들에 대한 의미부여 행위로 규정지을 수 있다. 기존의 것에 새로운 의미부여를 하는 디자인은 다름 아닌 문화 만들기이자 그 자체로서 하나의 문화가 된다. 디자인은 삶으로서의 디자인, 문화로서의 디자인을 지향함으로써 융합을 통한 새로운 창조 행위를 영위해나가며, 새로운 정체성을 형성하는 데 앞장선다. 디자인을 문화현상으로 바라보고 그것을 삶으로 이해하는 것을 시작으로, 디자인은 우리 삶 속으로 들어오게 된다. 디자인이 문화현상으로 이해되고 '문화를 디자인한다'는 광의의 개념으로 나아가게 될 때, 우리 삶과 문화는 한층 더 다양하고 질적으로 풍요로운 단계에 이를 수 있다. 그동안의 디자인이 소비자를 유혹하는 도구 수준에 있었다면 앞으로는 문화를 만들어나가는, 소비자를 위하는 디자인이 되어야 할 것이다.

맥멀린(Jess McMullin)의 사용자 경험 싸이클

Trigger

Expectation

Proximity

Evaluation

The User's Experience Cycle

The user experience is not one simple action - it is an interconnected cycle of attempting to satisfy hopes, dreams, needs, and desires. This takes the shape of individuals comparing their expectations to the outcomes generated by their interaction with a system. Managing expectations then becomes key to successfully providing a satisfying "return on experience" that delights users and generates shared, sustainable value.

Awareness

Response

Action

Connection

Source: http://experiencezen.com

▶ 계기(Trigger): 사용자가 자극에 반응하거나 행동에 옮기는 것은 그에 걸맞은 이유가 있기 때문이다. 가령 쇼핑몰을 방문하는 이유는 원하는 아이템이 있거나 과거의 구매 결과가 만족스러웠기 때문일 것이다.

▶ 기대(Expectation): 사용자는 시스템에 대해 나름의 기대를 갖고 있다. 그 기대가 맞으면 만족하고, 기대에 미치지 않으면 불만이 생긴다. 그래서 기대는 경험 품질을 결정짓는 중요한 요소로 본다.

▶ 근접성(Proximity): 사용자가 원하는 바를 얻기 위해서는 이에 필요한 곳으로 이동해야 한다. 이곳이 가깝다면 사용자는 적은 노력으로 해결할 수 있지만, 그렇지 않다면 이곳저곳을 헤매다가 기회조차 얻지 못할 수 있다.

▶ 인식성(Awareness): 이해력이 부족한 사용자에게는 쉬운 용어로 설명하고, 시력이 약한 사용자에게는 크고 또렷한 글씨로 알아보기 쉽게 해야 한다.

▶ 연관성(Connection): 사용자가 원하는 바와 이에 필요한 요소가 서로 연결될 수 있는 성질을 공유하고 있어야 한다. 유심히 살피지 않더라도 연관성이 있음을 알 수 있다면 사용자는 자신의 생각을 신속하게 행동으로 옮길 수 있다.

▶ 행동(Action): 원하는 바를 얻기 위해서는 읽기, 입력하기, 조작하기 등 다양한 방식의 사용자 행동이 수반되어야 한다. 이러한 행동들은 적은 노력으로 많은 성과를 거두는 것이 중요하다.

▶ 반응(Response): 시스템은 사용자 행동에 대한 반응을 제공한다. 만약 사용자 행동에 대해 시스템이 아무런 반응을 내놓지 않거나 반응이 늦으면 오류 상황으로 오해하거나 느린 동작에 대해 짜증낼 수 있다.

▶ 평가(Evaluation): 시스템 반응이 사용자 기대와 일치하는지를 평가한다. 만약 일치한다면 사용자는 만족스러운 경험을 하게 되고, 이 경험은 순방향으로 전이되어 또다시 사용자 경험의 순환고리로 들어서게 된다.

09. 콘텐츠비즈니스 혁신, 큐레이션

데이터(정보)와 영상(이미지)이 돈이 되는 시대이다. 창조경제 시대에는 정보재(information good)가 경제적 가치를 갖기 때문이다. 그런데 데이터와 이미지의 과잉은 아이러니하게도 적지 않은 정크(junk) 콘텐츠를 만들어내기도 한다. 이러한 콘텐츠 과잉의 시대에 의미 있고 가치 있는 콘텐츠의 획득과 공유가 중요해지고 있다. 하여 큐레이션이 주목받고 있다.

'큐레이션(Curation)'이라 함은 수많은 콘텐츠들 중 개인의 주관이나 관점에 따라 관련 콘텐츠들을 수집, 정리하고 편집하여 이용자와 관련이 있거나 좋아할 만한 콘텐츠를 제공하는 서비스를 말한다. 수많은 콘텐츠를 의미 있는 방식으로 해석하고 중요도를 정해 재배열하여 이용자에게 유용한 정보를 맞춤형으로 제공하는 것이다.

잡지를 편집한 잡지 <리더스 다이제스트>가 그 시초라 하겠다. 리더스 다이제스트(Reader's Digest)는 드위 윌리스라는 큐레이터가 1차 세계대전 참전 도중 부상으로 치료받는 동안 월간지 기사를 모으고 요약해서 만든 잡지로 현재 전 세계 40개국에서 1억 명이 넘는 독자를 확보하고 있다.

이러한 큐레이션이 스마트 시대에 더 유용한 서비스 모델로 부상하고 있다. 뉴스블로그 <허핑턴 포스트>가 대표적이다. 허핑턴 포스트(The Huffington Post)에 게시되는 기사와 블로그 글 중 60%는 직접 작성하고, 40%는 콘텐츠 정보원들이 다른 곳에서 모아 편집하여 제공하는 콘텐츠로 구성되는데, 뉴욕타임즈의 웹사이트 순방문자 수를 넘어선다.

2005년 설립된 유투브는 기존의 TV업계를 무너뜨리는 충격파를 주었다. 과거의 콘텐츠 소비자가 콘텐츠 생산자가 되는 계기를 마련한 것이다. 오늘날 유투브는 창립 6주년 만에 구글과 페이스북에 이어 세 번째로 큰 사이트로 발전했다. 유투브는 자신을 콘텐츠 제작자가 아니라 큐레이터로 생각했기 때문에 수익을 내는 큰 사이트로 발전할 수 있었다.

큐레이션은 소셜 이념을 지향한다. 핀터레스트(Pinterest)는 페이스북과 트위터에 이어 3대 소셜 네트워크로 급부상하고 있다. 이용자가 선정한 관심 영역에 대한 정보를 추천하고, 이용자의 취향에 따라 '핀'을 꽂아(pin-it) 관리할 수 있으며, 공유도 가능하다. 해외 브랜드들이 마케팅 채널로 핀터레스트를 도입하는 등 비즈니스적 영향력을 가지고 있다.

인터레스트 닷 미(interest.me)는 국내 최초의 큐레이션 서비스로 CJ E&M에서 2012년 7월 서비스를 개시했다. CJ E&M에서 제작하는 음악, 요리, 예능 등 다양한 자체 콘텐츠와의 융합 및 단기간 사용자 확보 등의 강점을 갖는다.

젤리캠(jellycam.com)은 판도라TV에서 출시한 서비스로 N스크린 기반의 동영상 소셜 큐레이션 방식을 채택하여, 기존 핀터레스트의 모자이크식 UI를 벤치마킹해 타 서비스와 차별화하고 있다. 영상콘텐츠를 손쉽게 SNS에 공유하는 등 동영상과 관련된 모든 활동을 한 번에 실행할 수 있다. 이처럼 소셜 큐레이션 서비스는 자신이 원하는 정보를 손쉽게 관리 이용할 수 있으며, 그것을 SNS서비스와 연계하여 손쉽게 공유할 수 있다는 특징을 지닌다.

큐레이션 서비스는 특히 뉴스, 정보 분야에서 두각을 보이고 있다. 잡지의 잡지라 할 수 있는 <리더스 다이제스트>와 최초의 뉴스 매거진 <타임>이 그 시초라 하겠고, 최근 스마트미디어 환경에서는 다양한 잡지 애플리케이션들이 등장하고 있다. 플립보드(Flipboard)는 각종 사이트의 콘텐츠를 스마트폰이나 태블릿에서 편하게 볼 수 있도록 지원하는 소셜 매거진 서비스를 제공한다. 이용자들이 서치를 통해 원하는 정보나 콘텐츠를 플립보드 매거진으로 저장하고, 매거진에 있는 내용들을 공유할 수 있다.

뉴스코프(News Corp.) 산하의 월스트리트저널(Wall Street Journal)은 이용자의 니즈를 반영한 특정 주제 및 사건을 중심으로 기존 기사를 엄선해 편집하는 방식으로 온라인 뉴스 사이트에서 큐레이션 서비스를 제공하고 있다. 개개인의 취향과 니즈를 반영한 메일링 서비스를 제공한다. e-book으로 큐레이션 서비스를 확대하고 있으며, 큐레이션을 통해 유료화 서비스 모델을 실험하고 있다. 타임워너(Time Warner) 산하 CNN의 CNN Trends는 이용자 데이터 기반의 실시간 방송 및 VOD 추천 서비스를 제공한다. 개인화된 TV 편성표를 제공하며, SNS 업계와의 제휴를 통해 지인의 관심 및 선호도가 높은 TV 콘텐츠 정보를 제공한다.

국내에서는 '에디토이(Editoy)'가 SNS에서 공유하고 싶은 내용을 출처 링크와 함께 모아보는 서비스를 제공하고 있다. '뉴스페퍼민트(News Peppermint)'는 매일 아침 7시 하루 동안 올라온 외신 중 각 분야의 탑 뉴스 9개를 선정하여 제공하며, '쿠키(coo.ki)'는 개인이 관심사를 지정하여 양질의 정보를 받아 자신만의 매거진을 만들 수 있도록 하는 서비스이다.

콘텐츠, 만들어내는 것이 능사는 아니다. 크리에이션이 아니라 큐레이션이 중요해지고 있음이다. 이제 콘텐츠기업은 소비자들의 니즈에 맞게 콘텐츠를 수집하고 필터링하는 '큐레이터(curator)'가 되어야 할 것이다. 큐레이션 전략 수립을 위해서는 고객 behavior data의 확보가 요구된다. 우리가 만든 콘텐츠를 어떤 고객들이 어떻게 소비하는지를 통찰할 수 있는 데이터를 확보할 수 있어야 그것을 기반으로 지속적으로 주목받을 수 있는 콘텐츠 재생산이 가능하기 때문이다. 콘텐츠의 유통경로와 사용자의 소비패턴을 기록하고 측정하고 관리해야만 한다. 이른바 빅데이터(Big Data)인데, 아마존의 성공비즈니스는 바로 이러한 전략에 기초한 것이라 하겠다.

연결된 세상에서 성공을 위한 요소들

▶ 연결된 세상에서 성공을 위한 요소는 관계(Relationships), 가시성(Visibility), 그리고 실행(Execution)의 3요소이며, 이들을 성취하기 위한 방법은 다음과 같음
▶ 실행(EXECUTION): 클라우드(Cloud)와 크라우드(Crowd)
▶ 가시성(VISIBILITY): 적절한 수용자에게 보이는 유용하고 적절한 콘텐츠 창출(Create), 가치창출 및 정체성/브랜드 구축하는 콘텐츠 선별(Curate)
▶ 관계(RELATIONSHIPS): 고객과의 관계 구축 및 유지(Connect), 관계 형성을 위한 대화(Converse)

Source: www.rossdawson.com

---

10. 크라우드소싱과 콘텐츠산업 혁신

글로벌 경쟁에서 승리하기 위하여
취하는 방법 중 가장 매력 없는 방법은
혼자서 모든 것을 할 수 있다고 생각하는 것이다.
- 잭 웰치 전 GE 회장

'질 좋은 콘텐츠'(good contents)는 고객 입장을 고려한 콘텐츠 혁신으로 가능하다. 여기서 혁신(innovation)은 새로운 가능성을 열어주고 경쟁력을 강화해주는데, 그 과정은 매우 복잡하고 자원 또한 유한하다. 복잡한 과정과 유한성은 미래의 불확실성을 가중시켜 리스크 위험성을 가지기에, 혁신의 가능성을 높이기 위해서는 외부의 지식원천을 적극적으로 탐색, 활용하는 것이 반드시 필요하다. 그 방법론 중 하나가 크라우드소싱(crowdsourcing)이라는 개념이다. 크라우드소싱은 군중을 뜻하는 크라우드(crowd)와 외부자원 활용을 뜻하는 아웃소싱(outsourcing)이 합성된 단어로, 생산 및 서비스 과정에 대중(일반 수요자 및 전문가·crowd)을 참여시켜 더 나은 제품 및 서비스를 창출하는 혁신적이며 효율적인 방법이다. 기업이 제품(서비스) 개발 및 생산 과정을 소비자나 대중에게 개방하여 효율을 높이고 수익을 참여자와 공유하고자 하는 방법으로, 고객의 집단능력 즉 집단지성을 통해 대규모 협업(mass collaboration)을 수행할 수 있는 방식이다.

2006년 미국 '와이어드(wired)' 매거진의 제프 호위(Jeff Howe)가 만든 신조어로, 인터넷을 통해 아이디어를 얻고 이를 기업 활동에 활용하는 방식을 의미한다. 일반적으로 크라우드소싱은 유·무선 인터넷 플랫폼(온라인 홈페이지 및 SNS 등)에 기반해 실시간으로 전문가와 일반 대중 및 제품과 서비스 수요자(정책수혜 대상자 등 포함)의 의견과 아이디어를 듣고, 이 중 제품 및 서비스 개선과 혁신에 반영할 가치가 분명한 의견 및 아이디어를 참여자들(전문가, 일반 대중 및 수요자)들에게 판단하도록 한 후 선별된 의견 및 아이디어를 개선 및 혁신 과정에 실제로 반영하는 형태로 이루어진다. 무엇보다 일부 전문가들만이 참여할 때보다도 개선 및 혁신을 위한 아이디어와 의견이 보다 다양하게 도출될 수 있는 장점이 있다. 일본의 가전업체 파나소닉은 크라우드소싱 방식을 도입하면서 디자인 개발 비용을 1/3로 감소시켰다고 한다.

크라우드소싱의 원형은 미국 벤처기업 쿼키다. 쿼키는 개인이 자유롭게 아이디어를 제안하고 이를 상업화해 급성장한 소셜 제품 플랫폼 기업이다. 회원 100만 명이 1주일에 올리는 아이디어 4,000여 개를 검토해 상품을 개발하는 방식으로 2013년 기준 500억 원이 넘는 매출을 올렸다. 최근에는 소프트웨어 시장에도 크라우드소싱이 도입되고 있다. 모바일 애플리케이션(앱) 스토어는 운영체제(OS)는 운영하는 기업의 몫이지만, 스토어를 구성하는 개별 앱은 외부의 개발자에게 의지하는 구조다.

크라우드소싱은 민간부문뿐만 아니라 공공부문에서도 활발하게 활용되고 있다. 미국 오바마 정부는 이미 크라우드소싱 방식을 적용해 국민을 공공 문제 해결에 참여시키고 있다. 예컨대 오바마 정부는 지진·암반 함몰 사례를 크라우드소싱을 통해 수집하여 지역계획에 반영했고, 미항공우주국(NASA)은 태양표면 폭발예측 알고리즘 콘테스트를 크라우드소싱 형태로 개최하여 다양한 아이디어와 정보를 수집할 수 있었다. 또한 유타주 교통국의 이상적인 버스 정류소 설계를 공모하여 시민들의 여러 가지 아이디어를 받아들인 설계를 구현하였다. 국내의 경우 미래창조과학부는 '창조경제타운' 홈페이지에 '아이디어 발전소'란 크라우드소싱 방식을 활용한 메뉴를 새롭게 구축하고 다양한 전문가와 일반인이 참여하여 문제해결을 위한 아이디어 제안 서비스를 운영하고 있다.

콘텐츠산업 분야를 보면, 대중이 온라인에서 수많은 콘텐츠를 쏟아내면서 전통적인 생산과 소비의 경계가 허물어지고 있는 가운데 온라인 기술의 진화로 인해 정보에 대한 접근성이 용이해지면서 프로에 가까운 아마추어들이 탄생하고 있으며 공통된 관심사에 중점을 둔 커뮤니티가 폭발적으로 증가하고 있다는 점은 광범위한 대중의 집단지성을 효율적으로 활용할 수 있는 크라우드소싱 환경을 가능하게 하고 있다. 대표적인 사례는 아마존이 보여주고 있다.

아마존의 경우 크라우드소싱 플랫폼 구축을 통해 다양한 콘텐츠를 발굴하려는 시도를 하고 있다. 아마존은 2014년 10월 초에 '라이트 온(Write On)'이라는 크라우드소싱 프로그램을 선보였다. 저자들이 아마존 회원들에게 원고의 초안을 공개하고 의견과 제안을 구하며 이 과정을 통해 보다 독자들이 선호할 수 있는 전자책을 창출하는 출판 크라우드소싱 서비스이다.

라이트 온은 저자가 작품 집필 과정 중에 작성 된 원고를 게재하고 크라우드소싱 온라인 플랫폼에 가입한 회원 및 독자들의 다양한 의견을 확인하고 반영해가면서 최종 원고를 작성할 수 있도록 지원하고 있다. 독자 회원들은 잘못된 쉼표 위치 등까지도 의견을 제시하면서 적극적으로 참여한다. 그간 아마존은 인디 작가들을 자신들의 킨들 생태계로 끌어들이기 위한 시도를 계속해 왔다. 라이트 온 플랫폼

서비스 또한 이러한 시도의 연장선상에서 파악되는데, 이 플랫폼은 팬픽이 아닌 정통 소설이나 짧은 이야기를 공개하는 공간으로 제공되고 있다. 라이트 온 온라인 플랫폼(https://writeon.amazon.com)의 메인 화면은 미니멀리즘을 추구하는 디자인 형태로 구성되어 있다. 라이트 온에 대한 간략한 소개와 함께 참여자를 위한 로그인 메뉴로 메인 화면이 디자인되어 있다.

라이트 온 플랫폼

이 서비스를 이용하기 위해서는 아마존닷컴의 패스워드와 이용자의 이메일 주소만 입력하면 된다. 이 플랫폼은 페이스북과도 연계되어 있다.

글쓰기 과정에 회원들이 참여하는 크라우드소싱 방식과는 별도로 이미 완성된 작품을 보고 출판할 만한 책인지 고객들이 투표해서 선정하는 프로그램으로 '킨들 스카우트'(Kindle Scout)가 있다. 마치 가수 발굴을 위한 오디션 프로그램처럼 일정 기간 독자들이 직접 읽어보고 점수를 매겨 점수가 높은 작품들을 선정하여 출판하는 프로그램으로 선택된 책들은 킨들다이렉트퍼블리싱(KDP)의 편집자들의 검증을 거쳐 전자책으로 출시된다. 당선된 작가들은 로열티의 50% 정도를 선지급받게 되며, 크라우드소싱을 통한 작품 평가에 참여했던 독자들은 최종 당선작들의 전자책을 무료로 받게 된다. 독자들이 직접 평가해서 당선작들을 결정하는 방식을 통해 평가의 공정성과 투명성을 확보할 수 있다.

킨들스카우트 온라인 플랫폼(https://kindlescout.amazon.com)은 이 플랫폼에 계정이 있는 가입자들이 곧바로 게시된 작품들을 살펴볼

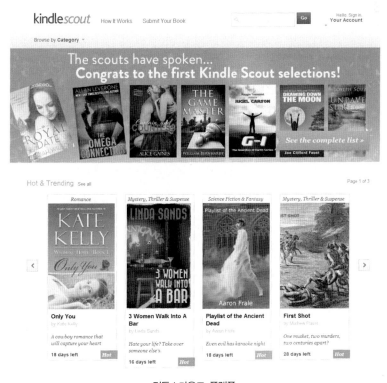

킨들스카우트 플랫폼

수 있도록 구성되어 있다. 작품 표지를 중심으로 작품을 소개하고 있는데 이용자는 메인 페이지 좌측 상단에 있는 브라우즈 바이 카테고리(Browse by Category) 메뉴를 통해 각 작품을 카테고리(가장 주목받고 있는 순, 가장 최신 순, 오래된 순, 장르별 등)별로 유목을 자유롭게 설정하여 해당 유목에 해당하는 작품들만을 편리하게 찾아볼 수 있도록 구성되어 있다.

킨들스카우트 플랫폼의 메인 메뉴에 제시된 각 원고들의 표지를 클릭하면 이용자는 해당 원고에 대한 간략한 정보를 얻을 수 있다. 또한 그 정보 아래에는 추천을 할 것인지의 여부를 결정하는 메뉴가 있다. 이용자들은 이 메뉴를 활용하여 해당 원고를 추천할 수 있다. 킨들스카우트는 원고가 이용자들의 추천을 받을 수 있는 기한을 30일로 한정하고 있으며 이 기간 원고는 플랫폼에 지속적으로 게시된다.

원고에 대한 요약 정보는 간단한 헤드라인과 내용 요약, 그리고 저자와 카테고리 유목 중 원고가 어느 장르에 포함되는지 등의 내용으로 구성되며, 이 요약 정보 제시 메뉴에는 현재 이 원고가 게시된 지 며칠이 지났는지를 알려주는 서브 메뉴도 이용자들의 화면에 지속적으로 보인다. 또한 원고에 대한 간략 정보 메뉴 밑에는 해당 원고의 첫 페이지부터 내용이 보이고 그 아래에는 저자에 대한 간략한 소개와 Q&A도 제시되고 있다.

책이 상품으로 가치를 인정받고 판매되기 위해서는 저자가 단순히 풍부한 아이디어로 글만 잘 쓰면 되는 것이 아니라 편집이라는 과정으로 세련되게 다듬어져야 한다. 일반적으로 아마존 같은 자가출판 플랫폼을 통해 활동하는 독립저자들은 모든 과정을 자신이 직접 해야 하는 번거로움이 있고, 엉터리 편집으로 제대로 빛도 못 보고 사장되는 경우도 빈번히 발생한다. 이 같은 문제를 해결하기 위해 어드밴스에디션즈(Advance Editions)라는 크라우드소싱 편집이 적용된다. 즉, 독립 저자가 출간 몇 개월 전에 책의 전반부를 사이트에 공개하고 전 세계 독자들의 다양한 피드백을 받아 출간할 때 이를 반영하는 이른바 크라우드－편집 서비스이다. 크라우드소싱 편집에 참여한 독자들은 책이 출간되면 60% 할인된 가격으로 책을 구매할 수 있는 혜택이 있으며, 저자는 출간 전 다양한 재능을 가진 독자들에게 캐릭터 전개, 이야기 구성이나 세련되고 적절한 표현, 각 나라의 문화를 반영한 다양한 아이디어를 얻을 수 있을 뿐만 아니라 자신의 작품에 대한 시장의 반응을 미리 확인해볼 수 있는 기회를 가질 수 있어 독립 저자들의 활동에 새로운 탄력이 될 전망이다.

한편, 아마존은 자체 제작한 TV시리즈 <알파 하우스>, <트랜스패런트>에도 비슷한 시스템을 적용하고 있다. 두 프로그램의 파일럿 에피소드를 올린 후 투표를 실시하고, 시즌 전체 제작 여부를 결정할 때 그 결과를 고려한다.

이상의 사례분석을 기반으로 크라우드소싱 활용의 성공요소를 정리하면 다음과 같다.

첫째, 집단지성(collective intelligence)으로, 참여와 공유를 통한 협업이다. 크라우드소싱은 집단지성을 바탕으로 사람들 간에 다양한 관계를 맺고 공동의 생산을 위한 협업을 가능하게 하는 중요 요소라고 볼 수 있다. 교통분야에서 크라우드소싱 기법을 활용한 다양한 앱이 출시되고 있는데, 운전자가 자신의 통행속도를 공개하여 교통혼잡 정보를 다른 운전자와 상호 공유하게 한다. 운전자는 통행속도를 공개하지만 가고자 하는 경로의 교통상황 정보, 내비게이션 정보, 기타 도로정보 등을 앱을 통해서 얻을 수 있다. 이러한 정보들은 여기저기에 퍼져 있는 운전자들이 참여와 공유를 통해 협업을 이루어냄으로써 얻어낸 결과이다.

둘째, 개방형 혁신(open innovation)이다. 크라우드소싱은 온라인과 네트워크를 기반으로 하여 공개적으로 문제를 공표하고 창의적이고 혁신적인 해결책을 찾는다는 점에서 개방형 혁신과 매우 밀접하게 관련되어 있다. 인텔은 대학 연구소와 장기적인 협력관계를 통해서 기술과 아이디어를 제공받는 시스템인 'Lablet'를 개발하였으며, HP는 기술역량 확보를 위해 상용화 가능성이 높은 기술력을 보유한 중소규모의 신생기업에 투자하였고, 기타 마이크로소프트나 보잉사, 벨 연구소, 유니레버, 삼성SDS 등이 적극적인 개방지향형 전략으로 신제품이나 신기술을 시장에서 성공시킬 수 있었다.

셋째, 오픈소스(open source) 기반의 온라인 커뮤니티이다. 다양한 지식을 가진 대중은 전문가보다 더 나은 솔루션을 제시할 수 있다. 오픈소스는 소프트웨어 개발을 벗어나 기업 경영, 상품 개발, 콘텐츠 제작 등에 이르기까지 광범위한 환경에 적용할 수 있는 크라우드소싱의 핵심 원리이다. 따라서 크라우드소싱은 단순한 제품의 질적 향상을 위한 아웃소싱과는 달리 대중의 힘으로 환경을 변화시키고 지식의 범위를 확대하는 데 큰 역할을 하고 있으며, 대중은 크라우드소싱을 통해 다양한 지식을 창조하고 공유하면서 지금까지의 생산과 소비의 경계를 허물고 진정한 사회의 주인공으로 거듭나고 있는 것이다.

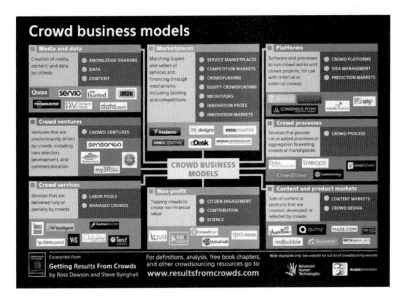

11. 콘텐츠 콘셉트 기반 창조도시 구상

창조경제 시대를 맞이하여 인력, 자본, 문화 등 다양한 분야에서 창조적인 콘셉트를 구현하고자 하는 노력이 진행 중이다. 그렇다면 도시는 어떻게 창조적인 모습으로 진화할 것인가. 결론부터 얘기하자면 문화-콘텐츠 콘셉트에 기반한 창조도시로 탈바꿈해야 한다.

창조도시는 성장한계에 직면한 퇴행도시를 창조적으로 리모델링하는 개념이다. 선진국의 경우 기존 도시의 성격을 창조콘텐츠 도시로 변화(재생)시키는 리모델링 전략이 효율적인 성과를 내고 있다. 미국의 라스베이거스(Las Vegas)는 불모지 사막에 오락·유흥의 콘텐츠를 스토리텔링해 관광도시로 발전했다. 1911년 시로 승격된 라스베이거스는 관광과 도박의 도시로 네바다 주 최대의 도시이다. 인간의 상상력과 자본이 집약된 인공적인 도시이다.

도시 승격 100년을 기념해 창조콘텐츠 도시로 리모델링을 추진하고 있는데, 그 핵심은 컨벤션 중심의 복합리조트 콘셉트이다. 호텔들은 베니스, 이집트 문명을 구현하고 있다. 벨라지오 분수쇼, 태양의 서커스 등 특색 있는 쇼와 공연을 핵심콘텐츠로 내세우고 있다. 특히 태양의 서커스 공연 중 일곱여 개가 상설로 열린다. 또한 시내 쇼핑몰에는 설치미술이 전시되는데, 매년 수만 개의 전문전시회가 개최되고 수천만 명의 관람객이 찾는다. 이로써 라스베이거스는 도박, 환락의 도시에서 창조도시, 콘텐츠도시로 변신하고 있음이다.

라스베이거스의 창조콘텐츠 도시화

윈즈 호텔 Le Reve | 럭스 호텔 Blue Man Show | 발리스 호텔 Jubilee | 뉴욕뉴욕 호텔 Zumanity

2차 세계대전으로 폐허였던 영국 코벤트리(Coventry)는 '전쟁'과 '레이디 고디바'의 전설을 스토리텔링으로 엮어 도시 재건에 성공했다. 이탈리아 베로나(Verona)는 셰익스피어 '로미오와 줄리엣'을 도시 전체에 스토리텔링해 '사랑의 도시'의 이미지화에 성공했다.

도시의 건축물을 활용한 스토리텔링으로 경제적 효과를 추구한 사례도 있다. 영국의 테이트모던(Tate Modern) 미술관, 프랑스 파리의 오르세이(Orsay) 미술관 등은 리모델링 소재의 스토리텔링으로 관광명소로 부각되고 있다. 스페인 빌바오(Bilbao)는 프랭크 게리가 건축한 구겐하임 박물관과 빌바오의 흥망성쇠의 역사 등을 종합한 스토리텔링으로 유명하다.

오스트리아 그라츠(Graz)는 2011년 유네스코 지정 디자인도시로 선

정되었는데, 동부 구도심 전체가 세계문화유산으로 지정되었다. 구·신
시가지의 단절과 공해도시라는 오명을 벗고 화합과 친환경 도시로 탈
바꿈한 내용을 스토리텔링해 전파하고 있다. 무르인셀 카페·쿤스트하
우스 등 그라츠를 대표하는 2개 신건축물도 스토리를 입혀 성공했다.

잘츠부르크(Salzburg)는 모차르트 생가·거주지 등 15개의 모차르
트 연계 관광지를 개발해 스토리텔링으로 엮었다. 세계 문화유산 지
정(1996년), 영화 '사운드 오브 뮤직' 촬영지라는 기존의 명성과 맞물
려 시너지를 창출하고 있다.

한편, 창조도시로의 변모를 위해 여러 도시들은 콘텐츠스킨을 적
극적으로 활용하고 있다. 콘텐츠 스킨(Contents skin)은 랜드마크와 건
축물에 상징영상이나 예술작품을 입히는 작업이다. 해외에서는 이미
많은 도시들에서 건물외벽을 이용한 인터랙티브 아트(Interactive art)
형태로 미디어스킨을 적용하고 있다. LED를 사용한 독일의 SPOTS은
베를린 포츠담 플라쯔(Potsdamer Platz) 지역의 빌딩 외벽에 설치된
1,800개의 형광등으로 만들어낸 작품이다. 인물, 도형, 텍스트 등을
이용하여 다이내믹한 애니메이션들을 선보이고 있다. 벨기에 브뤼셀
의 145미터 빌딩(Dexia Tower)의 유리창 조명은 사람들이 직접 패턴

LED를 이용한 참여형 미디어 스킨(벨기에 브뤼셀의 Touch)

을 만들어서 건물 전체를 변화시킬 수 있도록 제작된 작품이다. 참여형 콘텐츠 스킨의 대표적인 사례이다.

결국 창조도시는 콘텐츠 콘셉트를 기본으로 도시를 기획, 공동체를 하나의 콘텐츠타운으로 구성하는 개념이다. 문화, 교통, 교육, 의료 등의 공동체에 필요한 콘텐츠 및 서비스를 통합적으로 제공하는 것인데, C(콘텐츠)-Road, C-Space, C-Skin, C-building 등 콘텐츠환경을 구축함으로써 가능하다.

그렇다면 창조도시, 콘텐츠도시로의 진화를 위해 우리에게 필요한 작업은 무엇인가. 우선 랜드마크에 대한 집중적인 투자이다. 도시 공간에 분산된 문화, 관광인프라도 중요하지만 집중된 투자로 인한 핵심 랜드마크가 필요하다. 거대 빌딩과 같은 상징적인 조형물이 아니라, 문화-콘텐츠-관광이 연계되어야 한다. 기존의 도시를 대표할 수 있는 고(古)건축물을 새롭게 재탄생시켜 랜드마크화 하는 방안도 고려할 수 있겠다.

어뮤즈먼트(amusement)를 극대화할 수 있는 문화시설이 확충되어야 한다. 오늘의 소비자는 오감을 모두 활용할 수 있는 콘텐츠를 선호하므로 경험과 감성을 충족시킬 수 있는 문화시설의 확충은 필수적인 부분이다. 단순히 보고 듣는 차원을 넘어서 직접 체험하고, 경험하는 시설을 기본으로 하여 어뮤즈먼트를 극대화해야 할 것이다.

이를 위해서는 복합적인 테마파크 및 스튜디오를 조성해 방문객의 다양한 니즈를 충족시킬 수 있는 볼거리 및 놀이시설을 충분하게 제공해야 한다. 단순한 예로 첨단기술을 활용한 콘텐츠 테마파크가 가능하다. 세계가 공감하는 콘텐츠와 캐릭터를 이용하여 첨단 기술을 적용한 Multi Presentation형의 테마파크 말이다.

콘텐츠 콘셉트를 구현하기 위해 지역(도시)의 문화자원 및 공간의 복합화가 요구된다. 문화시설이나 문화자원은 박물관, 영화관, 공연장, 레저시설 등이 집적된 복합문화공간으로 변모해야 한다. 지역 전체에 문화디자인 개념을 도입하여 문화공간으로서의 통합성을 실현해야 한다. 공간을 문화플랫폼화 하고 이를 다른 문화터미널과 연결하는 네트워크를 구성함으로써 지역 전체를 문화벨트화 해야 한다.

지역 고유의 스토리텔링을 기반으로 콘텐츠 도시를 기획해야 한다. 도시 자원을 활용한 지역활성화 전략으로 콘텐츠 도시 개념에 접근 가능하다. '스토리텔링+마케팅+기획창출'의 단계로 경제 효과를 창출하는 전략이다. 유무형의 자원을 활용해 방문객 유입과 지역 자긍심 제고를 위한 콘텐츠 파워 중심의 도시 활성화 전략이 요구된다. 문화원형 발굴, 콘텐츠 개발, 지역특성이 반영된 콘텐츠 생산·개발, 각종 인프라에 문화적 이미지나 감성을 입히는 스토리텔링 작업이 요구된다. 지역에 산재한 이야기의 발굴이 스토리노믹스의 원천이다.

도시의 차별적 스토리 혹은 새롭게 기획된 스토리는 특정 공간에 집적되어야 하며, 이것이 영화나 소설 등 문화콘텐츠에 접목되어야 한다. 공간화된 지역은 테마관광 등을 통해 관광 상품화함으로써 소비자의 체험 및 감성을 매개할 수 있어야 한다. 하나의 스토리텔링이 공간과 상품에 녹아들 수 있는 전략적 노력이 필요하다.

글로벌 문화와의 접점을 지속적으로 유지해야 한다. 다양한 글로벌 문화들과 지속적인 교류가 유지되어야 한다. 지역 내의 고립된 문화는 세계적 보편성을 획득하기 어렵다. 지역문화의 글로벌 보편성을 담보할 수 있는 노력이 요구된다. 마지막으로 창조콘텐츠도시의 건설 및 변환은 국가 차원의 협력과 지원이 요구되므로 대규모의 프로젝트로 추진되어야 가능하다. 범정부 공동사업(엔터프라이즈)으로 추진되어야 할 것이다.

여수, '예울마루' 사례

▶ 전남 여수산단 핵심기업인 GS칼텍스(대표 허동수 회장)가 사회 공헌사업의 하나로 1,000억 원을 들여 조성한 여수 '예울마루'

▶ 여수박람회 지원시설로 조성, 5월 10일 개관한 이래 2개월간 2만여 명 관람
▶ 여수시 시전동 망마산 자락과 장도 일원 70여만㎡ 부지에 오페라, 뮤지컬, 콘서트, 연극 등 다양한 장르의 공연이 가능한 전문 공연장 구축. 1,021석의 대극장과 302석의 소극장, 국제 규격의 전시실 4곳, 에너지 홍보관, 휴게공간 등 구비
▶ 지역 작가들의 창작품 등을 소개해 지역 문화예술의 '요람 기능'도 수행
▶ 현대건축의 거장으로 통하는 프랑스의 도미니크 페로가 설계. 건물이 없는 것 같은 독특한 구조를 자랑. 외부에서 보이는 것은 오직 유리로 된 지붕뿐이며, 전체 이미지는 망마산에서 계곡이 만들어져 바다로 들어가는 물의 흐름을 연상. 태양전지 시스템을 갖춰 전기를 일부 조달해서 사용할 수 있도록 설계. 이는 GS칼텍스가 실천해 온 '에너지로 나누는 아름다운 세상'이라는 사회공헌활동 슬로건의 의미를 함축

12. 스마트미디어 환경과 전문콘텐츠, 스마트클라우드러닝

'구름'이 대세란다. 언젠가부터 우리 주변을 배회하는 '클라우드' 라는 용어 얘기다. 빅데이터 콘셉트와 맞물려 스마트 환경에서 절대 적인 가치를 가지는 걸로 평가받는다. 다양한 분야에서 혁신적 가치 를 창출하기 위해 고민 중이다. 그렇다면 콘텐츠산업에는 어떤 의미 가 있을까. 스마트 환경에서 킬러콘텐츠서비스 중 하나인 이러닝콘텐 츠를 예로 들어 살펴보자.

우선 클라우드라 함은 자료나 소프트웨어를 개별기기가 아닌 데이 터 센터에 저장해뒀다가 필요할 때마다 인터넷을 통해 꺼내 쓰는 서 비스로, 전 과정이 마치 구름(cloud)처럼 눈에 보이지 않는 인터넷상 에서 이루어진다는 의미다. 영화, 사진, 음악 등 미디어 파일, 문서 주 소록 등 사용자의 콘텐츠를 서버에 저장해두고 스마트폰이나 스마트 TV를 포함한 어느 기기에서든 다운로드 후 사용할 수 있는 개념이다. 무형의 형태로 존재하는 하드웨어·소프트웨어 등의 컴퓨팅 자원을 자신이 필요한 만큼 사용하는 컴퓨팅 서비스로, 서로 다른 물리적인 위치에 존재하는 컴퓨팅 자원을 가상화 기술로 통합해 제공하는 기 술개념에 기초한다.

이러한 크라우드 패러다임에 기반하면 이러닝 패러다임은 스마트 크라우드러닝(S-C러닝) 패러다임으로 진화한다.

S-C러닝은 클라우드 기반 스마트 디바이스를 e-러닝에 접목한 스 마트 교육서비스 개념으로, 지식콘텐츠를 언제 어디서나 누구나 자유 롭게 업로드하여 다른 이용자와 공유할 수 있으며, 콘텐츠 제공자(제 작자)와 이용자 간 원활한 실시간 커뮤니케이션이 가능한 집단지성

생태계를 구축한다. 모바일 스마트단말기와 클라우드 컴퓨팅에 기반, N-스크린 서비스에 기초하여 운용되는데, 클라우드 컴퓨팅이 교육콘텐츠의 유통에 중요한 기능을 수행하는 것이다. 기술적 차원에서 보면 스마트폰, 태블릿PC, 스마트TV 등 스마트미디어를 활용해 소셜 네트워킹, 가상현실, 증강현실 등 스마트형 콘텐츠 및 기술과 결합되어 협업 학습 및 토론과 같은 양방향 학습을 가능하게 해준다. 단말기, 장소, 시간에 제약받지 않고 다양한 스마트미디어를 이용하여 끊김 없이 지속적으로 고품질의 지식콘텐츠를 이용할 수 있는 환경이 도래, e-러닝의 수준을 넘어 보다 개방화된 교육콘텐츠 오픈 플랫폼 구축이 가능한 상황인 것이다.

결국 S-C 러닝은 클라우드 서비스 환경에서 스마트폰이나 태블릿PC 등 스마트 디바이스와 학습자중심형, 자기주도형, 상호작용, 지능

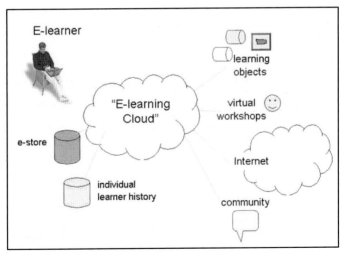

출처: 정보통신산업진흥원(2011)

클라우드 컴퓨팅 기반 스마트러닝 구성도

형, 비형식학습, 현실감 등을 강화할 수 있는 e러닝 신기술이 융합된 새로운 교육서비스로, 교육콘텐츠를 시스템 운영주체 이외의 일반 이용자도 언제 어디서나 자유롭게 업로드하여 다른 이용자와 공유할 수 있으며, 교육콘텐츠 제공자(제작자)와 이용자 사이의 원활한 실시간 커뮤니케이션이 가능한 집단지성 생태계 시스템을 의미한다고 하겠다.

S-C러닝 체계에서 콘텐츠 제공(중앙)자는 교육콘텐츠 오픈마켓 구축을 통해 다양한 콘텐츠 확보 및 유통이 가능하다. 이용자(학습자, 교수자, 학부모 등)는 데스크톱, 태블릿PC, 노트북, 스마트폰 등의 다양한 단말기를 통해 중앙에 위치한 콘텐츠를 장소에 관계없이 자유롭게 활용할 수 있다. S-C러닝 체계에서 교육방식은 맞춤형, 지능형, 융합형, 소셜형, 집단지성형 교육콘텐츠의 창출과 이용이 가능하다. 스마트미디어를 활용해 학습자의 학습 환경 접근성이 제고된다. 개방·융합형 학습 콘텐츠의 생산과 유통 및 이용이 활성화된다.

S-C러닝은 비형식학습(informal learning)과 소셜학습(social learning) 개념을 지지한다. 형식적인 지식 전달이 아닌 다양한 열린 학습 환경은 오프라인과 온라인을 통해 자율적이고 창의적인 사고와 관련 지식 융합 능력을 배양(비형식학습)하고, 학습자 간, 학습자-교수자 간, 학습자-교수자료 간 상호작용을 통해 학습효과를 극대화해준다. 모바일 SNS를 통해 공간의 제약 없이 학습자간 실시간 소통이 가능하다(소셜학습). 비형식학습과 소셜학습 개념은 빠르게 확산되고 있는 스마트미디어 환경에 따라 그 학습 효과의 가능성이 더욱 클 것으로 기대된다.

스마트러닝은 새로운 지식과 기술을 활용한 독립적이고 지능적인 교육을 통해 학습자 행동의 변화를 이끌어내며, 스마트인프라를 활용하여 상호학습 및 집단지성 구축 등 기존 e-러닝이 수용하지 못했던 학습형태들을 가능하게 하다는 점에서 의의가 크다고 하겠다. 산업경제적 차원에서 보면 고품질 콘텐츠를 저렴한 비용으로 학습하도록 지원하여 기존 e-러닝 산업의 생산성 저하 경향을 극복할 수 있게 하는 가능성을 제공한다.

스마트-클라우드 서비스에서 교육콘텐츠의 유통에 중요한 기능을 수행하는 클라우드 컴퓨팅 서비스는 IT자원 증설에 대한 부담을 줄이면서도 수강생이 줄어들 경우 컴퓨팅 자원의 효율적인 운영이 가능해 각광을 받고 있다. 클라우드 서비스의 이용으로 사이버 교육기관은 모든 역량을 교육 콘텐츠 개발에만 집중하게 될 것이며 별도의 교육시스템 개발, 운영 및 유지보수에 대한 인력이 필요 없게 될 것으로 예상되고 있다.

한편 스마트서비스에 대한 시도가 지속되면서 아이폰, 안드로이드폰 등 스마트폰 기반의 통합 모바일 학습관리시스템(LMS)의 수요가 증가함에 따라 개발사례도 증가하고 있다. 실제로 모바일 LMS 솔루션은 스마트 디바이스를 통한 U-러닝 시장이 본격화되고 있는 것이다. 이에 따라 공공교육, 기업교육, 고등교육, 평생교육 등 다양한 분야에서 수요가 발생하며 각광받고 있다. LMS가 패키지 기반에서 SaaS 기반 클라우드 서비스로 확산되는 것과 더불어 이러닝 콘텐츠 저작도구 역시 SaaS 방식으로 서비스를 제공하는 기업도 증가하고 있다.

| 수강생 로그인 화면 | 메인 메뉴 | 공지 사항 | 강의 리스트 |

출처: 정보통신산업진흥원(2012.9)

스마트폰상에서의 모바일 LMS 구현예시

S-C러닝 시스템이 정착되기 위해서는 지식콘텐츠산업으로 육성해야 하는바, 우선적으로 표준화가 요구된다. S-C러닝 시스템을 산업화하기 위해는 콘텐츠의 개발과 운영, 서비스에 필수적인 표준화가 고려되어야 한다. 표준화의 목적은 크게 콘텐츠의 재사용성, 상호운용성, 공유성, 접근성을 높여 콘텐츠 개발비를 낮추고 콘텐츠 및 각종 자원의 공동 활용을 통해 교육의 질적 수월성을 높이는 데 있다. S-C러닝 시스템을 활성화하기 위해서는 각 부처 및 산하기관별로 분산 추진되고 있는 각종 스마트 러닝 관련 정책들을 면밀하게 분석하여 중복투자를 방지하고 선택과 집중을 통한 육성 정책 마련과 차세대 모바일 및 유비쿼터스 환경, n-Screen 환경에 적합한 차세대 스마트러닝을 위한 종합발전방안의 마련을 위한 장기적인 정보화 전략계획(ISP)의 수립이 필요하다. 스마트러닝에는 국경이 없다. 우리의 우수한 e-러닝 자원들을 SNS나 YouTube 등의 다양한 매체들을 통하여 국제적으로 알릴 수 있는 방안과 외국의 우수한 자원을 우리의 것으로 만들 수 있는 국제화 전략에 더욱 관심을 가질 필요가 있다.

스마트-클라우드 생태계 변화로 인하여 콘텐츠산업의 실제적 수요지향성 측면에서 전문성과 숙련도를 갖춘 맞춤형 고급인력이 절대적으로 필요한 시점이다. 특히, 스마트-클라우드 환경을 활용한 콘텐츠산업 인력양성은 융합형 혁신전문가를 양성할 수 있으며, 창조적인 통섭(統攝)마인드를 가진 융합인력을 양성할 수 있는 최상의 교육시스템이 될 수 있을 것이다.

미디어 수익 모델 프레임 워크: 미디어 기업의 수익원 12개 부문

► 가치 추가(Value add): 평판(Reputation), 적시성(Timeliness), 타당성(Validation), 포맷(Format), 시각화(Visualization), 분석(Analysis), 편의성(Ease of use), 디자인(Design), 관련성(Relevance), 통합(Synthesis), 실감성(Tangibility), 필터링(Filtering), 공동체 의식(Sense of community), 맞춤형(Customization)

► 광고(Advertising): 브랜드 창조(Brand creative), 고객당 지불(Pay per client), 행위/판매당 지불(Pay per action/sale), 목록 임대(List rental), PPL(Product placement)

► 콘텐츠(Content): 가입(Subscription), PPV(Pay per view), 포맷당 지불(Pay for format), 맞춤형 콘텐츠(Customized content)

► 배급(Distribution): 신디케이션(Syndication), 라이센스(Licensing), 사용자 정의 피드(Custom feeds), API 피드(API feeds)

► 커뮤니티(Community): 멤버십(Membership), 투표 지불(Pay for voting), 메시지 서비스 지불(Pay for messaging/SMS), 지역사회 리서치 판매(Sales of community research)

► 이벤트(Events): 컨퍼런스(Conferences), 원탁회의(Roundtables), 쇼케이스(Showcases), 구매자 접근(Access to buyers)

► 파트너십(Partnerships): 수익 공유(Revenue share), 이익 공유(Profit share), 매출 증가 공유(Share of revenue increase)

► 브랜드(Brand): 브랜드 라이센스(Brand licensing), 스폰서 비용(Sponsor fees), 브랜드 상품(Branded products), 브랜드 콘텐츠(Branded content)

- ► 플랫폼(Platform): 유통 플랫폼 판매(Sell distribution platform), 플랫폼 라이센스(License platform), 유통 비용(Distribution fees), 광고 서비스(Serve advertising)
- ► 머천다이징(Merchandising): 책/조사(Books/research), 음악/비디오(Music/video), 의류(Clothing), 기타(Other)
- ► 제휴(Affiliate): 판매당 지불(Pay per sale), 등록당 지불(Pay per registration), 다운로드당 지불(Pay per download)
- ► 분류(Classifieds): 리스팅 수수료(Listing fees), 거래 수수료(Transaction fees), 맥락 광고(Contextual advertising)
- ► 리드 작업(Leads): 리드 생성(Lead generation), 콘텐츠 등록(Registration for content), 판매신청(Offers), 요구조건 매칭(Enquiry matching)

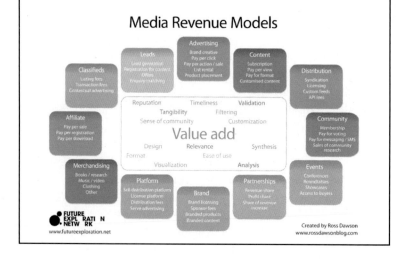

13. 스마트미디어 환경과 특화콘텐츠, 스포츠

스마트미디어 환경의 진화에 따라 스포츠는 상품가치가 높은 콘텐츠로 급부상하고 있다. 올림픽, 월드컵 등 다양한 스포츠대회가 방송과 인터넷, 그리고 IPTV와 같은 신규미디어를 통해 중계되면서 킬러 콘텐츠로서 범주를 확대하고 있다. 스포츠가 콘텐츠 상품적 가치를 구현해내는 독특한 의미를 부여받고 있는 것이다.

이에 '스포츠콘텐츠'라는 개념이 강화되면서 새로운 콘텐츠시장을 형성해가고 있다. 라디오와 TV의 초기 도입에서 방송시장을 형성시킨 요인이 스포츠 프로그램이었던 것처럼, 이제 스포츠콘텐츠는 다양한 미디어의 시장 확대와 콘텐츠 비즈니스를 결정하는 중요한 요인으로 작용하고 있다. 특히 스마트미디어 환경에서 스포츠는 최적의 콘텐츠로 부각되고 있다. 이는 스포츠의 사회적·경제적 위상이 지속적으로 증대되고, 스마트미디어 환경에서 스포츠콘텐츠의 상품 경쟁력이 강화됨을 의미한다. 스포츠 시청이 TV를 통해서 '단지 멀리서 보는 것'에서 실제로 '현장에 있는 것같이 느끼는 것'으로 변화하여, 디지털 신기술의 수혜를 가장 잘 이용할 수 있는 미디어콘텐츠가 되는 것이다. 시청자는 가상현실 기술에 의해 경기장 관객이 되기도 하고, 때론 사이버 선수가 되기도 하여 자신의 선택에 따른 능동적 연출을 하면서 즐기기도 한다. 스마트미디어 시대, 스포츠는 시간적·공간적 제약을 탈피한 스포츠이며, 스포츠에 관한 다양한 정보가 온라인에서 정리, 가공, 보급되어 가상공간에서 즐길 수 있는 스포츠로 진화한다. 이러한 상황은 새로운 가능성을 열어준다.

스포츠이벤트 중계방식의 진화

2008 베이징올림픽 경기를 TV와 인터넷을 통해 지켜본 시청자 수가 역대 최다인 45억 명으로 추산된다. 전 세계 60억 인구의 4분의 3

인 45억 명이란 시청자 수는 TV와 인터넷의 혜택을 누리지 못하는 인구를 감안하면 거의 모두가 한 번 이상 올림픽 경기를 시청한 것과 같다. 45억 명 시청자는 TV만으로는 달성하기 어려운 수치이다. TV뿐만 아니라 인터넷 생중계, VOD, 모바일까지 다양한 미디어의 약진이 있었기에 미디어 올림픽으로 거듭날 수 있었다. 이처럼 많은 이용자를 확보할 수 있었던 것은 인터넷과 모바일 등 스마트미디어의 영향이 매우 컸던 것으로 평가된다. 또한 5.1채널의 음향과 고화질(HD) TV 등의 기술적 진화도 일조하였다.

이제 올림픽은 글로벌 미디어스포츠 이벤트로 TV와 결합해 미디어 산업적 효과를 창출하던 단계를 넘어, 스마트미디어와 접목됨으로써 새로운 미디어비즈니스 기회를 제공한다는 점에서 새로운 가치를 창출한다. 올림픽이라는 스포츠경기의 도구로 활용되던 미디어테크놀로지는 2000년대 이후 올림픽의 이상과 가치를 더욱 높이는 새로운 서비스로 진화되어 가고 있다. 2012년 런던올림픽은 '소셜림픽(Socialympics)'으로 불리며 소셜미디어 혁명을 견인했다. 런던올림픽 공식 홈페이지(www.london2012.com)에는 소셜림픽을 즐길 수 있도록 모바일 애플리케이션 두 가지가 소개되었다. 공식 홈페이지에 소개된 앱은 '2012 조인 인(2012 Join in)', '2012 리절트 앱(2012 Results App)', '2012 조인 인'은 개·폐막식을 비롯, 런던을 포함한 영국 곳곳에서 일어나는 올림픽 관련 이벤트를 소개했다. '2012 리절트 앱'은 올림픽 경기 결과를 실시간으로 제공했다. 또 경기 일정과 종목 세부 설명, 메달 집계, 선수 프로필도 담았으며, 특정 국가를 선택해 관련 뉴스와 정보를 따로 받아볼 수 있게 해주었다.

소셜미디어를 활용한 스포츠 소비는 스마트미디어 확산과 비례하

[스마트미디어를 활용한 스포츠 사이트 접속 현황]

TABLET OWNERS
Frequency of Access-Sports Content

SMARTPHONE OWNERS
Frequency of Access-Sports Content

	TABLET OWNERS		SMARTPHONE OWNERS
10%	More than 3 times a day	**12%**	More than 3 times a day
10%	2-3 times a day	**12%**	2-3 times a day
40%	Daily	**34%**	Daily
29%	Weekly	33%	Weekly
9%	Monthly	11%	Monthly

자료 : nielsen(2012), 2012 Year in Sports

며 폭발적으로 증가하고 있다. 이용자들은 원하는 시간과 공간에서 언제든 접속, 대체재라기보다 TV와 같은 기존 미디어와 같이 사용하는 보완재의 개념으로 더욱 활발하게 사용하고 있음이다.

2012년 미국 슈퍼볼 시청행태를 조사한 결과, TV 외에 스마트폰, 태블릿PC 등을 통해 웹사이트에 접속하거나 SNS를 이용해본 이용자가 큰 폭으로 증가한 것으로 나타났다.

물론 스포츠는 여전히 live의 묘미를 즐길 수 있는 프로그램이다. 각본 없는 드라마의 특성을 가진 스포츠콘텐츠는 특히 생중계(live)로 시청하는 비중이 대단히 높은 장르인 것이다.

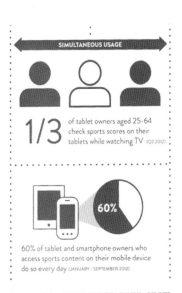

SIMULTANEOUS USAGE

1/3 of tablet owners aged 25-64 check sports scores on their tablets while watching TV (Q2 2012)

60%

60% of tablet and smartphone owners who access sports content on their mobile device do so every day (JANUARY - SEPTEMBER 2012)

Source: Nielsen(2013) SUPER BOWL XLVII, How we watch and connect

스포츠콘텐츠 이용경험의 진화

디지털방송 전환과 뉴미디어의 확산 등의 기술적 발달로 보다 선명하고 생동감 있는 중계가 가능한 상황이다. 실제로 CG, 3D, VR 등 시공의 한계를 뛰어넘는 중계 방식도 보편화되고 있다. 뿐만 아니라 빅데이터를 활용한 방대하고 정확한 분석도 가능해지고 있다.

예컨대 ESPN은 실제(real-life) 앵커와 비디오게임에 사용되는 그래픽을 합성하여 경기를 중계하는 시스템을 선보였다. ESPN은 컴퓨터가 만들어낸 가상적인 풋볼 선수들로 구성된 이미지 화면에 해설자의 이미지를 합성하고, 이 화면을 통해 가정의 시청자에게 생생한 비주얼이 더해진 해설을 제공하는 방식이다. ESPN은 EA(Electronic Arts)와 함께 경기 중계에 ESPN의 해설자들과 3차원 가상영상으로 만들어진 선수들의 생생한 상호작용을 실제인 것처럼 보이도록 하는 이 기술을 준비해왔다. 미디어 융합이 가속화되고 있는 상황에서 텔레비전 콘텐츠 또한 비디오 게임과의 융합이 이루어지고 있다. ESPN이 도입하기로 한 새로운 기술은 스포츠 중계에 상호작용성(interactivity)과 유연성(flexibility)을 더하면서 텔레비전을 통해 비디오 게임을 보는 듯한 느낌과 시각적 감성을 불러일으킬 것으로 기대된다.

다양한 컴퓨터 그래픽 지원은 스포츠중계의 흥미도와 몰입도를 증가시켜 준다. 분석적, 총체적 경험이 가능하기 때문이다.

　　스마트미디어를 통한 스포츠 중계·보도가 보편화되면서 이용자
의 적극적 참여가 강화되고 있다. 특히 SNS를 활용한 실시간 양방향
커뮤니케이션은 미디어, 구단, 이용자 모두에게 새로운 커뮤니케이션
행태를 제공한다. 각종 이벤트, 정보, 소식 등을 교류하는 소통의 장
으로 기능하고 있다.

　　스마트 환경에서 시청자는 가상현실 기술에 의해 경기장 관객이
되기도 하고, 때론 사이버 선수가 되기도 하여 자신의 선택에 따른
능동적 연출을 하면서 즐기게 되어 새로운 스포츠 프로그램 팬을 형
성하게 된다. 3차원 영상정보와 입체음향 그리고 냄새까지 제공해 소
규모 관중이 마치 실지 경기장에서 경기를 관람하는 것 같은 느낌을
제공 가상스타디움(virtual stadium), 가상공간에서 자신이 실제로 스
포츠를 하는 것 같은 느낌을 제공하는 사이버 스포츠게임, 체력진단,
평가, 처방을 가상공간에서 제공받아 거주공간에서 수행하는 사이버
피트니, 사이버 캐릭터에 의해 필요한 기술을 지도받는 사이버 스포
츠레슨 등도 가능하다.

열혈 스포츠팬들은 좋아하는 팀의 소식, 스코어(score), 다양한 게임 정보를 얻고, 상호간에 팀과 경기에 대해 커뮤니케이션하기 위해 스마트폰, 태블릿 PC 등 스마트미디어에 더욱더 열정적인 경향을 보인다. 게임 스코어를 확인하기 위해서도 스마트미디어가 활발하게 활용된다.

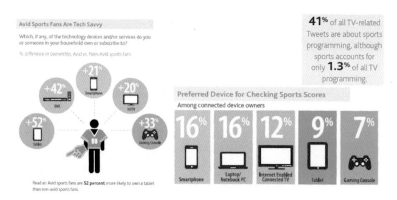

Source: Nielsen(2012), 2012 Year in Sports

다양한 스포츠 종목과 IT, 바이오기술 등의 만남으로 ST(Sports Technology) 확산, 최근 IT와 VR기술을 적용해 기존 스포츠 경기를 실내에서 즐기는 체감형 스포츠가 증가하고 있다. 체감형 스포츠는 공간적, 신체적 제약으로 스포츠나 체육활동에 직접 할 수 없는 사람에게 실제 경기와 같이 체감하며 스포츠를 즐길 수 있도록 가상의 스포츠 환경을 제공하는 것을 말한다.

스포츠 산업에서 IT기술은 경기의 판정 및 기록뿐만 아니라, 선수에 대한 체계적이고 과학적 훈련 데이터를 제공하여 경기력 향상 등에 크게 기여해왔다. 일반인의 체력 측정에서부터 건강상태 모니터링, 심박수 체크와 운동량 계산, 체형관리, 다이어트를 위한 운동 목표 설정 및 관리 등에 활용되고 있는데, 나이키 플러스나 u-피트니스 센터의 체력관리시스템 등이 그 예이다. u-피트니스는 스포츠센터 내의 모든 운동장비를 정교한 센서망을 통해 고객별로 운동량을 철저히 관리하는 지능형 헬스시스템이다.

콘텐츠비즈니스 차원에서 보면 스포츠 게임은 블루오션으로 자리한 지 오래다. 스포츠 게임은 게임산업 전체에서 10% 이상의 비중을 차지한다. 야구, 축구, 테니스, 골프 등 스포츠 시뮬레이션 게임이 인기다.

IT와 VR기술을 적용하여 경기를 실내에서 즐기는 체감형 스포츠의 초보적인 단계의 골프 시뮬레이션 시스템(스크린 골프)이 인기다. 실제 골프장을 가상현실로 꾸며 실제 라운드하는 느낌을 갖게 하여 필드에서와 같은 골프의 즐거움을 저렴한 시간과 비용으로 충족시켜 주는 시스템이다. 스윙속도와 사용 클럽에 따른 실제 비거리를 알 수 있을 뿐만 아니라 스윙분석 데이터를 활용하면 스윙교정 및 맞춤클럽을 위한 자료로 활용할 수 있다.

모바일 앱을 활용한 스포츠 소비도 활발하다. 앱스토어와 플레이마켓 등의 오픈마켓에서는 스포츠와 건강&피트니스 카테고리를 별도로 분류하고 있다. 주로 스포츠 카테고리에서는 경기결과나 커뮤니티, 응원, 스포츠 레슨, 쇼핑, 예매 등의 서비스가 인기를 모으고 있다.

스포츠가 일상생활 속에 밀접하게 연관되고 하나의 문화로 진화하면서 건강 및 피트니스 관련 애플리케이션에 대한 요구도 높아지고 있다. 주로 다이어트나 요가, 스트레칭 등의 운동 관련 정보와 레슨, 칼로리 다이어리, 명상, 숙면, 신체측정 등의 앱이 인기다.

스포츠콘텐츠 비즈니스, 기대와 과제

지상파 중심의 스포츠채널이 온라인/모바일 채널 확대로 다변화하고 있다. 기존 스포츠콘텐츠는 스마트미디어, SNS와 결합하여 새로운 가치를 생성하는바, 수용자와의 피드백 활성화, 스포츠중계/보도의 생명인 Real-time 강화 등이다. 스포츠는 더욱 미디어, 팬(fan) 친화적인 형태로 진화할 것으로 기대된다. 미디어에서 킬러콘텐츠로서 스포츠의 가치는 더욱 높아질 것이다. 스포츠 소비의 능동성이 증가할 것으로 기대된다. 직접 참여하고 의견을 개진하며 양방향 커뮤니케이션을 즐기는 스포츠향유 패러다임이 일반화되고 있기 때문이다.

스포츠 분야 미디어와 콘텐츠는 지속성장할 것으로 전망된다. 이른바 롱테일 법칙이 유지될 것으로 보인다. 스포츠는 여전히 매력적인 콘텐츠(킬러콘텐츠)이며, 생활문화로서 상품화가 용이하다. 온라인/모바일과 접속이 용이한 것도 사실이다.

새로운 미디어의 보급/확산, 첨단 테크놀로지의 개발 및 실험, 광고/마케팅 효과, 다양한 비즈니스 분야와 결합 등에서 스포츠콘텐츠는 여전히 비즈니스 위상을 담보한다.

특히 스포츠콘텐츠는 이종·다종 산업과의 융·복합을 통해 신규 산업 창출이 가능하다. 스포츠산업은 미디어 및 관광, 엔터테인먼트 등의 타 산업과 융·복합으로 새로운 비즈니스 기회를 창출할 수 있다. 나이키의 융·복합을 통한 제품 발달 과정은 시사하는 바가 크다.

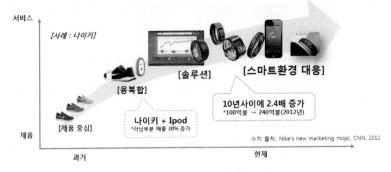

서비스

[사례 : 나이키]

[솔루션]

[스마트환경 대응]

[융복합]

10년사이에 2.4배 증가
*100억불 → 240억불(2012년)

나이키 + Ipod
*러닝부분 매출 30% 증가

제품

[제품 중심]

수치 출처: Nike's new marketing mojo, CNN, 2012

과거   현재

출처: 문화체육관광부(2013.12), 스포츠산업 진흥 중장기계획 수립 연구보고서

   향후 스포츠-미디어-기업 영역 간 더욱 견고히 공생할 것이며, 보다 경제적으로 상호의존적, 다극적 통제 방향으로 진행될 것으로 전망된다. 결국 콘텐츠비즈니스 블루오션으로서의 가치는 무궁무진하다 하겠다. 한편, 스마트미디어 환경에서 미디어스포츠는 스포츠 관람자의 역할과 참여자의 역할을 통합하면서 개별 수용자의 스케줄과 욕구에 맞추어주는 맞춤형으로 변화되고 있다. 기술적 발전이 보다 많은 프로그램화 방법을 제공하고 시청자들에게 보다 많은 선택권을 부여해주는 덕분이다.

   인터넷에 접근가능한 사람은 누구나 언제라도 스포츠 하이라이트, 스코어, 정보들에 접근할 수 있다. 스마트미디어 환경은 이전과는 전혀 다른 차원을 열고 있는바, 예컨대 동시방송(simulcasting)이 가능하다. 시청자는 시간전환(time-shifting) 기술을 활용해 프로그램을 녹화하고 보고 싶을 때 언제든 반복해 시청한다. 이제 소비자들은 선호목록을 작성할 수 있으며, 테크놀로지는 그 프로그램들을 찾아준다. 수용자는 생중계 게임이나 이벤트를 잠시 멈추어두고, 하던 일로 돌아와 잠시 멈추었던 활동을 할 수 있다. 상호작용하는 컴퓨터 기술은 스포츠 관전의 경험을 구경꾼들과 참여자들이 각각 별개의 역할을 하나로 결합시키기 위한 잠재적 가능성을 제공한다. 결국 스포츠의 디지털화는 상호작용성을 강화함으로써 수용자에게 보다 많은 선택과 기회를 제공함으로써 능동적인 이용자 개념을 담보한다.

그러나 한편으로 이러한 상황은 소비자이자 팬, 시청자인 우리가 스포츠에 더 많은 비용을 지불해야 함을 의미한다. 스포츠에서 무료는 없다. 보다 엄밀히 말해 지금껏 무료였던 적은 한 번도 없었다. 따라서 선택의 문제는, 다양한 플랫폼 및 장르의 선택(즉, 양적인 면)인 동시에, 유료와 무료의 선택, 그리고 스포츠콘텐츠의 선택(즉, 질적인 면)까지를 요구한다. 즉, 수용자로 하여금 능동적 가능성에 대한 대가를 지불하도록 하고 있는 것이다.

콘텐츠서비스의 가치를 창출하는 세 가지 원천

1) 누설(revelation)
콘텐츠가 가치 있음을 밝혀 '관심'을 촉발해야 한다는 것이다(publishing 2.0). 우선 수용자의 호기심을 유발해야만 선택(참여)을 이끌어낼 수 있다.
2) 결집(aggregation)
많은 양의 소수 콘텐츠를 모으고 집중해야 한다는 것이다(distribution 2.0). 수용자의 다양한 관심에 부응해야만 함께하게 되는 것(공유)이다.
3) 유연적응성(robustness)
상호연동, 표준화, 확장 등을 통해 가치를 창출해야 한다는 것이다(infrastructure 2.0). 수용자의 접근이 쉽도록 열린 플랫폼이어야 한다(개방).

---

14. 미디어콘텐츠기업의 리스크 대응 및 자원관리 전략, 다크 사이트

선박, 기차, 비행기 등 대규모 여객을 수송하는 운송수단이 사고를 당하게 되면 심각한 인명 피해를 결과한다. 사고가 발생하면 유족 혹은 관련자들에게 가장 필요한 것은 정확하고 신속한 정보일 것이다. 탑승객 가운데 내 가족이나 친척이 있는지, 만약 탑승했었다면 지금 현재 상태는 어떤지, 그리고 관련 정보를 확인하기 위해서는 어디로 어떻게 연락을 해야 하는 지 등의 정보인데, 어느 곳에 문의해야 하는지 소속 직원들조차도 모를 때가 많다. 그래서 비상대책 규정과 절차를 만들고, 사고 발생 시 사고대책반과 관련 담당업무가 일사분란하게 만들어지고 운영되도록 준비하고 훈련한다.

이러한 배경에서 일관성 있는 안내와 정보 제공을 위해 인터넷상에 마이크로 사이트를 운영하게 되는데, 이를 다크 사이트(Dark Site)라고 한다. 평상시에는 활용되지 않고 감춰져 있는 사이트이기 때문에 붙여진 이름이다. 인터넷 검색 엔진에도 잡히지 않으며, 평상시에는 인터넷상에서 조회를 해도 찾을 수 없다.

기업 및 조직의 각종 리스크 상황 대응 시 중요하게 활용되는 것이 바로 다크 사이트이다. 기업이나 조직의 위기상황 시 소비자 및 이해 관계자들이 관련정보를 제공받을 수 있는 가장 빠른 접점은 웹사이트이다. 하지만 대부분의 경우 위기상황의 위급성과 긴급함을 고려할 때 새롭게 위기대응 사이트를 개설할 시간적 여유가 없는 것이 현실이다. 따라서 위기대응을 위한 웹사이트를 운용할 필요성이 제기되는 것이다. 다크 사이트는 특히 미국의 9·11 테러(September 11 attacks) 이후에 조직의 빠른 위기관리커뮤니케이션 대응의 필요성에 의해서 더욱 부각되고 있다.

다크 사이트를 활용하는 이유는 첫째, 기업과 조직들이 위기상황에서 즉시적으로 응답하기 위해서이며 둘째, 기존의 기업이나 조직의 웹사이트로는 전문화된 위기대응이 불가능하기 때문이다.

다크 사이트 구축은 세 가지 방법 중 하나를 이용할 수 있는데, ① 기존 웹사이트를 완전하게 제거하고 다크 사이트를 운영하거나 ② 기존 웹사이트에 다크 사이트를 링크하거나 ③ 별도의 URL을 가진 다크 사이트를 웹사이트와 병행적으로 운영하는 것이다. 다크 사이트에 사전 등재되는 정보는 긴급연락처 등 기본적인 것만 유지한다. 사고 혹은 위기상황 발생 시에는 최대한 신속히 해당 페이지를 오픈, 운영한다. 동시에 수많은 접속이 발생할 수 있으므로 안정된 상태에서 운영할 수 있는 서버 환경을 구성해야 한다. 추측과 오해를 유발할 수 있는 내용은 언급하지 않으며, 확인된 사실(Fact)과 공식입장을 설명한다.

최근에 다크 사이트가 많이 활용되고 있는 분야는 식품 및 음료, 제약, 항공, 금융 분야이다. 예컨대 항공 분야에서는 최근 2013년 7월 아시아나항공의 착륙사고와 2014년 3월 8일 말레이시아항공의 실종사고 관련 다크 사이트가 있다. 위기상황에 적용될 수 있는 다크 사이트의 디자인은 산만하지 않고 심플하게 만들어져야 하며, 콘텐츠 관리를 빠르게 하기 위해서 관리자가 쉽게 접근할 수 있어야 한다. 또한 보도자료, 이메일 알림 등의 콘텐츠가 빠르게 업데이트되어야 한다.

다크 사이트에 포함되어야 할 부분은 ① 위기상황과 관련한 모든 사실들(어떠한 위기가 발생하고 있으며 조직은 어떠한 대응단계를 밟고 있는지), ② 조직 혹은 조직과 관련된 부분에서 발생한 위기에 대한 구체적인 질문과 응답(Q&A), ③ 뉴스미디어를 위한 문의정보와 이메일 주소, ④ 회사 고위층(CEO 등)의 위기에 대한 진술, ⑤ 지속적이며 주기적으로 업데이트된 콘텐츠 등이 해당된다.

다크 사이트는 항공사들에게 유용한 위기관리 전략을 제공한다. 2013년 7월 아시아나항공사의 보잉 777-200ER가 미국 샌프란시스코에 착륙 시 발생한 항공기 사고에 대응하여 다크 사이트를 운용했다. 이 웹사이트는 한시적으로 운영된 다크 사이트로 현재는 해당 웹사이트(한글: http://j.mp/1a3bU02) 주소로 접근하면 '접근하신 페이지는 존재하지 않는 주소입니다'라는 안내문구가 나온다. 이는 일정기간의 사고 수습이 지나면 사라지는 다크 사이트의 특성을 보여준다. 당시 다크 사이트에는 한국어, 중국어, 영어로 사과문, 탑승자 정보센터(한국, 중국, 미주), 관련 보도자료 등의 가장 중요하며 심플한 자료들이 제공되었다.

아시아나항공의 다크 사이트 운용

2014년 3월 8일 말레이시아 쿠알라룸푸르를 출발해 중국 베이징으로 향하던 말레이시아항공 소속 370편 항공기(B777-200)의 실종사고에 대응한 다크 사이트 운용도 그러하다. 말레이시아항공 소속 370편 항공기(B777-200)는 출발 2시간여 만에 연락이 두절되었으며, 현재까지 수색의 성과 없이 실종상태로 미제의 사건으로 남을 가능성이 높

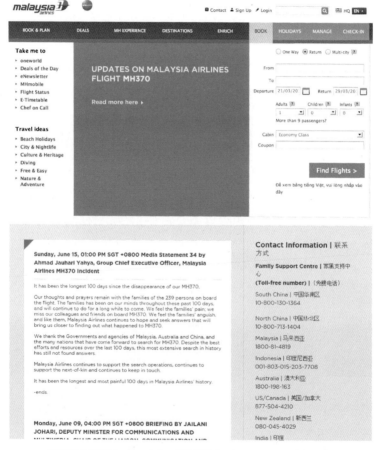

말레이시아항공의 다크 사이트 운용(윗측은 사고 초기, 아랫측은 현재)

다. 관련하여 다크 사이트가 현재까지 지속적으로 운영되고 있다. 초기에는 자사의 홈페이지에서 사고 관련 콘텐츠를 업데이트하는 형태로 운영되었으며, 페이스북과 트위터에서도 동일한 내용을 제공하였다. 2014년 8월 현재는 독립적인 다크 사이트가 운영되고 있으며, 항공기 수색이 정체되어 있는 상황이기 때문에 미디어 보도와 자사의 입장 그리고 탑승자 명단, 관련뉴스를 볼 수 있는 타 웹사이트와의 연동, 말레이시아항공에 희생자 가족들이 연락을 취할 수 있는 전화번호 등이 제공되고 있다.

정부기관에서도 다크 사이트를 운용한다. 미국 산타클라라 카운티 보건국(SCCPHD)의 다크 사이트 운용사례를 보자. 세계적으로 신종플루(H1N1) 바이러스가 맹위를 떨치던 2009년 사람들은 정보를 얻기 위해 주류 언론보다는 공신력 있는 정부기관, 특히 보건국의 웹사이트를 자주 방문하였는데, 짧은 시간 많은 이들이 웹사이트를 방문하자 접속불량, 느린 접속속도 등의 문제점이 발생하였다. 이러한 문제점을 해결하기 위해 산타클라라 카운티 보건국은 스탠포드대학과의 협력을 통해 다크 사이트를 개발했다. 이 사이트를 운용할 전문 커뮤니케이션 대응팀도 구성하여 지속적인 다크 사이트 관리에 투입했다.

플로리다 보건국(PDOH)의 경우, 2009년 허리케인 시즌에 대비하기 위하여 다크 사이트를 개발했다. PDOH의 다크 사이트는 공중을 위한 두 가지 템플릿을 제공했는데, 위기상황 발생 시 공중들에게 정보를 제공하기 위한 것과 보건국 직원들 간 비상통신 등 인트라넷으로 활용하기 위한 것이었다. 다크 사이트를 이용한 결과 이전보다 98% 정보전달이 빨라지고, 연간 $15,750의 인건비를 절약하는 효과를 가져왔다.

영국 석유기업 BP의 경우, 장기적 위기관리의 일환으로 다크 사이트를 활용하고 있다. 2010년 4월 20일, 미국 루이지애나 주 멕시코 만에 위치한 연매출 246조 원의 영국 최대 기업이자 세계 2위 석유회사인 BP의 딥워터 호라이즌 석유 시추 시설이 폭발하면서 발생한 기름 유출 사고에 대한 지속적인 위기대응과 관련하여 다크 사이트를 운용 중이다. BP는 초기에 페이스북, 트위터 등 소셜미디어를 활용한 인터넷대응 시스템을 제대로 갖추지 못해서 많은 비난을 받았다. 단기적인 커뮤니케이션 대응에는 실패했다는 비판을 받았지만, 이후 다크 사이트를 운용하면서 사고관련 정보를 지속적으로 제공하고 있다. 기존 BP의 웹페이지에 별도로 운영되는 다크 사이트는 2014년 현재 유출에 대한 피해상황보다는 복원 노력에 초점을 맞추어 정보가 제공되고 있다.

BP의 원유유출 관련 다크 사이트

한편, 애플은 스티브 잡스 사후에 그에 관한 다크 사이트를 운용하고 있다.

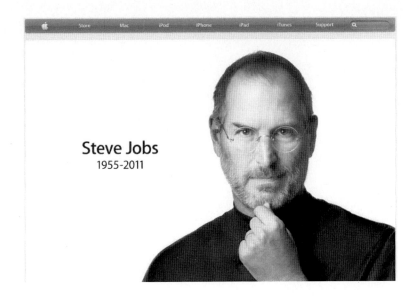

이제 콘텐츠기업도 다크 사이트에 대한 전략적 고민이 필요한 때다. 우리 기업과 관련해 어떤 리스크 상황이 발생할 수 있을지를 예측하여 대비해야 한다. 콘텐츠기업 차원에서 다크 사이트는 디지털 아카이브(archive) 기능을 담보할 수 있다는 점에서 유용하다. 콘텐츠기업의 콘텐츠상품(서비스)은 물론 각종 기획 아이디어(문서) 등 콘텐츠자원을 디지털화하여 체계적으로 보관하고 보존할 수 있다. 이로써 손·망실 등 콘텐츠 자원의 이용이 불가능한 상황에 대비할 수 있는 것이다.

콘텐츠기업이 보유하고 있는 콘텐츠자원의 영구보관 또는 향후 검색, 재사용을 위해 체계적인 자료의 수집, 분류, 보관이 가능하다. 콘텐츠자원을 단지 축적하는 것뿐 아니라, 갖가지 방법으로 이들 정보를 효율적으로 이용할 수 있도록 체계화하여 축적하는 데 그 의미가 있다.

참고문헌

김원제(2015.3), 크라우드소싱과 콘텐츠산업 혁신, 한국콘텐츠진흥원 콘텐츠산
　　업포털 전문가칼럼.

김원제(2015.2), 사물인터넷 시대 미디어콘텐츠산업, 한국콘텐츠진흥원 콘텐츠
　　산업포털 전문가칼럼.

김원제(2015.1), 위험사회, 불안시대의 콘텐츠서비스 기획, 한국콘텐츠진흥원
　　콘텐츠산업포털 전문가칼럼.

김원제(2014.2), 2014년 콘텐츠 블루오션의 조건, 한국콘텐츠진흥원 콘텐츠산
　　업포털 전문가칼럼.

김원제(2014.12), 스마트미디어 환경과 스포츠콘텐츠, 한국콘텐츠진흥원 콘텐
　　츠산업포털 전문가칼럼.

김원제(2014.11), 콘텐츠 비즈니스의 경제적 원칙에 대하여, 한국콘텐츠진흥원
　　콘텐츠산업포털 전문가칼럼.

김원제(2014.10), 콘텐츠 비즈니스, 창조적 기획 전략, 한국콘텐츠진흥원 콘텐
　　츠산업포털 전문가칼럼.

김원제(2014.9), 콘텐츠기업의 리스크 대응 및 자원관리 전략, 다크 사이트, 한
　　국콘텐츠진흥원 콘텐츠산업포털 전문가칼럼.

김원제(2014.8), 스마트 환경과 감성 라이프 스케치, 한국콘텐츠진흥원 콘텐츠
　　산업포털 전문가칼럼.

김원제(2014.7), 한류 3.0시대 새로운 고객, 국내 체류 외국인, 한국콘텐츠진흥
　　원 콘텐츠산업포털 전문가칼럼.

김원제(2014.3), 사용자 경험(UX)과 콘텐츠 기획, 한국콘텐츠진흥원 콘텐츠산
　　업포털 전문가칼럼.

김원제(2014.1), '하우스 오브 카드'의 충격과 시사점, 한국콘텐츠진흥원 콘텐

츠산업포털 전문가칼럼.

김원제(2013.12), 이러닝 콘텐츠의 진화, 스마트클라우드러닝, 한국콘텐츠진흥원 콘텐츠산업포털 전문가칼럼.

김원제(2013.11), 국악 콘텐츠는 굿 콘텐츠!, 한국콘텐츠진흥원 콘텐츠산업포털 전문가칼럼.

김원제(2013.9), 문화유산의 스토리 자원화 기반 글로벌 콘텐츠 개발 전략, 한국콘텐츠진흥원 콘텐츠산업포털 전문가칼럼.

김원제(2013.8), 콘텐츠 콘셉트 기반 창조도시 구상, 한국콘텐츠진흥원 콘텐츠산업포털 전문가칼럼.

김원제(2013.7), 창조비즈니스 전략, 콘텐츠 큐레이션, 한국콘텐츠진흥원 콘텐츠산업포털 전문가칼럼.

김원제(2013.6), 콘텐츠비즈니스 전략의 조건, 감성의 과학화, 한국콘텐츠진흥원 콘텐츠산업포털 전문가칼럼.

김원제(2013.5), 행복 콘텐츠 사례: 행복 콘텐츠를 찾는 사람들, 창조산업과 콘텐츠 5월호.

김원제(2013.4), 창조콘텐츠 기획 – 실험 위한 창조공간 조성해야, 한국콘텐츠진흥원 콘텐츠산업포털 전문가칼럼.

김원제(2009), 콘텐츠 실크로드 미디어 오디세이, 이담북스.

김원제(2006), 호모미디어쿠스, 커뮤니케이션북스.

김원제·김학진·노준석·오광혁·원광재·이순모·정세일·정헌용·현군택(2011), 스마트미디어 콘텐츠 인사이트, 이담북스.

김원제·조항민·김찬원·이윤경·박정환·노준석(2005), 문화콘텐츠 블루오션, 커뮤니케이션북스.

김원제·이재동(2007), 퓨전테크 그리고 퓨전비즈, 아이티씨.

김원제·정세일(2008), 감성펀치: 감성전략 및 전술지침, 한국학술정보.

노규성(2014), 플랫폼이란 무엇인가, 커뮤니케이션북스.

DMC미디어(2014), 2014년 디지털 라이프스타일 유형 분류.

문화융성위원회·관계부처 합동(2014), 콘텐츠산업발전전략.

미래부, 방통위, 문체부(2013), 창조경제 시대의 방송산업발전 종합계획.

방송통신위원회(2015), 2014년 방송매체이용행태조사.

부처합동(2011), 제1차 산업융합발전 기본계획.

부처합동(2014), 스마트미디어 산업 육성 계획.

손현진(2013.9), ICT와 리테일의 만남: 옴니 채널, 디지에코 보고서.

송해룡(2010), 미디어 비즈니스 시장과 생태계, 성균관대학교출판부.

송해룡(2009), 미디어 2.0과 콘텐츠 생태계 패러다임, 성균관대학교출판부.
송해룡·김원제(2007), 디지털미디어 길라잡이, 한국학술정보.
송해룡·김원제·조항민(2006), 대한민국은 지금 체험지향사회, 커뮤니케이션 북스.
스마트미디어산업협회(2014.11), 스마트미디어 동향, 제3호(2014.11. 4주).
스마트미디어산업협회(2014.11), 스마트미디어 동향, 제2호(2014.11. 2주).
신지형(2014), 2011~2014년 미디어보유와 이용행태 변화, KISDI STAT Report 14-01.
신지형(2015), VOD 시청자 동영상 콘텐츠 소비, KISDI STAT Report 15-03.
심수민(2014), 2014 웨어러블 디바이스 산업백서, 디지에코.
엘지경제연구원(2006), 2006년 주목할 감성 마케팅 키워드, 주간경제, 867호 (1.18).
이진상(2015), 증가하는 플레이슈머(Playsumer) 소비에 재미를 더한다, LG Business Insight(4.29) Weekly 포커스.
정보통신산업진흥원(2012.9), 스마트러닝 국내외 트렌드 진단.
정보통신산업진흥원(2011), 세계 이러닝 시장 동향 분석 및 해외진출 가이드라인.
조성원(2011), 스마트 혁명, 그 이후의 세상, 디지에코 오픈세미나.
지식경제부(2012), 스마트미디어 표준화 종합지원전략.
하형석(2015), 멀티미디어 시대의 N스크린 이용, KISDI STAT Report 15-01-02.
한국콘텐츠진흥원(2015, 2014, 2013), 콘텐츠산업 전망.
한국콘텐츠진흥원(2014), 글로벌 OTT(Over-The-Top) 서비스 시장 동향과 전망, 통계로 보는 콘텐츠산업 제14-23호(통권 94호).

Daniel Pink(2005), A Whole New World, Penguin Group Inc.
Ericsson(2015), Setting the future media services architecture.
Ericsson Consumer Insight Summary Report(September 2014), TV AND MEDIA 2014: Changing consumer needs are creating a new media landscape.
IBM Institute for Business Value(2012), Beyond digital; Connecting media and entertainment to the future.
Moore, J. M.(1991), Crossing The Chasm; 유승삼·김기원 역(2002), 캐즘마케팅, 세종서적.
Nielsen(March 2015), SCREEN WARS; THE BATTLE FOR EYE SPACE IN A TV-EVERYWHERE WORLD.
Nielsen(December 2014), THE TOTAL AUDIENCE REPORT.

Pine, J.&Gilmore, J.(1999), The Experience Economy, Cambridge, Ma: Harvard Business School Press.

Rifkin. J.(2000), The Age of Access: The New Culture of Hypercapitalism Where All of Life is a Paid-for Experience, New York: Penguin Group, 이희재 역(2001), 소유의 종말, 민음사.

Roger F. Fidler(1997), Mediamorphosis: Understanding New Media; 이민규 역(1999), 미디어모포시스, 커뮤니케이션북스.

김원제

중앙대학교 대학원에서 언론학 석사학위를 받았으며, 성균관대학교 대학원에서 언론학 박사학위를 받았다. 현재 (주)유플러스연구소 대표이사, 성균관대학교 겸임교수로 재직 중이며 한국문화콘텐츠기술학회 부회장을 맡고 있다.

저서로는 『미디어스포츠 사회학』(2005), 『스포츠코리아』(2006), 『퓨전테크 그리고 퓨전비즈』(2007, 문화체육관광부 우수교양도서), 『디지털미디어 길라잡이』(공저, 2007), 『리스크 커뮤니케이션과 위기관리 전략』(2008, 공저), 『콘텐츠 실크로드 미디어 오디세이』(2009, 문화체육관광부 우수교양도서), 『스마트 미디어 콘텐츠 인사이트』(공저, 2011), 『구텐베르크의 귀환』(공저, 2012, 문화체육관광부 우수학술도서), 『위험 커뮤니케이션의 이론과 실제』(공저, 2013, 문화체육관광부 우수학술도서), 『한국사회 위험특성과 한국인의 위험인식 스펙트럼』(공저, 2014) 등이 있다.

송해룡

성균관대학교 신문방송학과에서 석사학위를 받고, 독일 뮌스터대학교에서 언론학 박사학위를 받았다. 원광대학교 교수, KAIST 대우교수를 거쳐 현재 성균관대학교 신문방송학과 교수로 재직 중이다.

저서로는 『미디어스포츠』(역저, 2004), 『위험보도와 매스커뮤니케이션』(공저, 2005), 『휴대전화 전자파의 위험』(공저, 2006), 『대한민국은 지금 체험지향사회』(공저, 2006), 『디지털미디어 길라잡이』(공저, 2007), 『리스크 커뮤니케이션과 위기관리 전략』(공저, 2008), 『미디어 2.0과 콘텐츠 생태계 패러다임』(2009), 『미디어 비즈니스 시장과 생태계』(2010), 『위험커뮤니케이션 미디어와 공론장』(2012), 『위험커뮤니케이션의 이론과 실제』(공저, 2013, 문화체육관광부 우수학술도서), 『한국사회 위험특성과 한국인의 위험인식 스펙트럼』(공저, 2014), 『위험 사회와 위험 인식: 위험 커뮤니케이션의 갈등 구조』(2014), 『스포츠와 문명화: 즐거움에 대한 탐구』(역저, 2014) 등이 있다.

미디어
콘텐츠,
창조기획과
스마트
비즈니스

초판인쇄   2015년 8월 20일
초판발행   2015년 8월 20일

지은이   김원제 · 송해룡
펴낸이   채종준
펴낸곳   한국학술정보㈜
주소   경기도 파주시 회동길 230(문발동)
전화   031) 908-3181(대표)
팩스   031) 908-3189
홈페이지   http://ebook.kstudy.com
전자우편   출판사업부   publish@kstudy.com
등록   제일산-115호(2000. 6. 19)

ISBN   978-89-268-7032-7 93070